ernst reinhardt

Werner Pfab

Kompetent beraten in der Sozialen Arbeit

Bausteine für eine gute Beratungsbeziehung

Mit 9 Abbildungen und 1 Tabelle

Ernst Reinhardt Verlag München

Prof. Dr. *Werner Pfab*, Dipl.-Psych., Kommunikationswissenschaftler, Fulda, ist Professor i. R. für Theorie und Praxis sozialer Kommunikation.

Außerdem von Werner Pfab (geb. Nothdurft) im Ernst Reinhardt Verlag/UTB lieferbar:

Hans-Peter Langfeldt / Werner Nothdurft: Psychologie. Grundlagen und Perspektiven für die Soziale Arbeit (5., aktual. Auflage 2015, ISBN 978-3-8252-8625-5)

Bibliografische Information der Deutschen Nationalbibliothek

Die Deutsche Nationalbibliothek verzeichnet diese Publikation in der Deutschen Nationalbibliografie; detaillierte bibliografische Daten sind im Internet über <http://dnb.d-nb.de> abrufbar.
ISBN 978-3-497-02941-9 (Print)
ISBN 978-3-497-61308-3 (PDF-E-Book)
ISBN 978-3-497-61309-0 (EPUB)

Printed in EU

Cover unter Verwendung von Fotos von ©Antionioguillem/stock.adobe.com und ©iStock.com/seb_ra (Agenturfotos. Mit Model gestellt)

Satz: Reemers Publishing Services GmbH, Krefeld

Ernst Reinhardt Verlag, Kemnatenstr. 46, D-80639 München
Net: www.reinhardt-verlag.de E-Mail: info@reinhardt-verlag.de

Inhalt

Vorwort

Der Inhalt dieses Buches beruht auf jahrzehntelanger Forschungsarbeit zu Beratungsgesprächen, auf meiner langjährigen Lehrtätigkeit zu Beratung in Studiengängen des Sozialrechts und der Sozialen Arbeit sowie auf meinen Erfahrungen in der Durchführung des Weiterbildungsstudiengangs „Professionelles Coaching und Supervision".

Geschrieben wurde es für Beraterinnen und Berater, die im Kontext sozialer Dienste ihre anspruchsvolle Tätigkeit durchführen. Das Buch soll sie dabei unterstützen, zu einem vertieften Verständnis ihrer Beratungspraxis zu gelangen und die Beziehung zwischen sich und ihren Klienten produktiv zu gestalten und sie kompetent zu beraten. In dieser praktischen Absicht wurde das Buch geschrieben. Nun setze ich es dem Praxistest aus in der Zuversicht, dass es ihn bestehen wird.

Gewidmet ist dieses Buch meiner liebsten Beraterin, Antje Pfab, meiner Frau.

Fulda, im Herbst 2019 | Werner Pfab

1 Einleitung: Beratung als Beziehungsgestaltung

Dieses Buch ist für Beraterinnen, die im Bereich Sozialer Dienste tätig sind, in Einrichtungen der sozialen und der sozialpädagogischen Arbeit, in sozialrechtlichen Institutionen, in der Arbeitsverwaltung, der Schuldnerberatung, der Erziehungs- und Ernährungsberatung, und anderen mehr. Es ist in jedem Fall für alle, die Beratungsarbeit leisten, die dadurch bestimmt ist, dass sie in Institutionen zwischen Fremden stattfindet mit dem Zweck, Ratsuchenden zu einer Lösung ihres Problems zu verhelfen. Informelle, freundschaftliche Beratung ist etwas anderes. Die Beratungstätigkeit in solchen Institutionen ist zum einen durch Fachkenntnisse bestimmt, auf deren Grundlage Beraterinnen professionell handeln können, d.h. ihre Klienten fachlich gut beraten. Die Tätigkeit ist zum anderen durch die Begegnung der Beraterin mit ihrem Klienten bestimmt. Um diese Begegnung geht es in diesem Buch.

> *„Die Beziehung zwischen BeraterInnen und KlientInnen ist die wichtigste Dimension einer jeden Beratungskonstellation. […] Der Erfolg jeglicher Beratungsbemühungen ist abhängig von der Berater-Klient-Beziehung, die im Beratungsprozess aufgebaut wird.", so Nestmann im Handbuch der Beratung (Nestmann 2014a, 791).*

Darum soll es im Folgenden gehen – um die Begegnung der Beraterin mit ihrem Klienten sowie um die unweigerlich entstehende Beraterin-Klienten-Beziehung.

BEISPIEL

Ein Klient in einer Schuldnerberatung. Das Ganze ist ihm furchtbar peinlich und er druckst mehr herum, als dass er seine Situation schildert. Die Beraterin reagiert ungeduldig und genervt, den nächsten Termin im Nacken. Demütig folgt der Klient ihren Vorschlägen zur Lösung, die er als Anweisungen versteht. Später stellt sich heraus, dass wichtige Aspekte seines Problems in dem Gespräch nicht zur Sprache gekommen sind und die Vorschläge der Beraterin daher nicht greifen konnten. Der Klient hatte sich von der Beraterin überrollt gefühlt.

Es geht um die Beziehung zwischen Beraterin und Klient in Beratungssituationen. Diese Beziehung allerdings „hat es in sich". Der Grundgedanke dieses Buches ist, dass „die Beziehung" in der Beratungssituation sich erst ergibt aus der Überlagerung sehr unterschiedlicher Beziehungsverhältnisse mit entsprechenden Beteiligungsweisen. Um zu verstehen, was „die Beratung" ist, ist es zunächst erforderlich, diese unterschiedlichen Beziehungsqualitäten zu kennen.

Alle diese Beziehungen fließen in die einzelne konkrete Beratungssituation, mit der es eine Beraterin zu tun hat, in unterschiedlicher Intensität und Wichtigkeit ein.

Mit diesem Grundgedanken unterscheidet sich dieses Buch von vielen Veröffentlichungen zur Beratungsbeziehung, die diese Beziehung aus einem einzigen Konzept heraus bestimmen wollen – und ein solches Konzept dann auch noch präskriptiv vorschreiben. Dies wird der Wirklichkeit des Phänomens Beratungsbeziehung nicht gerecht. Es bedarf einer umfassenderen, kulturwissenschaftlichen Perspektive, um der Komplexität des Phänomens Beratungsbeziehung gerecht zu werden – und damit für eine Beraterin auch wirksam werden zu können.

Aus jeder der einzelnen Beziehungen ergeben sich für die Beraterin Aufgaben, Anforderungen, Paradoxien, Widersprüche, insgesamt kommunikative Herausforderungen. Dieses Buch soll Beraterinnen dabei unterstützen, die Beziehung zwischen sich und ihren Klienten soweit es geht produktiv zu gestalten (es geht nicht immer). Dies erfolgt dadurch, dass die einzelnen Beziehungen in ihrer jeweiligen Eigenlogik erläutert werden und Folgerungen für die Beratungssituation, insbesondere für das Handeln der Beraterin, daraus abgeleitet werden. Soweit es geht, werden daraus Handlungsorientierungen und -optionen für die Beraterin entwickelt.

Dass die Beziehung zwischen den Beteiligten für das Geschehen in einer Beratungssituation und das Gelingen einer Beratung von entscheidender Bedeutung ist, wird in der einschlägigen Literatur immer wieder betont. Diese Wichtigkeit ist Praktikerinnen ohnehin intuitiv klar; sie findet sich auch in evidenz-orientierten Studien bestätigt (Safran et al. 2008). Und diese Erkenntnis hat mittlerweile auch Eingang in ökonomisch orientierte Betrachtungen zu Beratung gefunden:

> *„Bemerkenswert ist, dass ökonomische Analysen […] im Kern die Bedingungen der Herstellung von Arbeitsbündnissen thematisieren, wenn auch unter der Perspektive von Effizienz: ‚Interaktion zwischen Professionellen und Adressaten [und ein] vertrauensvolles Verhältnis [werden] als eine wesentliche (nicht ausschließliche) Grundvoraussetzung für Wirtschaftlichkeit angesehen (Langer, 2004, S. 288)'." (Thole/Polutta 2011, 113).*

Allerdings liegt der Literatur durchweg ein verkürzter Beziehungsbegriff zugrunde, denn „Beziehung" wird häufig mit den Basisvariablen der Gesprächspsychotherapie gleichgesetzt, z. B. in dem Standardwerk von Belardi et al. (Belardi et al. 2011, 50). Dies wird der Komplexität der Beratungssituation in keiner Weise gerecht. Die Beratungssituationen, um die es hier geht, sind eingebunden in einen institutionellen Kontext, finden in kulturell bestimmten Rahmenverhältnissen statt, sind unmittelbare Begegnungssituationen zwischen individuellen Personen, sie sind Arbeitssituation, sie können überlagert werden von „Spiel"-Bedürfnissen der Beteiligten und ihren Bedürfnissen nach emotionaler Bindung und sie sind Kooperationsbeziehungen – und dies alles gleichzeitig.

Um dieser Komplexität gerecht zu werden und damit der Beraterin eine realistische, praktisch angemessene Orientierung zu geben, ist ein erweitertes und differenziertes Beziehungskonzept erforderlich. Mit der Hilfe eines solchen – erweiterten – Konzepts kann die Beraterin einordnen, welche der vielen Herausforderungen, vor die sie in ihrem beraterischen Handeln gestellt ist, in welchen spezifischen Beziehungsrahmen gehört, und die Herausforderungen dadurch besser verstehen.

Eine Beraterin ist gut beraten (!), alle Dimensionen der Beratungsbeziehung in ihrem Beratungshandeln zu berücksichtigen und ihr Handeln daran auszurichten. Dabei mögen Handlungen, die unter dem Gesichtspunkt der einen Dimension sinnvoll sind, unter dem Gesichtspunkt einer anderen Dimension überflüssig erscheinen. Die Dimensionen sind sehr unterschiedlichen Ursachen geschuldet, die z. T. nichts miteinander zu tun haben; sie bilden einen durchaus widersprüchlichen Zusammenhang. Thiersch konstatiert: Beratung ist ein „schwieriges, in sich widersprüchliches Geschäft" (Thiersch 2014b, 122). Im konkreten Einzelfall einer Beratung werden die verschiedenen Dimensionen der Beratungsbeziehung in unterschiedlicher Ausprägung relevant sein.

Mit einem solchen mehrdimensionalen Beziehungskonzept lässt sich auch das in der Literatur immer wieder angesprochene – leidige – Problem lösen: „Wie nennen wir das beraterische Gegenüber?" (Nußbeck 2006, 23). Handelt es sich um einen „Klienten", einen „Kunden", einen „Auftraggeber", einen „Laien", einen „Ratsuchenden"...? Dieser Bezeichnungsnotstand wird schon 1983 von Gross beklagt: „In Ermangelung anderer Begriffe werden wir [...] dem üblichen Sprachgebrauch folgen und von Leistungsgeber oder Produzent einerseits, von Leistungsnehmer oder Konsument andererseits sprechen." (Gross 1983, 52). Legt man dagegen ein mehrdimensionales Beziehungskonzept zugrunde, löst sich dieses Problem. Je nachdem, welche der Beziehungen man betrachtet, verändert sich auch der Status der Beteiligten.

Die Menschen, die in einer Beratungssituation zusammenkommen, befinden sich zur gleichen Zeit:

- in einer professionellen Beziehung zwischen einer Behördenvertreterin und einem Menschen, der eine Beratungseinrichtung aufsucht,
- in einer asymmetrischen Beziehung zwischen einer Expertin und einem Laien,
- in einer emotionalen Beziehung zweier Menschen mit unterschiedlichen Affektprofilen,
- in einer medialen Beziehung, z.B. der einer Autorin und eines Lesers in der Online-Beratung,
- in einer Beziehung zwischen zwei Menschen mit unterschiedlichen kulturellen Orientierungen und anderes mehr.

Das Problem einer angemessenen Bezeichnung stellt sich auch bei der Benennung der einzelnen Beziehungsdimensionen – und zwar in besonderer Schärfe, denn mit jeder Bezeichnung ist ein Theorieprogramm verbunden, für das diese Bezeichnung steht. So ist z.B. zweifellos die Beratung auch dadurch bestimmt, dass sie für die Beraterin Arbeit ist – Arbeit für und mit dem Klienten. Ist diese Arbeitsbeziehung aber nun dadurch bestimmt, dass es sich um eine „Dienstleistung" handelt, ist es „Gefühlsarbeit" oder „Beziehungsarbeit"? Alle Beziehungen weisen eine politische Dimension auf. Die Festsetzung jeder Beziehung und ihrer Bezeichnung ist auch ein Akt in einem politischen Diskurs. Führe ich z.B. eine (inter-)kulturelle Beziehung an, setze ich damit das Thema „Interkulturalität" relevant – mit dem Impuls einer Sensibilisierung für dieses Thema und dem Risiko einer kaum zu vermeidenden Stereotypisierung im Schreiben darüber. Wähle ich zur Bestimmung der Arbeitsbeziehung das Konzept der „Dienstleistung", schließe ich mich einem bestimmten Diskurs an mit seinen spezifischen (berufs-)politischen Implikationen und Konnotationen.

Damit die Beraterin ein angemessenes Verständnis ihrer Beratungstätigkeit und darüber hinaus ihrer gesellschaftlichen Verantwortung erhält, wird es daher in einigen Fällen erforderlich sein, „theoretisch auszuholen" und in Auseinandersetzung mit gängigen, aber irreführenden Vorstellungen ein solches angemessenes Verständnis zu entwickeln. So muss z.B. im Hinblick auf die mediale Beziehung mit der irreführenden Vorstellung aufgeräumt werden, dass mediale Beratungsbeziehung durch „Defizite" zur Face-to-Face-Beratung geprägt sei.

Jedes der folgenden Kapitel ist einer der Beziehungen gewidmet, die insgesamt die Beratungssituation prägen. Nach einleitenden Bemerkungen wird jede Beziehung durch eine kleine Fallvignette aus der Beratungswirklichkeit illustriert, bevor dann die jeweilige Beziehung in ihrer spezifischen Logik und Dynamik erläutert wird. Diese Erläuterungen stellen die einzelnen Beziehungen „in Reinkultur" dar (Diese Erläuterungen greifen auf unterschiedliche Forschungsprogramme zurück, auf die im Rahmen dieses – praxisorientierten – Buches nur verwiesen werden kann.); es versteht sich, dass im konkreten Einzelfall von Beratung jede Beziehung durch das Zusammenwirken mit allen anderen Beziehungen ein „Gemisch" bildet, das sich im Einzelfall durchaus als explosiv erweisen kann. In einigen Kapiteln müssen dabei gängige, aber irreführende Vorstellungen aus dem Weg geräumt oder zurechtgerückt werden. In jedem Kapitel werden aus der Betrachtung der Logik und Dynamik der jeweiligen Beziehung praktische Handlungsorientierungen für die Beraterin entwickelt. Hierzu gehören auch Warnungen vor Fallstricken, Empfehlungen zur Vermeidung von Verführungen, Hinweise auf Gestaltungsmöglichkeiten der Beziehung, Vorschläge zum Kontern unangemessener Zumutungen, Anregungen zum Umgang mit Paradoxien und anderes mehr.

Die aufmerksame Leserin des Inhaltsverzeichnisses mag sich fragen, warum es in diesem Buch kein Kapitel über „Machtbeziehung" gibt. Dass Macht in Beratungssituationen eine Rolle spielt, steht außer Frage. „Macht" spielt sogar in *jeder* der Beziehungen eine Rolle:

- in der professionellen Beziehung in Gestalt von Kontrolle und Vollstreckung,
- in der Experten-Laien-Beziehung in Gestalt von Deutungsmacht und Wissensvorsprung,
- in der medialen Beziehung in Gestalt von Kontakt-Kontrolle,
- in der Bindungsbeziehung in Gestalt von Verstrickungen
- und in der Spiel-Beziehung in Gestalt von Machtspielen.

In jedem einzelnen Kapitel wird „Macht" daher in Bezug auf die jeweilige Beziehungsqualität mit zum Thema gemacht – sei es Macht der Beraterin, sei es Macht des Klienten.

Es verwundert vielleicht, dass es in diesem Buch zwar ein Kapitel zu psychologischen Beratungskonzepten gibt („die konzeptionelle Beziehung"), dass dieses aber im Gegensatz zu vielen Büchern über Beratung nicht im Vordergrund der Darstellung steht, sondern ganz ans Ende der Beziehungsbetrachtungen gestellt ist. Dadurch soll die Beraterin zu einem Perspektivenwechsel angeregt werden: Die konzeptionelle Orientierung – die „Theorie" – spielt für die Beraterin keineswegs die zentrale Rolle, die ihr in der Beratungsliteratur durchweg zugeschrieben wird. Durch die Positionierung soll deutlich gemacht werden, dass eine konzeptionelle Orientierung *eine* Orientierungsgröße für die Beraterin darstellt, dass sie sich jedoch einreiht in eine Vielzahl anderer Orientierungen, die im Einzelfall ein erheblich größeres Gewicht für das praktische Handeln der Beraterin haben.

Der gendersensiblen Beraterin wird schon aufgefallen sein, dass hier – und so auch im gesamten Buch – die Frage geschlechtsangemessener Bezeichnung in folgender Weise gelöst wird: Die grammatisch weibliche Sprachform ist der Beraterin vorbehalten, die männliche Form gehört dem Klienten.

Beraten ist eine verantwortungsvolle, außerordentlich anspruchsvolle, hoch komplexe Tätigkeit, die kompetente Beraterinnen fordert und diese immer wieder vor neue Herausforderungen stellt. Dieses Buch soll Beraterinnen darin unterstützen, ihre Tätigkeit inhaltlich produktiv und persönlich befriedigend auszuführen, d. h. kompetent zu beraten. Die Stärke eines Buches, eines Textes, über Beratung liegt darin, Sachverhalte ausführlich darstellen und erklären zu können. Dadurch kann das Verständnis einer Beraterin für ihre Situation und ihr Handeln vertieft werden, um auf dieser Grundlage handlungspraktische Orientierungen geben zu können. Auf diese Weise kann das Handlungsrepertoire einer Beraterin erweitert werden.

Jeder Text ist naturgemäß abstrakt; er kommt an seine Grenzen, wenn es um die Betrachtung der einzigartigen konkreten Begegnungssituation einer individuellen Beraterin mit ihrem jeweiligen Klienten geht. Diese zu reflektieren und dadurch zu einem vertieften Verständnis zu gelangen, kann und muss in Supervision und Coaching erfolgen. Daher wird dieses Buch mit einer Darstellung dieser reflexiven Beratungsformate abgeschlossen, die in einer noch einmal ganz anderen Weise dazu beitragen können, eine kompetente Beraterin in ihrer wichtigen Arbeit zu unterstützen.

2 „Dafür werden Sie doch bezahlt!“ – Beratung als Arbeitsbeziehung

Die Beratungen, die Thema dieses Buches sind, finden in Institutionen statt. Für eine der Beratungsbeteiligten, die Beraterin, ist Beratung Teil ihrer Tätigkeit, die sie im Rahmen ihres Beschäftigungsverhältnisses innerhalb dieser Institution zu erbringen hat. Beraten ist ihre Arbeit. Sie wird für sie durch die Institution honoriert, durch sie ist ihre Beratungstätigkeit mit Verpflichtungen versehen, die sie gegenüber ihrem Arbeitgeber einerseits (z.B. Loyalität) und ihren Klienten andererseits (z.B. Freundlichkeit) hat. Sie erfolgt unter institutionell vorgegebenen Bedingungen, unter Einsatz von Ressourcen, auf die sie zurückgreifen kann (Gesetze, Verordnungen, Datenquellen, Geräte), und vollzieht sich in Rahmen, die ihrer Tätigkeit Grenzen stecken (z.B. Zuständigkeiten, feste Arbeitszeiten) (Abb. 1).

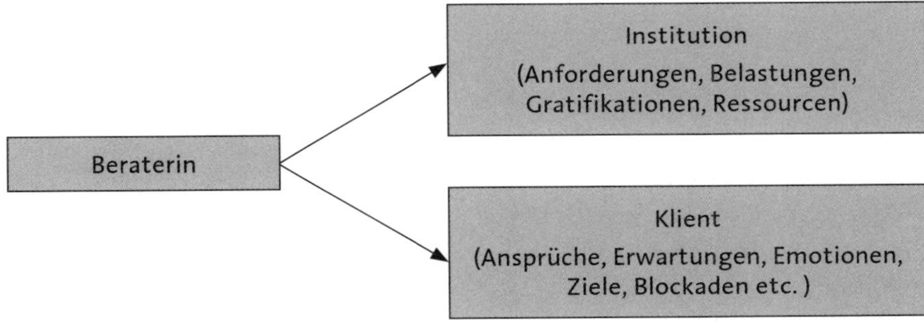

Abb. 1: Die Position der Beraterin zwischen Institution und Klient

2.1 Beratungsgeschichten, die das Leben schreibt: Der aufdringliche Klient

„Ich hatte da mal einen Fall, das war schon ein starkes Stück. Der Klient kam rein, ein Häufchen Elend, leise Stimme, Hundeblick, total hilflos insgesamt. Mich regt sowas schon auf; das ist doch ein Mann! Das Gespräch war dann mühsam, zu jeder Lösungsidee musste ich ihn tragen. Aber zum Schluss blieb mir die Spucke weg: „Können Sie mir nicht Ihre Handynummer geben. Wenns mir wieder schlecht geht, dass ich Sie anrufen kann. Sie sollen sich doch um mich kümmern." Ja wo sind wir denn hier?! Ich bin doch nicht seine Therapeutin – aber die machen das ja auch nicht. Habs natürlich abgelehnt. Der ist dann geknickt rausgeschlichen. Und ich saß da mit schlechtem Gewissen."

2.2 Beratung – eine Arbeitsbeziehung

Zwar leuchtet eine Bestimmung von Beraten als Arbeit unmittelbar ein; eine solche Bestimmung wirft allerdings gewichtige Fragen auf, wenn man von einem üblichen Verständnis von Arbeit im Sinne der Herstellung eines Gutes ausgeht. Dies sei kurz anhand der Frage der Qualität illustriert: Die Vorstellung von Produktqualität entstammt dem Bereich der industriellen Fertigung und hat sich dort in Gestalt von Qualitätsstandards, -management und -kontrolle etc. entfaltet. Überträgt man diese Vorstellung nun auf die Beratungsarbeit, stellen sich knifflige Fragen: Was genau ist das Produkt einer Beratung? Geht man von dem Verständnis von Beratung als Hilfe zur Selbsthilfe aus, wäre das „Produkt" der Beratungsarbeit irgendwo im Inneren des Klienten angesiedelt, etwa in kognitiv-emotionalen Veränderungen in ihm. Wie aber soll die Güte solcher Veränderungen kontrolliert werden können? Ferner: In der industriellen Fertigung hat der Arbeiter weitgehend Kontrolle über den Herstellungsprozess seines Produkts. In der Beratung jedoch ist der Herstellungsprozess wesentlich vom Klienten mit beeinflusst. Ist das „Produkt" eines Beratungsgesprächs von minderer Qualität, wenn sein Herstellungsprozess durch „störendes" Verhalten des Klienten beeinflusst wurde? Kann die Beraterin für eine solche mangelnde Qualität zur Rechenschaft gezogen werden? Und was, wenn das Produkt eines Beratungsgesprächs, z. B. in der Schuldnerberatung die Verabredung eines zukünftig veränderten Konsumverhaltens des Klienten, „seinen Dienst versagt" und bald darauf nicht mehr „funktioniert" – kann der Klient dann reklamieren?

Offensichtlich bedarf es einer anderen Vorstellung von Arbeit, damit die Beraterin ein angemessenes Verständnis ihrer Tätigkeit entwickeln kann.

Eine solche Vorstellung ist das Deutungsmuster von Arbeit als „Dienstleistung".

2.2.1 Beratung als „Dienstleistung" – ein machtvolles Deutungsmuster

Im Diskurs um Beratung im sozialen Bereich spielt der Begriff der „personenbezogenen sozialen Dienstleistung" eine gewichtige Rolle. Der Begriff wird vielfach als selbstverständlich zur Charakterisierung der Beziehung zwischen Beraterin und Klient eingesetzt. Das ist erstaunlich, denn immerhin entstammt der Begriff der Dienstleistung der Terminologie der Volks- und Betriebswirtschaft, also nicht gerade der Kerndisziplin zur Betrachtung kommunikativer Verhältnisse. Hinzu kommt, dass der Begriff negativ definiert ist: Er ist dadurch bestimmt, was Dienstleistung *nicht* ist.

> *„In der klassischen volkswirtschaftlichen Unterscheidung der Wirtschaftsbereiche wurde zwischen einem ursprünglichen oder primären Sektor (Land- und Forstwirtschaft, Viehzucht und Fischerei) und sekundärem Sektor (produzierendes und verarbeitendes Gewerbe) […] unterschieden. Der „tertiäre Sektor" wurde als „Restkategorie" ergänzt, in die alle übrigen bezahlten Tätigkeiten fallen […]. Man kann skeptisch sein, ob sich für den heterogenen „Restsektor" der „Dienstleistungen" allgemeine Gemeinsamkeiten finden lassen, durch welche sie sich als von „Sachleistungen" eindeutig unterscheiden lassen." (Greif 2015, 53 ff.).*

Kessl und Otto (2011) zufolge entstand die Idee, Soziale Arbeit als Dienstleistung zu begreifen, in den 1970er Jahren. Die Idee ist zu verstehen aus dem Impuls, die bis dato vorherrschende fürsorgerische Vorstellung Sozialer Arbeit als nicht mehr zeitgemäß zu kritisieren und durch ein alternatives Konzept zu ersetzen. Die Idee folgte einem „Modernisierungs- und Innovationsinteresse" (Kessl/Otto 2011, 394) der Sozialen Arbeit. Der Impuls mobilisierte die „Verheißungen der Dienstleistungsgesellschaft", die der Soziologe Peter Gross bereits in den 1980er Jahren charakterisiert hat als „[…] gesellschaftliche(n) Fortschritt, mit einer humanen Form der Erwerbstätigkeit, mit einer neuen Zwischenmenschlichkeit" (Gross, zitiert nach Kessl/Otto 2011, 394). Der erwartete Innovationsschub käme, so die Dienstleistungsprotagonisten, zustande, wenn die Rolle der „Konsumenten" gestärkt würde. Diese Konsumentenorientierung wurde der „zentrale Fortschritts- und Emanzipationsmarker" (Kessl/Otto 2011, 399). Neben einem solchen Innovationsschub wurde von den Vertretern der Dienstleistungsvorstellung die Auflösung hierarchischer Verhältnisse zwischen Sozialarbeiter und Nutzer und die Umgestaltung der Beziehung zu einem Anbieter-Kunden-Verhältnis erwartet sowie eine Rückstufung sozialpädagogischer Expertise zugunsten von Klientenbedürfnissen und -interessen (Kessl/Otto 2011, 394 ff.).

Als zentrale Merkmale von Dienstleistungen wurden ausgemacht (nach Greif 2015, 56 ff.):

- Körperlosigkeit des Gegenstandes,

  „[d]as heisst, dass reine Dienstleistungen nicht betrachtet, berührt, festgehalten oder gelagert werden können – sie haben keine physische Erscheinung.“ (Schneider/White, zitiert nach Greif 2015, 56)

- Untrennbarkeit von Herstellung und Verbrauch (uno-actu-Prinzip); die Herstellung setzt die Präsenz des Kunden voraus und erfolgt gleichsam im Inneren des Kunden
- Heterogenität der Prozesse – aufgrund der Personenbezogenheit der Dienstleistung folgt aus der Unterschiedlichkeit der Personen (Konsumenten) auch eine Vielfalt der Dienstleistungsverläufe

Die Vorstellung, Soziale Arbeit als Dienstleistung zu begreifen, kann mittlerweile als etabliert gelten. Dass sie sich durchgesetzt hat, hat womöglich nicht so sehr mit der Überzeugungskraft dieses Deutungsmusters von Arbeit zu tun, sondern eher mit der Passfähigkeit zu allgemeinen gesellschaftlichen Tendenzen, die durch Individualisierung und Vorstellungen von Autonomie und Mitsprachansprüchen gekennzeichnet sind. Die Gängigkeit der Vorstellung ist in diesem Sinne vielleicht eher dem Zeitgeist geschuldet als der argumentativen Stichhaltigkeit oder der realen Angemessenheit, wie im Folgenden gezeigt wird.

2.2.2 Dienstleistung – ein fragwürdiges Deutungsmuster für Beratung

Die politischen und professionstheoretischen Implikationen dieses Dienstleistungsdiskurses tangieren auch das professionelle Selbstverständnis der Beraterin. Sie stellt sich die Frage: „Bin ich eine Dienstleisterin?“. Für ihre Haltung zum Thema Dienstleistung sei auf folgendes hingewiesen:

Man muss dem Dienstleistungsdiskurs mit großem Nachdruck eine massive Interaktionsvergessenheit vorwerfen. Der Soziologe Peter Gross, einer der „Väter“ des Dienstleistungsdiskurses in Deutschland, hatte noch darauf hingewiesen, dass für den Begriff der Dienstleistung ursprünglich dessen prozessualer Charakter bestimmend gewesen war, dieser jedoch dadurch, dass der Begriff in die Fänge der Wirtschaftswissenschaften geriet, deren Logik entsprechend primär als „Gut“, also unter Produktgesichtspunkten behandelt wurde. „Die

Dienstleistung, auch die uno-actu-Leistung, verliert mit ihrer Erhebung zum wirtschaftlichen Gut und der Gleichstellung mit materiellen Gütern sozusagen ihren interaktiven Charakter“ (Gross 1983, 46). Dies geriet bald in Vergessenheit. Der daraus folgenden Fixierung saß denn auch die Soziale Arbeit auf und schlägt sich bis heute mit den Folgeproblemen herum.

Das Verständnis Sozialer Arbeit als Dienstleistung ist dann auch im Bereich Sozialer Arbeit nicht ohne Widerspruch geblieben. Die Kritik bezieht sich auf verschiedene Punkte:

Zum einen werden Zweifel an dem erwarteten Modernisierungsschub geäußert sowie an der Passfähigkeit des Deutungsmusters für die Tätigkeitsbereiche Sozialer Arbeit. Kessl und Otto z. B. hinterfragen den Modernisierungsgehalt: „[…] der beanspruchte Innovations- und Modernisierungehalt ergibt sich keineswegs konstitutiv aus der Beteiligungsnotwendigkeit des Konsumenten in der Erbringungssituation, dem uno actu also. Dieses weist im Extremfall nur auf die Notwendigkeit der leiblichen Anwesenheit des Adressaten oder der Klientin hin, wie die Dienstleistungssituation polizeiliche Festnahme verdeutlicht“ (Kessl / Otto 2011, 399).

Zweifel an der Passfähigkeit beziehen sich darauf, dass wesentliche für Dienstleistung charakteristische Merkmale für den Bereich Sozialer Arbeit als nicht gegeben festgestellt werden bzw. unterbestimmt bleiben. Dies umfasst folgende Aspekte:

- **Honorar**: Im Gegensatz zu anderen Dienstleistungsbereichen erfolgt keine direkte Bezahlung durch den „Konsumenten“; der „Dienstleistungserbringer“ wird vielmehr von seiner Institution bezahlt.
- **Bezeichnung**: Lässt sich die Beraterin unter Tätigkeitsgesichtspunkten noch treffend als „Fachkraft“ bezeichnen, erweist sich die Charakterisierung ihres Gegenüber als erheblich schwieriger: „Kunde“?, „Konsument“?, „Nutzer?“ – keine dieser Bezeichnungen scheint angemessen. „Die Wahl der Akteursfigur(en) und deren jeweilige konzeptionelle Positionierung bleibt weitgehend unterbelichtet“, stellen auch Kessl und Otto fest (Kessl / Otto 2011, 394).

Zum anderen werden Bedenken geäußert (z. B. Kessl / Otto 2011, 399), ob durch die Vorstellung von Dienstleistung nicht Tendenzen zur Individualisierung Vorschub geleistet wird und damit zu einer Zuspitzung, die Vorstellungen von Solidarität und Gemeinschaft konterkariert.

Die Vorstellung, Beratung als Dienstleistung zu begreifen, führt, so hat diese kurze Betrachtung bereits gezeigt, mehr in die Irre als dass sie das Verständnis davon vertieft, wie die Arbeitsbeziehung zwischen Beraterin und Klient angemessen verstanden werden kann.

2.3 Die Arbeitsbeziehung in der Beratungssituation: interaktiv bestimmte Arbeit

Ein Verständnis von Arbeit in der Beratungssituation muss berücksichtigen, dass diese Arbeit wesentlich in interaktiven Prozessen erfolgt. In der arbeitswissenschaftlichen Literatur finden sich Ansätze zu einem solchen Verständnis im Konzept der „Interaktionsarbeit" (bereits bei Wedekind 1988, später bei Böhle/Glaser 2006, Dunkel/Voß 2004). Böhle et al. (2006) heben bei ihrer Erörterung von „Interaktionsarbeit" drei Aspekte hervor:

- Interaktionsarbeit hat wesentlich mit der emotionalen Befindlichkeit des Arbeitenden zu tun. Die Autoren greifen vor allem auf Studien der US-amerikanischen Soziologin Arlie Hochschild (Hochschild 1990) zurück, die die Rolle von Emotionen für eine angemessene Durchführung bestimmter Formen von Arbeit herausgearbeitet(!) hat, z.B. für die Arbeit von Frisören, Lehrerinnen, Gerichtsvollziehern, Flugbegleiterinnen, Geistlichen, Callcenter-Mitarbeiterinnen. In diesen und anderen Arbeitsbranchen herrschen Vorgaben des Zeigens von Gefühlen und Regeln für den Umgang mit diesen. Fragestellungen dieser Forschung umfassen das Gefühlsmanagement und die psychischen Folgen fremdbestimmter, „unauthentischer", Gefühlsdarstellungen in Form von *Burn-out* und emotionaler Erschöpfung.
- Interaktionsarbeit ist Arbeit an der emotionalen Befindlichkeit des Klienten. Hier beziehen sich die Autoren auf Untersuchungen einer Forschergruppe um den US-amerikanischen Soziologen Anselm Strauss (Strauss et al. 1980) in Krankenhäusern. Gefühle stellen demnach keine Begleiterscheinungen des Arbeitens dar, sondern sind Teil der Hauptarbeitslinie des Klinikpersonals:

  „Die Gefühle sollen beeinflusst werden, damit die ärztliche oder pflegerische Behandlung besser gelingen oder überhaupt durchgeführt werden kann. Dies bedeutet anders gefasst: Gefühlsarbeit dient der Erreichung von Handlungszielen" (Dunkel/Rieder 2004, 214).

- Interaktionsarbeit ist Arbeit in Kontexten, die in hohem Maße unterbestimmt sind. „Charakteristisch [...] sind folgende Aspekte: Umgang mit begrenzt planbaren und kontrollierbaren Anforderungen, Wahrnehmung und Interpretation von Informationen, die sich nicht objektivieren lassen, Denken in bildhaft-assoziativen mentalen Prozessen, dialogisch-interaktives Vorgehen und subjektives Nachvollziehen (Empathie)" (Böhle et al. 2006, 33). Die Arbeit erfolgt auf der Grundlage von Erfahrung, Intuition und „Gespür" bzw. „Bauchgefühl".

Diese Gesichtspunkte vermögen die Charakteristika der Arbeit in Beratungssituationen genauer zu erfassen als dies mit der pauschalisierenden Charakterisierung als personenbezogene soziale Dienstleistung erfolgt. Legt man jedoch den Fokus auf die Beratungs-*Beziehung*, bleiben diese Konzepte allerdings immer noch unterbestimmt, da in ihnen der interaktive Charakter der Arbeit – der Bezeichnung „Interaktionsarbeit“ zum Trotz – nicht in den Mittelpunkt der Betrachtung gestellt wird. Eher ist es eine Betrachtung der Arbeit eines der Beteiligten unter Berücksichtigung des Anderen, nicht eine Bestimmung von Zusammenarbeit mit durchaus unterschiedlichen Anteilen. Diese Fixierung auf einen der Beteiligten zeigt sich deutlich bei der Betrachtung der sogenannten Gefühlsarbeit. Dass alle am Geschehen Beteiligten Gefühle haben, wird in der Literatur eigentümlich umständlich formuliert: „[...] schließlich gibt es kein Argument dafür, dass nicht auch der DLN [Dienstleistungsnehmer] [...] Gefühle bzw. bestimmte Gefühlsdarstellungen einsetzen kann, um seine Ziele zu erreichen“ (Dunkel/Rieder 2004, 220). Und in der Tat: Dies geschieht, wie jede Beratungspraktikerin weiß.

2.3.1 Merkmale interaktiv bestimmter Arbeit

Im Folgenden werden einige Aspekte der Tätigkeit der Beraterin aufgeführt, die eine besondere Affinität zum interaktiven Charakter der Beratungssituation aufweisen.

Anspruch des Klienten auf und an Arbeit

Aufgrund des Arbeitscharakters der Beratung hat der Klient einen Anspruch darauf, dass die Beraterin für ihn tätig wird und sein Anliegen bearbeitet. Dieser Anspruch resultiert aus dem institutionellen Charakter der Tätigkeit („Dafür werden Sie doch bezahlt.“). Eine Zurückweisung dieses Anspruchs müsste von der Beraterin eigens entsprechend den institutionellen Vorgaben begründet werden, wie z.B. nicht zuständig sein, keinen freien Termin haben. Eine Zurückweisung aus persönlichen Gründen, wie in informellen Situationen durchaus möglich („keine Lust“), ist der Beraterin nicht erlaubt.

Der Klient hat über den prinzipiellen Anspruch *auf* Beratung auch Ansprüche *an* die Beratung, d.h. ihre Qualität. Angesichts dessen, was oben (Kap. 2) über die Qualitätsfrage gesagt wurde, ist nicht verwunderlich, dass es hier zu Differenzen in den Auffassungen zwischen Beraterin und Klient kommen kann.

Reziproke Verfügbarkeit von Beraterin und Klient

Die Beraterin steht aufgrund ihres Arbeitsauftrages für die Bearbeitung des Anliegens des Klienten zur Verfügung. Das versteht sich von selbst. Gleichzeitig gilt aber auch, dass der Klient für die Beraterin für die Bearbeitung seines Anliegens zur Verfügung stehen muss. Er kann sein Problem nicht bei der Beraterin einfach abgeben und eine Lösung später abholen, so wie dies z. B. beim Auftrag der Reparatur eines schadhaften Objektes möglich ist. Vielmehr muss er der Beraterin für ihre Arbeit zur Verfügung stehen, z. B. sein Problem in den Facetten erläutern, die die Beraterin kennen muss, um ihre Arbeit angemessen durchführen zu können (Hintergründe erläutern, seine Befindlichkeit schildern), Facetten, die für ihn durchaus mit Peinlichkeit oder Scham verbunden sein können.

Es handelt sich also um eine doppelte Verfügbarkeit. Der Umfang dieser Verfügbarkeit bzw. ihre Grenzen sind Gegenstand von Differenzen und Aushandlungen zwischen Beraterin und Klient (Darum geht es in dem Einführungsbeispiel aus Kap. 2.1).

Verfügbarkeit seitens des Klienten: Zum einen geht es um die Verfügbarkeit der *Zeit* der Beraterin: z. B. will der Klient die Beraterin über die vereinbarte Beratungszeit hinaus beanspruchen („noch schnell grad eine andere Frage ...“) oder auch außerhalb der Beratungszeit („Können Sie mir nicht Ihre Handynummer geben, wenn ich noch Fragen haben sollte?“); die Beraterin empfindet dies als übergriffig.

Zum anderen geht es um die Verfügbarkeit des *Ausmaßes der Tätigkeit* der Beraterin, z. B. will der Klient die Beraterin zu Tätigkeiten veranlassen, die nicht zu ihrem Auftrag gehören („Können Sie nicht den Antrag formulieren. Ich kann sowas nicht.“). Die Beraterin empfindet dies als eine unangemessene Zumutung.

Verfügbarkeit seitens der Beraterin: Ein Aspekt ist die Verfügbarkeit der *Persönlichkeit* des Klienten: z. B. fragt die Beraterin den Klienten nach Details seiner Lebensgeschichte („Ist Ihnen früher sowas schon mal passiert?“). Der Klient fühlt sich in seiner Intimsphäre beeinträchtigt. Ein anderer Aspekt betrifft die Verfügbarkeit der *Leistungen* des Klienten: z. B. verlangt die Beraterin vom Klienten, detailliert Buch über durchgeführte Bewerbungen zu führen. Der Klient empfindet dies als Zumutung und hält es für eine Schikane.

Die Doppelnatur des Klienten

Der Klient ist in der Beratungssituation gleichsam zweifach präsent: zum einen als derjenige, der ein Problem *hat* und es darstellt, und zum anderen als derjenige, der das Problem *ist*, z. B. unter einem bestimmten Umstand leidet. Diese Doppelnatur ist konstitutiv für Beratung; sie entsteht schon in dem Moment, in dem der Klient sich für eine Beratung entscheidet, denn in dem Moment entscheidet er sich, zu sich selbst in ein Verhältnis der Veränderung zu treten, z. B. „Ich will dieser Mensch, der Schulden macht, zukünftig nicht mehr sein." Der Klient sucht die Beratung auf, um mit der Beraterin diesen Zustand, in dem „er" sich „noch" befindet, zu verändern. Dies kann an Grenzen stoßen, z. B. wenn ein Klient zu einem Lösungsvorschlag der Beraterin feststellt: „Das kann ich nicht."

Der präsente Charakter der Arbeit

Die Arbeit der Beratung erfolgt im Wesentlichen im Hier und Jetzt der Beratungssituation, auch wenn weitere Recherchen im „back office" erforderlich sein sollten. In der Dienstleistungsliteratur wird dies als uno-actu-Prinzip beschrieben bzw. als „Produktion und Konsumption fallen zusammen" (Kap. 2.2.1). Die Arbeit muss an Ort und Stelle erfolgen. Für die Beraterin bedeutet dies, dass sie geistesgegenwärtig sein muss, eine Befindlichkeit, die durchaus mit Stress verbunden sein kann.

„Präsenz" bedeutet auch Beobachtbarkeit der Beraterin bei ihrer Arbeit, ein Umstand, den die Beraterin in ihrer Tätigkeit in Rechnung stellen muss.

BEISPIEL

Die Beraterin stellt im Beratungsgespräch fest, dass sie zur Beantwortung einer bestimmten Fragestellung in ihren Vorschriften und Erlassen nachschlagen muss. Dieses Nachschlagen erfolgt unter den Augen des Klienten. Sie muss daher den Akt des Nachschlagens als souveräne und kundige Tätigkeit inszenieren, auch wenn sie in dem Moment noch unsicher ist, an welcher Stelle sich die gesuchten Informationen befinden.

Kontingenz des Beratungsprozesses

Kontingenz des Beratungsprozesses bedeutet, dass dieser für die Beraterin nur in begrenztem Maße planbar und vorhersehbar ist. Der Klient ist eben nicht berechenbar. Gleichzeitig hat die Beraterin aber die Prozessverantwortung für die Beratung. Von der Beraterin sind Fähigkeiten der Improvisation gefordert, um angemessen auf Handlungen des Klienten reagieren zu können. Ein besonderes Moment dieser Kontingenz ist die Unsicherheit des Verstehens.

Komplexe interaktiver Beratungsarbeit; Problem-Definition und Lösungs-Entwicklung

Aus dem gesellschaftlich vorgegebenen Zweck des Beratungsgesprächs und dem daraus folgenden Arbeitsauftrag an die Beraterin, dem Klienten zur Lösung seines Problems zu verhelfen, ergeben sich unter den skizzierten Bedingungen zwei zentrale Arbeitspakete für die Beratung: Zum einen müssen Beraterin und Klient sich auf eine gemeinsam geteilte Vorstellung, was das Problem des Klienten ist, verständigen. Dies erfolgt in der Problem-Definition (anderenfalls würden Beraterin und Klient „aneinander vorbeireden“). Zum anderen müssen beide Beteiligte eine für den Klienten lebenstaugliche Lösung für sein Problem ausarbeiten. Dies erfolgt in der Lösungsentwicklung (anderenfalls könnte der Klient mit der Lösung „nichts anfangen“). In beiden Arbeitspaketen sind beide Beteiligte also zur Zusammenarbeit verpflichtet bzw. motiviert. Zugleich verfolgen beide Beteiligte unterschiedliche institutionell oder individuell vorgegebene Zielsetzungen. Dieses Spannungsverhältnis bestimmt die Art der Zusammenarbeit in Gestalt von Aushandlungen.

2.3.2 Aushandlung – das Muster der Zusammenarbeit

Das Zusammenspiel der Tätigkeiten von Beraterin und Klient in der Herstellung der Beratungsgegenstände lässt sich sinnvoll mit dem Begriff der Aushandlung charakterisieren. Aushandlungen kennzeichnen interaktive Prozesse, in denen die Beteiligten in der Realisierung ihrer Ziele auf die Kooperation mit anderen Beteiligten angewiesen sind, wobei die Ziele teilweise identisch, teilweise konträr sind. Diese Gleichzeitigkeit von Gemeinsamkeit und Konflikt charakterisiert Aushandlungsprozesse. Der Beratungsforscher Nothdurft hatte bereits in den 1980er Jahren an Beispielen aus Beratungsgesprächen gezeigt, dass zwischen den Beratungsbeteiligten gleichsam zu jedem Aspekt des Problems des Klienten ein solcher Aushandlungsprozess entsteht (Nothdurft 1984).

Charakteristika von Aushandlungsmustern

Aushandlungsmuster sind durch folgende Merkmale gekennzeichnet:

Implizitheit: Die Aushandlung verläuft selten durch ausdrückliche Markierung eigener Auffassung (etwa: „Das sehe ich ganz anders.“). Viel häufiger verläuft die Aushandlung implizit bzw. indirekt, z. B. durch Relevanzabstufung von

Vorschlägen („naja vielleicht", „mal sehen"), durch stillschweigend erfolgende Umdeutungen von Ausdrücken und Formulierungen, dadurch dass der Klient an einer Problemformulierung „stur" durch Wiederholung festhält, obwohl diese Formulierung durch die Beraterin als unangemessen korrigiert worden ist, oder dadurch, dass einem konträren Redebeitrag des Gegenübers zugestimmt wird und dieser Zustimmung eine inhaltlich widersprechende Auffassung angeschlossen wird.

In einer Erziehungsberatung geht es um Schulprobleme der Tochter der Klientin. Die Beraterin betont die Wichtigkeit elterlicher motivationaler Unterstützung für die Tochter. Darauf die Klientin: „Das sehen wir beide ein, mein Mann und auch ich. Ich muss ehrlich sagen, da bei Mathe und so komm ich auch nicht mit." (nach Nothdurft 1984, 87 ff.)

Konstanten:

„Dieses interaktive Zusammenspiel der Handlungszüge erzeugt und verkörpert die Dynamik, die einen Aushandlungsprozeß vorantreibt. Die Handlungszüge wiederum werden vom Interessensprofil und der je eingeschlagenen Strategie der Teilnehmer gesteuert, von Aushandlungs-„Konstanten" also, die über den einzelnen Interaktionszug hinaus Handlungsrelevanz besitzen und durch die das Prozeßgeschehen in immer wieder gleicher Weise bestimmt wird. Es ist daher nicht verwunderlich, daß sich in einem Aushandlungsprozeß immer wieder die gleiche Weise, aufeinander Bezug zu nehmen, findet, d.h. daß sich das interaktive Zusammenspiel der Handlungszüge als Muster im Aushandlungsprozeß reproduziert und diesem dadurch seine Struktur als wiederkehrendes, geordnetes, erkennbares Aushandlungsmuster verleiht." (Nothdurft 1984, 116)

Dynamik:

„[D]ie einzelnen Aushandlungsprozesse werden häufig ohne Feststellen eines Resultats abgebrochen, die problematischen Divergenzen etc. bleiben bestehen und steuern den weiteren Gesprächs-Verlauf. Es kommt zu Wiederholungsmustern, zyklischen Verläufen und Stufungen, die häufig zu konfliktären interaktiven Verläufen und Verunklarungen des problematischen Sachverhalts-Zusammenhangs führen." (Nothdurft 1984, 75)

Reflexivität: Im Reden über den Gegenstand agieren die Beteiligten ein Beziehungsmuster aus. Nothdurft (1997) hat dies in Hinblick auf Konfliktgespräche formuliert:

„In der Art und Weise, wie [die Streitparteien] kommunikativ mit „ihrem Konflikt" umgehen, reproduzieren die Streitparteien die Struktur des Konflikts selbst und machen sie damit deutlicher als mit dem, was sie über ihren Streit aussagen. Anders formuliert reproduziert sich die konfliktäre Struktur des Redegegenstandes in der Dynamik des Aushandlungsprozesses und bildet diese im Aushandlungsmuster ab." (Nothdurft 1997, 117f.).

BEISPIEL

Im „ja-aber-Einwandspiel" (Kap. 10) entwertet der Klient jeden Lösungsvorschlag der Beraterin durch einen Einwand, bis die Beraterin aufgibt. Das Beziehungsmuster lässt sich charakterisieren als „den Anderen zappeln lassen" – und die Feststellung dieses Beziehungsmusters kann der Beraterin möglicherweise einen wichtigen Aufschluss auf das Problem des Klienten liefern.

Ein Fall von Aushandlung: Die Herstellung des Anliegens

Das Phänomen der Aushandlung soll an einem konkreten Beratungsfall veranschaulicht werden. Der Fall ist der Studie von Nothdurft entnommen (Nothdurft 1984, 83 ff.). Die Wiedergabe der authentischen Gesprächsausschnitte erfolgt aus Gründen der besseren Lesbarkeit in einer gegenüber der Transkription vereinfachten Form. Im vorgestellten Fall handelt es sich um ein Beratungsgespräch in der Beratungsstelle einer Nichtsesshaften-Einrichtung zwischen einem Sozialarbeiter und einem Nichtsesshaften. In dem Fall zeigt sich,

„[…] daß die Aktivitäten des Beraters darauf ausgerichtet sind, ‚das Problem' als Interaktionsgegenstand von Beratung in der Form eines Anliegens, das sich innerhalb der befaßten Institution bearbeiten läßt, zu fixieren. Der Klient widersetzt sich solchen Auflösungs- und Umformungsversuchen ‚seines Problems' und hält eine komplexere Problem-Version über mehrere Züge des Aushandlungsprozesses durch" (Nothdurft 1984, 84).

Der Berater leitet die Klärung des Anliegens ein mit einer Frage: „un was könn wer jetz machen?".

> *„Die Rhetorik der Frage liegt darin, daß das erfragte Handlungsziel als gemeinsame, vom Mitarbeiter zu bewältigende Aufgabe formuliert ist und damit die professionelle Handlungsmacht, die er in der Einrichtung besitzt, als Selektionskriterium dafür eingeht, was von B [Klient] als Handlungsziel angegeben werden kann. [...] Auf das resignative „tja" des Nichtsesshaften hin bietet der Mitarbeiter dann auch gleich ein solches bearbeitbares konkretes Anliegen an: „wolln sie die zeit überbrücken bis wetter wieder wärmer wird oder?" (Nothdurft 1984, 84).*

Es handelt sich bei diesem „Angebot" um ein standardisiertes Anliegen, „[...] das üblicherweise in dieser Einrichtung geäußert wird und eine routinemäßige Fall-Behandlung möglich macht" (Nothdurft 1984, 84). Nach einer Schweigepause von 4 Sekunden erklärt sich der Klient selbst zu einem „komischen Fall", dem bereits früher die Empfehlung gegeben worden war, „so weiterzumachen wie bisher weil man einfach nich die einrichtung für mich hat". Nach weiteren 5 Sekunden Redepause insistiert er gleichwohl auf einer Lösung, ohne jedoch ein Anliegen zu formulieren – seine Aussage bricht vorher ab: „aber trotzdem muß ich". Damit widersetzt er sich der

> *„Behandlung ‚seines Problems' als ein Routine-Anliegen in zweifacher Weise: Erstens reagiert er nicht mit einem der Frage entsprechenden Antwort-Verhalten [...] und negiert damit die vom Mitarbeiter gesetzte Bearbeitung des Handlungsziels auf Anliegens-Niveau, und zweitens setzt er durch seine Selbst-Typisierung („immern komischer fall") der routinemäßigen Fall-Behandlung die Besonderheit seiner Problemlage entgegen.[...] Der Mitarbeiter macht demgegenüber wiederum die in seinem Handlungsbereich vorgesehene Größe ‚Einrichtung' statt ‚der Probleme' des Nichtsesshaften zum Gegenstand und versucht, den Problem-Zusammenhang des Klienten wenigstens hypothetisch auf eine Einrichtung zu fixieren: „wie muß denn die einrichtung aussehn daß sie sich da wohlfühlen"." (Nothdurft 1984, 85).*

Nach wiederum 5 Sekunden Schweigen formuliert der Klient seine komplexe Problemlage: „tja da hängen viel probleme mit zusammen (3 Sekunden Pause) ja soviel probleme". Er widersetzt sich damit auch diesem Fokussierungsversuch, indem er durch Angabe einer Problem-Richtung „auf die komplexe Gestalt seines Problems verweist, die eine vorschnelle Konkretisierung auf Lösungsmöglichkeiten ausschließt". (Nothdurft 1984, 85). In der Folge erläutert er ausführlich die Probleme des Zusammenlebens mit anderen Nichtsesshaften (mangelnde Durchsetzungsfähigkeit, Eifersucht auf andere Heimbewohner). An dieser Stelle greift der Berater die Problemdarstellung reformulierend auf. Diese

Reformulierung bestätigt der Klient: „ja eben sie packn genau dat thema beim schopf" und kann unter der Rahmung der geschilderten Problematik auf die Frage des Beraters nach einer passenden Einrichtung zurückkommen.

Nothdurft fasst zusammen:

„Beim Aushandlungsmuster ‚Herstellung des Anliegens' versucht der Berater, aus einer komplexen Problem-Gestalt einen für ihn bearbeitbaren Weltausschnitt herauszulösen. Im analysierten Fall erfolgt die Fokussierung des Gesprächs auf ein Anliegen präventiv, indem der Berater nur ein Problem auf Anliegensniveau als Redegegenstand zuläßt, und reaktiv durch hypothetische Projektion ‚des Problems' auf die Anliegensdimension. Der Klient widersetzt sich diesen Versuchen durch zweifache Selbststilisierung zum komplexen Fall. Erst nachdem der Berater eine Problemversion akzeptiert, die über das präventiv angebotene Anliegen hinausgeht, kommt eine Problemidentifikation zustande und die Beteiligten gehen zur Lösungsentwicklung über" (Nothdurft 1984, 87).

ZUSAMMENFASSUNG

Beraterin und Klient befinden sich in einer Arbeitsbeziehung miteinander. Diese ist als „personenbezogene Dienstleistungsbeziehung" nur unzureichend gekennzeichnet. Angemessener ist es, sie als interaktiv bestimmte Arbeit bzw. als Beziehungsarbeit zu begreifen. Diese ist neben Gefühlsarbeit durch das Moment der „Problem- und Lösungs-Aushandlung" bestimmt, deren Merkmale erläutert wurden. An einem Fallbeispiel einer Beratungssequenz wurde das Moment der Aushandlung veranschaulicht.

3 „Das hab ich noch nie jemanden erzählt“ – Beratung als Kooperationsbeziehung

Beratung ist unter Gesichtspunkten ihres Zwecks bestimmt als Interaktion zwischen Beraterin und Klient mit dem Ziel, dem Klienten bei der Bewältigung einer Krisen- oder Notsituation bzw. bei der Lösung eines Problems zu unterstützen. Dabei sind beide – Klient wie auch Beraterin – „zur Kooperation verdammt“; unabhängig davon, wie kooperativ gestimmt die Beteiligten persönlich sein mögen, ergibt sich die Haltung, zu kooperieren, zwingend aus der Logik von Beratung. In diesem Kapitel geht es darum, genauer zu verstehen, was „Kooperation“ in diesem Zusammenhang genau bedeutet. In der Literatur wird sie häufig als „Arbeitsbündnis“ bezeichnet. Bei genauerer Betrachtung erweist sich die dahinter liegende Vorstellung jedoch nicht als tragfähig (Kap. 3.2). „Kooperation“ wird hier stattdessen über Momente von Resonanz bestimmt. Eine solche Bestimmung betont die Wichtigkeit des unmittelbaren Erlebens der Beraterin und ihres Bezugs auf die Beratungssituation (Engagement) (Kap. 3.3). Was dies für die Haltung der Beraterin bedeutet, wird anschließend in Kap. 3.4 ausgeführt.

3.1 Beratungsgeschichten, die das Leben schreibt: Pokerface

„Manchmal habe ich ja den Eindruck, man redet gegen eine Wand oder mit einem kranken Pferd. Wenn ich Sachen erläutere und der Klient sitzt da mit Pokerface. Hat ers nun verstanden, hat ers nicht verstanden, was hat er verstanden? Das hat mich früher schwer irritiert. Früher hab ich dann den Fehler gemacht, alles noch mal zu erklären. Dann hat mir mal ein Klient gesagt, ich hätte wohl den Eindruck, er sei schwer von Begriff, weil ich ihm die Sache noch mal erklärt habe. Sei er aber nicht. Der war richtig eingeschnappt. Heute ist das anders. Es gibt sowas wie Resonanz zwischen mir und den Klienten. Inzwischen hab ich das im Gespür. Meistens jedenfalls. Also oft.“

3.2 Beraterin und Klient – zur Kooperation verdammt

Beraterin und Klient sind beide für das Gelingen ihrer Handlungsziele aufeinander angewiesen. Dass der Klient in der Verfolgung seines Ziels auf die Tätigkeit der Beraterin angewiesen ist, ist evident — er wendet sich ja gerade an sie, um mit ihrer Unterstützung sein Leben besser gestalten zu können. Dass die Beraterin ihrerseits auf die Mitarbeit des Klienten angewiesen ist, wird aber ebenfalls schnell deutlich, wenn man sich klarmacht, dass sie, um gut beraten zu können, das Problem des Klienten in Erfahrung bringen muss und ihn an der Entwicklung einer für seine Lebenssituation passende Lösung engagieren muss — und dies gelingt nur durch seine Mitarbeit. Die Beraterin muss daher Gesprächsverhältnisse schaffen, die diese Mitarbeit des Klienten fördern. Es reicht, wie im Eingangsbeispiel deutlich wird, für die Beraterin nicht aus, sich darauf zu verlassen, dass der Klient von sich aus, d. h. aus eigener Bereitschaft heraus, alle relevanten Informationen, die sie benötigt, schon zur Verfügung stellen wird. Es geht darum, dass die Beraterin sich um eine Kooperationsbeziehung zum Klienten bemüht.

Dass der Kooperation zwischen Beraterin und Klient in der Gestaltung eines Beratungsgesprächs besondere Aufmerksamkeit gewidmet werden muss, ist in der Fachliteratur unbestritten. In soziologischen Studien zu professioneller Kommunikation hat es sich insbesondere im Bereich sozialer Dienste eingebürgert, die Kooperation zwischen Klient und Professioneller als „Arbeitsbündnis“ zu bezeichnen und zur Erläuterung auf Vorstellungen des Professionssoziologen Oevermann zu verweisen (z. B. Dunkel 2011, 191, Thomsen 2008, 22 ff.).

Diese Vorstellungen, obwohl viel zitiert, erweisen sich bei genauer Betrachtung aber nicht als tragfähig. Oevermann versteht Arbeitsbündnis als widersprüchliche Einheit zwischen „spezifischer Sozialbeziehung“ auf der einen Seite — das ist die durch professionelle Rollen bestimmte Beziehung — und „diffuser Sozialbeziehung“ auf der anderen Seite — darunter versteht er „nicht rollenförmige Sozialbeziehungen zwischen ganzen Personen“ (Oevermann 1996, 110). Die „einzigen bekannten Prototypen für diffuse Sozialbeziehungen“ (Oevermann 1996, 110) seien die verschiedenen Beziehungen zwischen Elternteilen und — einem — Kind, die „im sozialisatorischen Interaktionssystem naturwüchsig uns als Beziehungen zwischen ganzen Menschen entgegentreten“ (Oevermann 1996, 111). Diese diffuse Sozialbeziehung zeigt sich im professionellen Kontext darin, dass der Klient

> *„lernen [muss], sich […] vollkommen zu öffnen und Themen zur Sprache zu bringen, die sonst nur in der wirklichen Praxis einer gelingenden diffusen Intimbeziehung unter der Bedingung ihres bedingungslosen Vertrauens besprochen werden können“ (Oevermann 1996, 118).*

An dieser Vorstellung von Arbeitsbündnis sind entscheidende Aspekte unzutreffend bzw. unklar: Oevermann bestimmt den Typus der diffusen Sozialbeziehung über die Charakteristika familialer (Ein-Kind-)Interaktion, die er als durch bedingungsloses Vertrauen, durch Bereitschaft zur Offenheit und durch die Möglichkeit unbegrenzter Themenwahl gekennzeichnet sieht. Dabei sitzt er ganz offensichtlich einem idealisierten Bild familialer Interaktion auf, das der Wirklichkeit nicht standhält. Die Sorglosigkeit, mit der Oevermann vorgeht, zeigt sich auch darin, dass er die diffuse Sozialbeziehung zur sogenannten „Grundregel" psychoanalytischer Therapie in Entsprechung setzt – jene Grundregel, die dem Patienten aufgibt,

> *„alles zu thematisieren, was ihm durch den Kopf geht und ihm einfällt, vor allem eben auch das, was er für ganz unwichtig hält und was ihm eher peinlich ist" (Oevermann 1996, 116).*

Man stelle sich diese Grundregel in Bezug auf familiale Kommunikation, den angeblichen Prototyp diffuser Sozialbeziehung vor!

Oevermann bestimmt das Arbeitsbündnis als „Beziehungspraxis", die diffuse und spezifische Sozialbeziehungen als widersprüchliche Momente vereinigt – genauer: er nennt diese Beziehungspraxis „Arbeitsbündnis". Unklar bleibt sowohl, was Oevermann unter „Bündnis" versteht, als auch was es bedeuten soll, ein Arbeitsbündnis zu sein.

Angesichts dieser begrifflichen Mängel wird in diesem Buch ein anderer Weg zur Bestimmung der Kooperationsbeziehung zwischen Beraterin und Klient beschritten.

Was „Kooperationsbeziehung" bedeutet, wird aus einer interaktionstheoretischen Betrachtung der Beratungssituation deutlich. Eine solche Betrachtung nimmt eine Ebene zwischenmenschlicher Kommunikation in den Blick, die in den meisten Kommunikationstheorien geflissentlich ausgeklammert oder übersehen oder ignoriert wird: die Ebene des unmittelbaren sinnlichen Erlebens der Beteiligten. Diese Ebene ist aber für das Gelingen von Beratung von großer Bedeutung, weil auf ihr entschieden wird, ob bzw. in welchem Ausmaß eine Kooperationsbeziehung zwischen den Beteiligten zustande kommt bzw. aufrechterhalten wird, ob – wie man sagt – Beraterin und Klient „miteinander können".

3.3 Resonanz – die elementare Interaktionsebene von Beratungsgesprächen

Um eine sehr elementare Ebene eines Gesprächs geht es, wenn Menschen davon sprechen, dass sie „miteinander können", dass „die Chemie gestimmt" hat, dass es „gut lief" oder dass „das Eis gebrochen wurde". Auf dieser Ebene zeigt sich, ob die Beteiligten einander zugewandt und aufeinander bezogen sind, oder ob sie zwar in Kommunikation sind, aber nebeneinander her reden oder aneinander vorbei reden. Man weiß aus Gesprächsuntersuchungen, dass die Beteiligten sich in einem Gespräch gut aufgehoben fühlen, wenn die Redebeiträge aufeinander abgestimmt (synchronisiert) erfolgen, wenn die Beteiligten beim Reden einen gemeinsamen Sprechrhythmus ausbilden, wenn der Blickkontakt stimmig ist, wenn die Weise, in der auf sie reagiert wurde, resonant ist, wenn Gedanken, die sie geäußert haben, weitergesponnen werden, wenn der Gesprächspartner eine eigene Äußerung ergänzen konnte, bevor sie ausformuliert wurde, oder ein Wort gefunden wurde, wenn es einem selbst nicht einfiel, wenn man auch in der Körperhaltung einander zugewandt war, wenn eine Veränderung der eigenen Körperhaltung auch den Anderen in Bewegung brachte, wenn der Andere einen Gedanken, den man selbst nur vage formulieren konnte, „auf den Punkt" brachte – kurz, wenn die Beteiligten das Gefühl hatten, *miteinander* zu sein (Darum geht es auch in dem Einführungsbeispiel aus Kap. 3.1.). Nothdurft/Schwitalla (1995) stellen die Analogie des Miteinander-Redens zum gemeinsamen Musizieren her, um das starke Moment der Gemeinsamkeit, das Aufeinanderbezogensein der v.a. non-verbalen Feinabstimmung, der ästhetischen Qualität des Geschehens und das Moment des Gelingens zu betonen. Dies sind Erlebnis-Qualitäten von Kommunikation – Wohlbefinden, Spannung, Unbehagen, Furcht, Gelöstheit – üblicherweise in Kombination miteinander. Dieses Erleben – und das ist entscheidend – steuert das Geschehen auf allen anderen Gesprächsebenen: auf der Ebene des Informationsaustauschs wie auch auf der des Verstehens. Durch sie kommt es bei den Beteiligten zur Ausbildung von Sympathie oder Antipathie dem Anderen gegenüber, zu Wohlwollen oder Abwehr im Aufnehmen von Informationen und Verstehen von Mitteilungen, zu Nähe oder Distanz als Haltung dem Anderen gegenüber, zu Offenheit oder Verschlossenheit in der Bereitschaft, sich mitzuteilen, zu Akzeptanz oder Widerstand, Anregungen und Vorschläge aufzunehmen und aufzugreifen.

Der US-amerikanische Interaktionsforscher Frederick Erickson (1988) hat Studienberatungsgespräche per Videoaufnahmen untersucht und die Beteiligten nach den Gesprächen um eine Beurteilung des Gesprächs gebeten. Dabei stellte sich heraus, dass Studierende den Eindruck hatten, gut verstanden und beraten worden zu sein, wenn der Beratungsprozess v. a. auf der non-verbalen Ebene „gut lief“. Andersherum zeigten sich Studenten nicht zufrieden mit der Beratung, deren Gespräche häufig ins Stocken gerieten. Der Wahrnehmungseindruck wirkte sich über die Wahrnehmung von Atmosphäre und Stimmung hinaus also auch auf die Einschätzung der Inhalte und Resultate der Beratung aus – ob zu Recht oder zu Unrecht. (Diese Befunde von Erickson haben eine interkulturelle Pointe. Diese wird aber erst in Kap. 7 verraten.)

Die Ebene des unmittelbaren Erlebens ist ontogenetisch die früheste Interaktionsebene, auf der ein Mensch sich bewegt. Die Säuglingsforschung zeigt eindrucksvoll, wie auf dieser Ebene das interaktive Zusammenspiel zwischen Baby und Mutter erfolgt (Stern 2004). Diese Ebene bildet das Fundament der Weiterentwicklung sozialer Fähigkeiten beim Kind („primäre Intersubjektivität“, Tomasello 2002). Sie wird im weiteren Entwicklungsverlauf eines Menschen von anderen, mehr kognitiv geprägten, Ebenen überlagert. Sie bleibt gleichwohl bestehen, gerät aber aufgrund des kognitiv dominierten Selbstverständnisses von Menschen aus dem Blick. Auch in der Forschung wurde sie aus dem gleichen Grund lange übersehen. Neuerdings wird ihr aber verstärkt Aufmerksamkeit geschenkt (aus soziologischer Sicht Joas 1992, Rosa 2016, aus philosophischer Sicht Schmitz 2018, Dreyfus / Taylor 2016, aus kommunikationstheoretischer Sicht Klemm / Pfab 2020).

Diese Ebene bildet gleichsam den fruchtbaren Boden für ein Beratungsgespräch. Auf dieser Ebene entscheidet sich, ob das Gespräch gedeiht oder verdorrt, sich fruchtbar entwickelt oder verkümmert.

Es beginnt an der Tür…

Die unmittelbare Begegnung beginnt in dem Moment, in dem der Klient an die Tür des Beratungszimmers klopft. Durch die Art und Weise, wie die Beraterin auf dieses Klopfen reagiert, führt sie die Begegnungssituation fort und verleiht ihr eine bestimmte Färbung: durch die Tonart ihrer Stimme, mit der sie „Herein“ ruft oder „Ja bitte“, durch ihre körperliche Präsenz, je nachdem ob sie sich von ihrem Stuhl erhebt und zur Tür geht, um sie zu öffnen, oder ob sie an ihrem Schreibtisch („hinter“ ihrem Schreibtisch) sitzen bleibt, durch ihre Geste, mit der sie den Klienten auffordert, Platz zu nehmen oder die Art ihrer entsprechenden Formulierung, durch ihren Blick, den sie dem Klienten schenkt und ihre Körperhaltung, mit der sie sich ihm zuwendet. Auf all dies wiederum reagiert der Klient. In diesen kurzen Momenten hat sich bereits ein „dynamisches Resonanzsystem“ (Fuchs 2017) herausgebildet, das die Grundlage für das weitere Geschehen in der Beratungssituation bildet.

Noch bevor also die Beraterin mit ihrer „eigentlichen“ Facharbeit beginnt, hat sie mit ihrem Verhalten schon Weichen für den weiteren Gesprächsverlauf und für das Gelingen des Beratungsgesprächs gestellt.

Es wäre allerdings verfehlt, anzunehmen, dass die Ebene des unmittelbaren Geschehens sich nur auf den sogenannten Small Talk beschränken würde und mit Beginn der eigentlichen Beratungsfacharbeit keine Rolle mehr spielen würde. Diese Ebene bildet vielmehr während der gesamten Begegnung die Grundlage, auf der das Beratungsgespräch erfolgt, genauer: die Grundlage dafür, ob eine Kooperationsbeziehung zwischen den Beteiligten zustande kommt – oder nicht.

Diese Ebene der unmittelbaren Begegnung ist durch zwei Merkmale gekennzeichnet:

- durch die Erlebnis-Qualität des Geschehens (Kap. 3.3.1)
- durch das Engagement der Beteiligten (Kap. 3.3.2).

3.3.1 Interaktive Wahrnehmung: Das unmittelbare Erleben

Auf der Ebene der elementaren Interaktion, dem dynamischen Resonanzsystem, geht es nicht um begriffliches Verstehen bzw. Erkennen, sondern um intuitives Handeln. Der große Teil unserer Kommunikation verläuft so. In der meisten Zeit, die wir in Begegnungen mit Anderen verbringen, handeln wir intuitiv, spontan, routiniert, gewohnheitsmäßig, „aus dem Bauch heraus“. Wir verfügen über das entsprechende *Know How*. Es bedarf nicht, wie viele Theorien zum Beratungsgeschehen behaupten, komplizierter Verstehensregeln, Schlussmechanismen oder Empathie, um den Klienten zu verstehen. Dieses Verstehen vollzieht sich auf der unmittelbaren Ebene des Beratungsgeschehens vielmehr von selbst und intuitiv. Für dieses Verstehen ist das entscheidend, was die moderne Wahrnehmungspsychologie (Gibson 1982) und -physiologie (Fuchs 2017) den *Aufforderungscharakter* eines Gegenstands, einer Handlung oder Äußerung nennt. Dieser Aufforderungscharakter springt unmittelbar ins Auge – ich sehe einen Menschen in Not, ich höre Verzweiflung oder Freude in seiner Stimme und ich spüre intuitiv, was zu tun ist – Hilfe zu leisten, zu trösten, sich mitzufreuen.

Dieser Aufforderungscharakter kommt einer Handlung oder Äußerung allerdings nie per se als solcher zu, sondern stets nur als Bestandteil einer Situation oder einem Kontext (Pfab, A. 2019). So kann z. B. die Frage „Können Sie mir sagen, wie spät es ist?“ sehr unterschiedliches bedeuten (die Frage hat einen unterschiedlichen Aufforderungscharakter), je nachdem in welchem Kontext sie gestellt wurde:

- in der Begegnung zweier Menschen auf der Straße: Frage nach Uhrzeit – Aufforderung: Nennen der Uhrzeit
- auf einer Party spät abends als Frage an den Gastgeber: Vorbereitung zum Aufbruch – Aufforderung: Mit baldigem Abschied rechnen
- in einer Unterichtssituation als Frage des Lehrers an einen zu spät kommenden Studenten: Vorwurf, zu spät gekommen zu sein – Aufforderung: sich zu entschuldigen
- zwischen zwei Agenten, die einander nicht kennen: „Parole" – Aufforderung: mit korrekter Gegenparole zu antworten

In allen diesen Fällen ergibt sich das Verständnis der Bedeutung der Frage „von selbst" — und zwar eben in Berücksichtigung des Kontextes.

Das unmittelbare Erleben ist nie nur auf eine einzelne Handlung oder Äußerung bezogen, sondern stets auf den Menschen, der die Handlung oder Äußerung vollzieht, in einer konkreten Situation, und zwar mit allen Sinnen, unter der Maßgabe, auf diese Äußerung oder Handlung bzw. ihren Aufforderungscharakter reagieren zu können. Dieses Erleben vollzieht sich weitgehend vorbewusst (nicht unbewusst!) und wird bestimmt von Haltungen und Werten. Auf physiologischer Ebene spielen die sogenannten Spiegelneuronen hier eine wesentliche Rolle (Fuchs 2017).

Aus interaktionstheoretischer Sicht erübrigen sich Gedankenspiele zur Frage, wie man Zugang zu „inneren Zuständen" des Kommunikationspartners erhalten könne. Vorstellungen von „Einfühlung" oder „Empathie" werden damit gegenstandslos bzw. irreführend. Sie gehen irreführenderweise implizit von der Vorstellung aus, dass man seinen Kommunikationspartner aus einer Beobachterperspektive betrachtet, während man sich faktisch in einer Begegnungssituation befindet. Denkt man die beiden Subjekte aber in Verbindung miteinander, besteht „überhaupt keine Notwendigkeit mehr für den Prozess, der mit dem Begriff der Empathie oder Einfühlung benannt wird" (Schlicht 2013, 57). „Ich sehe, dass sie das Gesicht verzieht. Was mag wohl bei ihr innerlich vorgehen?". So fragt jemand, der eine Szene beobachtet oder sich, wenn er in Interaktion involviert ist, aus dieser heraus in eine Beobachterposition versetzt. Und in der Tat: In dieser Position hat er nur noch Beobachtungsdaten zur Verfügung, die er dann interpretiert bzw. interpretieren muss. Das Subjekt, das seine Empathie bemüht, um sein Gegenüber bzw. dessen Innenleben zu verstehen, hat sich also vorher aus einer Interaktionsbeziehung verabschiedet, um sein Gegenüber dann aus der distanzierten Position des Beobachters — empathisch — zu deuten. Das Konzept „Empathie" ist strukturlogisch an diese Beobachterposition gebunden — mit wieviel empathischem Bestreben ich auch immer meine empathische Haltung vollziehe, mein Gegenüber bleibt Objekt meiner Betrachtung und meiner Deutung (dazu ausführlich Schlicht 2013, Dullstein 2013). Dieses Deuten erfolgt dann auf der Basis sozialer Konstruktionen, insbesondere verbaler Kategorisierungen („Verbalisierung emotionaler Erlebnisinhalte“).

Nur in besonderen Momenten stellen wir Überlegungen an: „Was mag das bedeuten?“, „Was meint er damit?“, „Wieso tut er das?“.

Im Nachdenken über eine Begegnung oder ein Gespräch gerät das Geschehen auf der Ebene elementarer Begegnung schnell aus der Betrachtung heraus, weil es sich in Begriffen und inhaltlichen Aussagen schwer fassen lässt, weil es um Atmosphärisches geht, weil es sich um „kleine Momente“ handelt, die angesichts der Fülle des Geschehens leicht vergessen werden und weil es gerade nicht verbale Eindrücke sind, die für das Erleben wichtig sind (Stimmklang, Gesten, Posituren, Gerüche), die der bewussten Aufmerksamkeit entgehen. Unsere kognitive Aufmerksamkeit ist auf längere Zeitstrukturen (länger als fünf Sekunden) gerichtet. Gleichwohl „reagieren wir auch als Erwachsene emotional noch stark auf die unmittelbaren nichtsprachlichen Botschaften innerhalb unserer psychologischen Gegenwartsdauer“ (Jost 2009, 24). Daher lassen wir es bei der Wiedergabe eines Gesprächs tendenziell bei der Wiedergabe des Inhalts bewenden, der besprochen wurde. Wir kennen eine ähnliche Schwierigkeit, wenn wir versuchen, einen Traum zu erzählen. Der Psychologe Daniel Kahneman hat geradezu von „zwei Selbsten“ gesprochen — einem „erlebenden“ und einem „erinnernden Selbst“ (Kahneman 2012, 465 ff.).

> *„Das fieberhafte Fotografieren vieler Touristen deutet darauf hin, dass das Speichern von Erinnerungen oftmals ein wichtiges Ziel ist und sowohl die Urlaubspläne als auch die Urlaubserfahrung prägt. Der Fotograf betrachtet die Szene nicht als einen Moment, der genossen werden sollte, sondern als eine zu gestaltende zukünftige Erinnerung. Bilder mögen für das erinnernde Selbst nützlich sein – auch wenn wir sie nur selten sehr lange oder so oft betrachten, wie wir erwartet haben, oder auch gar nicht –, aber Fotografieren ist für das erlebende Selbst eines Touristen nicht unbedingt der beste Weg, einen schönen Ausblick zu genießen.“ (Kahneman 2012, 479).*

Erst wenn die Beraterin gedanklich einen Ebenenwechsel vollzieht und sich das Geschehen und den Klienten gleichsam „von außen“ betrachtet, wird das Verstehen „fragwürdig“ — und andersherum: wenn das Verstehen fragwürdig wird, tritt die Beraterin aus dem laufenden Prozess heraus. Mit einem solchen Ebenenwechsel löst die Beraterin ein Moment des Gesprächsgeschehens gleichsam aus dem Fluss des Geschehens heraus und macht es zum Gegenstand, zum Objekt, einer Betrachtung, sei es für sich allein oder mit dem Klienten zusammen. Ein solcher Ebenen-Wechsel kann im Einzelfall höchst produktiv für den

Beratungserfolg sein – der Normalfall interaktiven Geschehens ist es nicht (Kap. 7.3). Und ein solcher Ebenen-Wechsel vermag das Verständnis, das man auf unmittelbarer Ebene gewonnen hat, auch nicht auszulöschen, sondern nur zu ergänzen oder ihm zu widersprechen.

Das Beispiel des Stabs im Wasserglas (Abb. 2) ist instruktiv: Wir sehen einen solchen Stab intuitiv als geknickt.

Abb. 2: Geknickter Stab im Wasser

Eine genaue Untersuchung zeigt uns, dass der Stab nicht gebrochen ist. Das Ergebnis dieser Untersuchung, d.h. das gewonnene Wissen, kann aber nicht verhindern, dass wir den Stab weiterhin als gebrochen sehen („Ich kann mir nicht helfen, ich sehe ihn immer noch so."). Wir rationalisieren diese Diskrepanz dann in der Folge zu Lasten der intuitiven Wahrnehmung dadurch, dass wir diese zu einer „optischen Täuschung" und damit zu „nicht wirklich" erklären.

Es handelt sich eben nicht um trügerische Empfindungen, sondern um harte Tatsachen – Tatsachen, die das Verhalten in hohem Maße steuern (Gallagher 2005, Gibson 1982, Pfab, W. 2019). Noch einmal: der überwiegende Teil unseres Verhaltens erfolgt intuitiv.

Es gibt allerdings vielfältige Weisen, das unmittelbare Erleben nicht ins spürende Bewusstsein gelangen zu lassen – sei es aus falsch verstandener Professionalität, sei es aus persönlichen Motiven heraus:

- durch Rollen-Vorschriften („ich als … darf nicht …")
- durch sachliche Fixierung („interessiert mich nicht")
- durch Furcht („Oh Gott, oh Gott, was mach ich jetzt nur?")
- durch Selbstbezug („Wie seh ich aus?").

Wirksam bleibt das Erleben nichtsdestotrotz – als diffuses Gefühl, als Unruhe, Gefühl der Inkohärenz, als Eindruck, „dass irgendwas nicht stimmt", als mulmiges Gefühl, als nicht greifbarer Eindruck. Eine problematische Folge für das Interaktionsgeschehen ist dies: Als unbestimmtes Gefühl erzeugt es typischerweise Unbehagen. Wir suchen dann nach Quellen für dieses Unbehagen und finden sie – fälschlicherweise – in unterstellten Absichten oder zugeschriebenen Eigenschaften unserer Interaktionspartner („Er will bestimmt …", „Er ist halt …"). Auf diese Weise werden wir das Unbehagen los, konstruieren uns aber ein unangemessenes Bild unserer Gesprächspartner – mit entsprechenden Folgen für die Kooperationsbeziehung. Für die Beraterin bedeutet dies praktisch, das unmittelbare Erleben wach und offen zu spüren, es aufzunehmen und in das eigene Verhalten zu integrieren und sich in ihrem Handeln durch das Erleben anleiten zu lassen.

3.3.2 Das Engagement der Beteiligten

Engagement ist eine besondere Weise, an Interaktion beteiligt zu sein. Der Interaktionsforscher Erving Goffman hält diese Weise für die entscheidende Eigenschaft von Begegnungssituationen, für „das Herz der Dinge" (Goffman 1973, 45). In Fällen von Engagement wird ein Mensch von der Situation „gepackt und mitgerissen" (Goffman 1973, 42). In besonders prägnanter Weise kennen wir ein solches Engagement aus Situationen des (gemeinsamen) Spielens, in denen wir uns voll und ganz in das Spiel versenken und „die Welt um uns herum vergessen". Im negativen Fall des Spielens mit einem nicht-engagierten, gar lustlosen Spielpartner macht Spielen keinen Spaß.

Mr. Mirabell und Mr. Fainall erheben sich vom Spielkartentisch.
Mr. Mirabell: Sie haben Glück im Spiel, Mr. Fainall.
Mr. Fainall: Hören wir auf?
Mr. Mirabell: Wie Sie mögen. Ich würde weiterspielen, um Sie zu unterhalten.
Mr. Fainall: Nein, ich gebe Ihnen ein andermal Revanche, wenn Sie nicht so gleichgültig sind. Sie sind gerade in Gedanken bei etwas Anderem und spielen zu nachlässig. Die Leidenschaftslosigkeit des Verlierers mindert das Vergnügen des Gewinners. Ich würde nicht mit einem Mann spielen, der sein Missgeschick herunterspielt wie ich auch keine Frau hofieren würde, der der Verlust ihres guten Rufs gleichgültig ist.
Mr. Mirabell: Sie haben einen deliziösen Geschmack.
(William Congreve, The Way of the World, eigene Übersetzung)

Ein solches Engagement in der Situation geht über eine gedankliche Konzentration auf die Sache hinaus; es umfasst einen Menschen in seiner ganzen Person – auch hier ist das Spielen instruktiv: das Engagement wird körperlich spürbar in Aufregung, Atemrhythmus, Anspannung, Herzschlag etc. Anders wäre auch nicht zu erklären, wieso man sich in den Fällen, in denen man beim Spiel verloren hat, ärgert – schließlich ist es „doch nur ein Spiel". Aber man ist eben mit dem Spiel existenziell verwoben. „[...] das Individuum [wird] ein integraler Teil der Situation" (Goffman 1973, 43). Goffman spricht von „Selbstmobilisierung" (Goffman 1973, 43), man könnte auch sagen, das Individuum geht in der Situation auf.

Engagiert sich die Beraterin in hohem Maße in einem Beratungsgespräch, wird dies eine produktive Wirkung auf den Klienten haben, selbst wenn dieser zunächst mit erheblichen Vorbehalten oder großer Zurückhaltung und Reserviertheit an dem Beratungsgespräch teilnimmt. Durch Engagement wird dem Klienten Aufmerksamkeit gezollt und sein Handeln wird ernst genommen und als der Betrachtung wert gewürdigt. Engagement vermag ferner ein Solidaritätsgefühl zwischen den Beteiligten zu erzeugen („gemeinsame Sache machen") und stabilisiert die Situationsdefinition des Klienten (er ist gewiss, am richtigen Ort zu sein; dagegen erzeugt eine abgelenkte Beraterin beim Klienten Irritation und er fragt sich, woran er ist) (Nothdurft 1994b).

Ein Zustand des Engagements erzeugt in einem Gesprächsteilnehmer, so nimmt Goffman an, einen Zustand von Euphorie. Man ist eins mit der Situation, fühlt sich in ihr stimmig, mit ihr verbunden und in ihr aufgehoben. Am anderen Ende der Skala, im Fall geringen Engagements, gerät man in einen Zustand der Dysphorie – man fühlt sich „unruhig, gelangweilt oder unwirklich" (Goffman 1973, 47). In Beratungssituationen kann der Klient in einen solchen Zustand geraten, wenn Fragen aufgeworfen werden, die ihn verlegen machen. In solchen Momenten geht sein Engagement augenblicklich gegen Null („Wäre ich doch bloß nicht hier. Wo ist das Mauseloch zum Verschwinden?").

Es gibt eine Reihe weiterer Faktoren, die das Ausmaß des Engagements der Gesprächsbeteiligten beeinträchtigen – sowohl das Engagement der Beraterin wie auch das des Klienten: In Fällen massiver Antipathie oder in Fällen der Abwehr aus Angst oder in Fällen von Misstrauen oder auch in Fällen von Erschöpfung und Müdigkeit oder aufgrund von Überlegungen, die die Beteiligten „einfach nicht aus ihren Gedanken verbannen können" (Goffman 1973, 45), ist das Zustandekommen von Engagement und damit Kooperation erschwert.

Es gehört zum Wesen dieser Art von Engagement, dass es nicht durch Bemühen zustande kommen kann. Goffman konstatiert ein Paradox des Engagements, denn

„[...] um darum bemüht zu sein, sich spontan für eine Tätigkeit zu engagieren, ist es nötig, in dem Bemühen und nicht in der Tätigkeit spontan engagiert zu sein" (Goffman 1973, 49).

Lust am Spiel kann ebenso wenig dadurch zustande kommen, dass man sich anstrengt, Lust zu haben, wie Engagement in der Beratungssituation dadurch, dass man sich anstrengt, engagiert zu sein.

Für die Beraterin bedeutet dies praktisch: Engagement scheint nicht so sehr eine Frage der bewussten Herbeiführung zu sein, sondern eher eine Frage der Haltung, der habituellen Einstellung, aus der heraus die Beraterin ihre Tätigkeit durchführt. Eine Haltung, die durch Neugier bestimmt ist, ist hier förderlich; ebenso eine Überzeugung von Selbstwirksamkeit und eine hohe persönliche Verbundenheit mit der Tätigkeit der Beratung. Institutionelle Rahmenbedingungen, unter denen die Beraterin arbeitet, können eine solche Haltung fördern, aber auch erschweren.

3.4 Die Kooperationsbeziehung und die Haltung der Beraterin

Ob und wie sich in einem Beratungsgespräch eine Kooperationsbeziehung zwischen Klient und Beraterin entwickelt, hängt wesentlich davon ab, in welcher Weise die Beraterin dem Klienten zugewandt ist (Abb. 3). Dieses Zugewandtsein äußert sich in kommunikativen „Kleinigkeiten" – einem freundlichen Ton in ihrer Stimme, einer dem Klienten zugewandten Körperhaltung, einem körperlichen Mitverfolgen der Redebeiträge des Klienten, z. B. Kopfnicken, einem Aufgreifen seiner Gesichtspunkte, dem gemeinsamen Betrachten des Bildschirms. Mit solchen Gesten würdigt die Beraterin den Klienten in seiner Bedeutsamkeit und seiner Individualität. Wenn sich die Beraterin zudem aus einer Haltung des Engagements heraus seiner Angelegenheit widmet, kann sich eine Kooperationsbeziehung zwischen ihr und ihrem Klienten entwickeln. Diese muss über den gesamten Gesprächsverlauf hinweg beachtet und gepflegt werden. Eine Kooperationsbeziehung hat „Vorschuss-Charakter". Sie weist eine positive Dynamik auf: Ist sie für´s Erste etabliert, verstärkt sie das positive Situationserleben. Störungen werden bis zu einem gewissen Ausmaß verziehen und können „weggesteckt" werden. Vertrauen in die Beraterin kann gewagt werden und zahlt sich aus: Es ermöglicht der Beraterin, sich der Angelegenheit des Klienten umfassender und gründlicher zu widmen als dies im Fall zurückhaltender Informations-„Politik" des Klienten möglich wäre, und verstärkt damit die Vertrauensbeziehung – bis hin zu einem Moment, in dem der Klient feststellt: „Das habe ich noch nie jemandem erzählt".

Genauso wie die Beraterin zur Entwicklung einer Kooperationsbeziehung wesentlich beitragen kann, kann sie diese allerdings auch beeinträchtigen. Statt auf den Klienten gerichtet zu sein, kann ihr Streben in andere Richtungen gehen: sie kann abgelenkt sein („Hab ich den Herd ausgemacht?"), sie kann in sich gekehrt sein („Was mach ich hier eigentlich?"). Ihr Erleben des Klienten kann von Antipathie geprägt sein. Dies führt nicht zum Scheitern eines Beratungsgesprächs, denn dieses wird durch eine Vielzahl von Beziehungen getragen. Es nimmt dem Beratungsgespräch aber jene „Tiefe", die von Beraterin und Klient als erfüllte Begegnung empfunden wird.

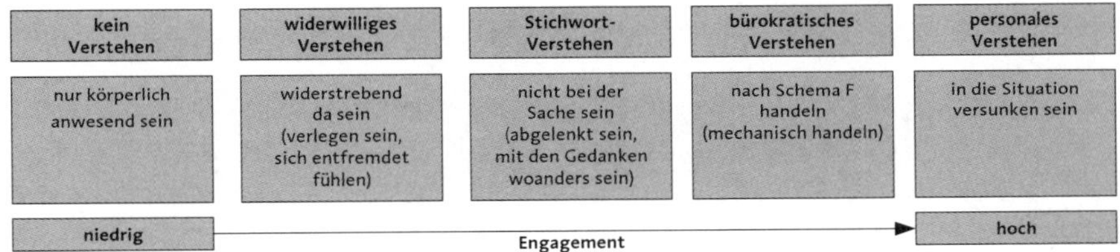

Abb. 3: Engagement und Weisen der Gesprächsbeteiligung

ZUSAMMENFASSUNG

Beraterin und Klient befinden sich beratungsnotwendig in einer Kooperationsbeziehung miteinander. Eine gängige Bestimmung dieser Beziehung als „Arbeitsbündnis" wurde zurückgewiesen. Stattdessen wird Kooperation am Moment der „Resonanz" festgemacht. Resonanz als Kooperationsbedingung erfolgt auf der Ebene des unmittelbaren Interaktionserlebens der Beteiligten. Als eine zweite Kooperationsbedingung wurde das Engagement der Beraterin bestimmt und in seinen Besonderheiten erläutert. Resonanz und Engagement sind wesentlich Angelegenheiten der Haltung der Beraterin. Auf förderliche und hinderliche Bedingungen für die Entwicklung einer solchen Haltung wurde eingegangen.

4 „Versteh ich nich“ – Beratung als Expertin-Laien-Beziehung

„Schon die Alltagserfahrung zeigt, dass die laiengerechte Kommunikation für Experten tatsächlich eine erhebliche Anforderung darstellt und diese Anforderung sehr unterschiedlich bewältigt wird. Probleme bei der Bereitstellung und Nutzung individuellen Wissens können selbst dann auftreten, wenn eine Person das erklärte Ziel hat, ihr Wissen anderen Personen zugänglich zu machen […]. Es scheint, umgangssprachlich formuliert, ‚Fachidioten‘ und ‚Vermittlungskünstler‘ zu geben. Dabei scheint die Fähigkeit, erfolgreich mit Laien kommunizieren zu können, weitgehend unabhängig von den professionellen Kernkompetenzen, also dem Wissen und den Problemlösefähigkeiten im engeren Sinne, zu sein […].“ (Bromme et al. 2004, 182).

4.1 Beratungsgeschichten, die das Leben schreibt: die missglückte Erklärung

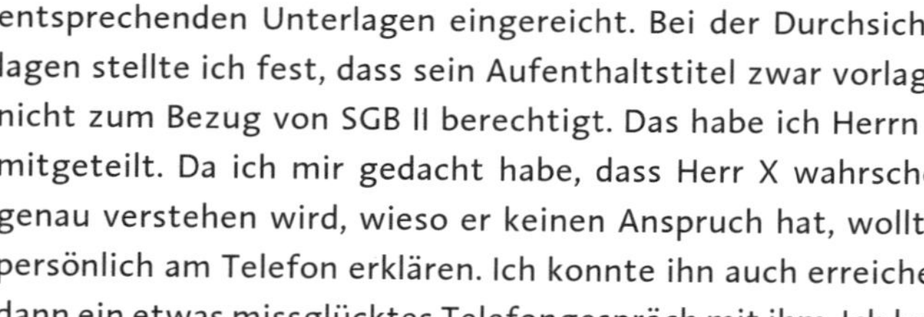

„Herr X hatte einen Antrag auf Leistungen nach SGB II gestellt und die entsprechenden Unterlagen eingereicht. Bei der Durchsicht der Unterlagen stellte ich fest, dass sein Aufenthaltstitel zwar vorlag, dieser aber nicht zum Bezug von SGB II berechtigt. Das habe ich Herrn X schriftlich mitgeteilt. Da ich mir gedacht habe, dass Herr X wahrscheinlich nicht genau verstehen wird, wieso er keinen Anspruch hat, wollte ich es ihm persönlich am Telefon erklären. Ich konnte ihn auch erreichen und hatte dann ein etwas missglücktes Telefongespräch mit ihm. Ich habe ihm noch einmal mitgeteilt, dass ich seine Unterlagen erhalten habe, er jedoch keinen Anspruch auf Leistungen hat. Bevor ich ihm den Grund dafür mitteilen konnte, ist er mir schon in´s Wort gefallen. In einer Lautstärke, dass ich den Hörer nicht mehr an mein Ohr halten konnte, musste ich mir dann anhören, dass ihm bestimmt fünf andere Sachbearbeiter erzählt hätten, dass sie nur einen aktuellen Aufenthaltstitel benötigen und die Leistungen dann regelmäßig ausbezahlt werden. Weiterhin hat er vorgetragen, dass das Geld der Familie nicht ausreicht, um sich satt zu essen oder um

Rechnungen zu begleichen. Sie würden am Existenzminimum leben und wir seien schuld. Die Armut würde ihn sogar zur Kriminalität zwingen, da er gestern Brot für seine Familie geklaut habe. Ich habe ihn darauf aufmerksam gemacht, dass er mich nicht hat ausreden lassen, und ich ihm deshalb den Grund nicht nennen konnte, wieso er keinen Leistungsanspruch hat. Ebenso habe ich ihm gesagt, dass ich mich an die Gesetze halten müsse und dass es mir leid tue. Er wollte dies aber nicht verstehen und hat mir immer wieder vorgeworfen, dass doch sein Aufenthaltstitel vorliegen würde und er somit einen Anspruch habe. Ich habe ihm versucht zu erklären, dass es an seiner Arbeitserlaubnis liegt. Er hatte jedoch keine Einsicht und wollte sich bei meinem Vorgesetzten über mich beschweren. Da kam ich mir missverstanden und angegriffen vor. Ich hatte ihn schließlich extra angerufen, um ihm die Situation zu erklären. Stattdessen musste ich mir sein lautes Geschrei und etliche Vorwürfe anhören. Ich sei unfähig, dumm, und hätte von meiner Arbeit keine Ahnung. Diese Beleidigungen habe ich sehr persönlich genommen und war mit meiner Geduld endgültig am Ende. Ich habe ihm gesagt, dass ich nicht möchte, dass er mich so anschreit und er bitte in einem ruhigen Tonfall mit mir reden solle. Das hat aber nichts geändert und ich musste mir erneut anhören, dass das Jobcenter immer alle Unterlagen haben will, aber nichts tut und sie darunter leiden müssten. Auch meine nochmalige Erklärung wollte er nicht akzeptieren. Mir blieb nichts anderes übrig, als ihm mitzuteilen, dass ich nicht mehr mit ihm telefonieren kann und möchte, da seine laute, aggressive Stimme und sein Verhalten mir gegenüber für ein Gespräch nicht angemessen seien. Daraufhin legte er einfach auf."

4.2 Expertin – Laie: eine asymmetrische Beziehung

4.2.1 Der Status der Expertin – und der des Laien

Menschen suchen eine Beratungseinrichtung auf, weil sie erwarten, dort in der Person der Beraterin eine Expertin für die Bearbeitung, idealerweise zur Lösung ihres Problems vorzufinden, jemand, der sich kundig auf sicherer, gewisser Grundlage ihrem Problem widmet. So gesehen scheint es, dass die Expertin *für* diese Menschen *da* ist. Jedoch auch wenn in einer konkreten Situation die Expertin für den Klienten da sein mag, für ein angemessenes Verständnis der

Expertin-Laie-Beziehung ist es wichtig, diese Beziehung aus ihrer gesellschaftlichen Logik heraus zu betrachten – und aus dieser Perspektive erscheint der Klient, der Laie, als *Folge* der Expertin. Erst wenn es für einen bestimmten Weltausschnitt „spezialisiertes Sonderwissen" (Sprondel 1979, 148 ff.) gibt, gibt es auch Menschen, die über dieses Wissen *nicht* verfügen – dies sind dann die „Laien".

Bereiche spezialisierten Sonderwissens können auf zweierlei Weise entstehen:

- Das Wissen wird in der Folge der Einrichtung einer neuen gesellschaftlichen Institution generiert, z. B. Wissen über Möglichkeiten der Rehabilitation aufgrund des Beschlusses entsprechender gesetzlicher Voraussetzungen. Orte des Wissens sind dann z. B. Rehabilitationsberatung, Sozialrechtsberatung.
- Das Wissen ersetzt/ergänzt/erweitert Alltagswissen, z. B. Wissen über Kindererziehung, Gesundheit, Lebensweisen, Verkehr untereinander, etc. Orte des Wissens sind dann z. B. Erziehungsberatung, Ernährungsberatung, Kommunikationsberatung. (Auf diesen Bereich reagieren die kritischen Stimmen der „Entmündigung durch Experten". Ein besonders kritischer Bereich ist der der Politik, wenn die Komplexität von Themen derart erhöht wird, dass eine angemessene Behandlung spezialisierte Expertise voraussetzt, gleichzeitig aber aus demokratischem Verständnis heraus jedermann zur politischen Urteilsfindung beitragen können soll (Sprondel 1979, 142).)

Erst durch das Vorliegen dieser und anderer Bereiche spezialisierten Sonderwissens erhalten Menschen den Status von Laien. Man könnte auch sagen: Zum Laien wird man, wenn man sich an eine Expertin wendet, d. h. an eine Person, die Expertenhaltung einnimmt und der in Bezug auf ihre Expertise Glaubwürdigkeit attestiert wird. Laie ist man nicht, man wird dazu gemacht.

Aufgrund der Charakteristika des Sonderwissens ergeben sich wesentliche Implikationen für die Problembehandlung in einer Expertin-Laien-Beziehung: Zum einen ist dies eine *Verengung* der Problembetrachtung. Der Fall medizinischer Expertise mag als Beispiel dienen: „Deren außerordentliche Erfolge, sowohl in sachlicher wie auch in sozialer Hinsicht, beruhen wesentlich auf dem rigorosen Entschluß, das umfassendere Problem der Gesundheit auf das allein relevante *Berufs*problem des Funktionierens des physischen Organismus zu reduzieren." (Sprondel 1979, 143)

Zum zweiten kann es auch eine *Erweiterung* der Problembetrachtung durch Einbezug des Problems in den systematischen Zusammenhang des Sonderwissens samt seinen Erhebungsbedingungen und seiner Veränderungsdynamik sein. Als Beispiel mag die Veränderung der Behandlung eines Problems aufgrund der Dominanz eines neuen Ansatzes dienen, z.B. von individuum-zentrierter Perspektive zur systemischen Perspektive in der Psychotherapie.

Zum dritten kann eine *Entpersönlichung* eintreten: Es handelt sich bei dem Sonderwissen um allgemein geltende Erkenntnisse. Deren Gültigkeitscharakter ergibt sich gerade durch diese Allgemeinheit. Insofern hat dieses Sonderwissen nichts mit der Beraterin persönlich zu tun. In ihrer Eigenschaft als Expertin spricht die Beraterin nicht als Person. Auch diese Unpersönlichkeit hat Folgen für das Beratungsgespräch. Auf diese Folgen wird in Kap. 4.2.2 genauer eingegangen.

Ob jemand Expertin ist, ist zunächst keine Frage einer sozialen Rolle, sondern der Beherrschung spezialisierten Sonderwissens – da begegnet der Expertin auf Augenhöhe: der Amateur. Erst gesellschaftliche Distinktionsmerkmale (Titel, Berufsbezeichnungen) unterscheiden dann die Expertin vom Amateur. Bei der Beratung kann dies zu erheblichen Komplikationen führen, dann nämlich, wenn sich der Klient als Amateur im fraglichen Metier erweist und mit der Beraterin um die Gültigkeit einzelner Wissensbestände oder um die richtige Lösung seines Problems rivalisiert und die Beraterin sich in ihrer Rolle attackiert fühlt und in der Folge einen Kompetenzkonflikt als Rollenkonflikt, als „Statusspiel“ ausagiert (Kap. 10). Gegenüber diesem Sonderwissen ist der Klient – von solchen Fällen abgesehen – Laie. Gleichwohl verfügt auch er über Wissensbestände, die für die Expertin-Laie-Beziehung wesentlich sind:

> *„[…] zunächst ganz allgemein […] das Wissen, daß es für relevante Probleme umfangreiches und detailliertes Spezialwissen gibt; sodann, daß es zweckmäßig ist, sich dieses Wissen auf geeignete Weise zu bedienen; auch, wer über dieses Wissen verfügt; und schließlich, wie er dies Wissen erworben hat und woran man das erkennen kann.“ (Sprondel 1979, 148 f.).*

Vor allem aber verfügt der Klient über lebensweltliches Wissen über sein Problem.

> *„[…] der Klient ist in gewissem Sinne ‚blinder Experte‘ für sein Problem, denn es ist sein Problem: Es ist für ihn ein Problem seines eigenen Verhaltens, seiner Sichtweise usw. Das Problem ist Bestandteil der Erfahrungswelt des Klienten. Der Klient hat sich aufgrund seines bisherigen Umgangs mit ‚seinem Problem‘ bereits einen Reim darauf gemacht, d.h. er hat ein alltagspraktisches Ursachen-Modell […] seines Problems entwickelt. In aller Regel unterscheiden sich solche Modelle deutlich von Theorien der Experten: Sie sind einfacher, ‚robuster‘ und beruhen auf anderen Wirkungsvorstellungen als die der Experten – und sie verfügen nicht über eine Lösung.“ (Langfeldt/Nothdurft 2015, 269).*

Allerdings kennen die Klienten „[...] die Anforderungen, die an eine mögliche Lösung gestellt werden, oft besser als der Experte selbst." (Bromme et al. 2004, 183).

Ob ein Klient dem Sonderwissen der Beraterin Bedeutung beimisst, hängt davon ab, ob er der Beraterin Glaubwürdigkeit attestiert bzw. ihr Kompetenz zuschreibt. Da der Klient aufgrund der Asymmetrie diese Kompetenz nicht überprüfen kann, wird diese Zuschreibung zu einer Frage des Vertrauens – sei es in die Person der Beraterin oder in die Institution, die sie verkörpert (personales bzw. Systemvertrauen).

Der Beratungsforscher Nothdurft hat untersucht, durch welche Aktivitäten Beraterinnen das Vertrauen von Klienten gewinnen können (Nothdurft 1994a, 212 ff.):

- Hinweise auf die Beherrschung professioneller Arbeitsverfahren (z.B. einen Test durchführen)
- Vorführung des Sonderwissens (z.B. „Hier kann man ganz deutlich sehen,...")
- Einsatz von Erläuterungsmitteln (z.B. Schemata, Diagramme)
- vorgreifende Beantwortung von Klientenfragen („Vielleicht haben Sie sich jetzt gefragt,..."),
- Orientierung an standardisierten Bearbeitungsprogrammen („Wir machen jetzt folgendes...")
- Anbieten von zusätzlichen Erläuterungsmöglichkeiten („Es ist eine Chromosomenuntersuchung gemacht worden. Wissen Sie, was Chromosomen sind?"),
- Hinweise auf die Funktionsfähigkeit der Institution („Ich könnte Sie auch innerhalb der Einrichtung weitervermitteln.")

Nothdurft weist allerdings auch darauf hin, dass Vertrauen für den Klienten zur „Falle" werden kann, dann nämlich, wenn es durch sein Vertrauen zu einer „Undurchsichtigkeit der Verhältnisse" (Nothdurft 1994a, 225) kommt, z.B. dadurch, dass die Beraterin annimmt, der Klient würde ihren Erläuterungen „folgen", und Überlegungen entwickelt, für deren Verständnis dem Klienten die Grundlage fehlt, oder dadurch, dass die Beraterin auf Wissensbestände verweist, die dem Klienten unbekannt oder unvertraut sind („...wie die Neurobiologie ja gezeigt hat...") und aus diesen Beständen Schlussfolgerungen zieht, die der Klient nicht nachvollziehen kann.

> *„Der Effekt solcher Resultate vertrauensbildender Maßnahmen auf den Klienten ist ein prekärer Gewißheits-Zustand: Weder hat der Berater sich in seiner Kompetenz desavouriert noch hat er dem Klienten seine Kompetenz hinreichend verdeutlichen können; dem Klienten ist vielmehr die Urteilsbasis, die*

beiden Einschätzungen zugrundeliegt und entsprechende Handlungskonsequenzen motivieren würde, entzogen. Weder hat er einen gerechtfertigten Grund, die Kompetenz in Frage zu stellen bzw. das Gespräch abzubrechen, noch hat er hinreichend Veranlassung, weiteren Vertrauensvorschuß in den Berater zu investieren. Vertrauen wird – wie Luhmann treffend bemerkt – zu einer ‚Zwangsvorstellung', die der Klient aufgeben möchte, der er sich aber nicht entziehen kann." (Nothdurft 1994a, 226).

Gerade weil man als Klient vertrauen muss, ist die Bereitschaft zur Skepsis und zum Misstrauen groß. Es existiert eine „dialogische Beziehung zwischen Systemvertrauen und Expertenskepsis" (Rexroth 2012, 21). Diese Skepsis ist nicht als Gegenteil von Vertrauen zu verstehen, sondern als eine notwendige Begleiterscheinung von Vertrauen. „Vertrauen [ist] mit sozialen Praktiken des Misstrauens durchmischt [...]. (Mulsow 2012, 261). So ist es denn auch nicht verwunderlich, dass bereits 1720 ein „Betrugs-Lexicon" erschien, in dem die Verfehlungen von Experten angeprangert wurden (Gewinnsucht, fachliche Unfähigkeit, Eitelkeit, Hochstaplerei, Scharlatanerie, Missbrauch von Autorität) (Füssel 2012, 282 ff.).

4.2.2 Merkmale einer asymmetrischen Beziehung

Als Expertin-Laien-Beziehung ist die Beratung durch eine Reihe von Asymmetrien geprägt – Differenzen und Ungleichheiten in vielfacher Hinsicht. Es besteht:

- Differenz in Wissen
- Divergenz von Perspektiven
- Diskrepanz in Betroffenheit
- Dichotomie der Diskurse

Um einem möglichen Missverständnis gleich zu Beginn vorzubeugen: Es handelt sich bei der Expertin-Laie-Beziehung nicht um eine Beziehung „auf Augenhöhe". Stattdessen ist die Asymmetrie gerade erwünscht: der Klient möchte ja Kenntnisse erlangen, die ihm fehlen, um sein Problem lösen zu können, ihn interessiert die fremde Perspektive der Beraterin, damit er seinen Blick auf sein Problem erweitern kann. Es bedarf der distanzierten Betrachtung derjenigen, die nicht in das Problem involviert ist, weil er selbst den Überblick verloren hat, und die Fassung seines Problems in der ihm nicht geläufigen Fachsprache gibt ihm das Gefühl, an der richtigen Stelle zu sein.

Allerdings haben diese asymmetrischen Momente einen ambivalenten Charakter – einerseits werden sie gerade angestrebt, andererseits besitzen sie das Potenzial zur Erzeugung von Unverständnis, Befremdung, Enttäuschung und Verzweiflung. Bei der folgenden Darstellung der asymmetrischen Momente werden auch diese Schattenseiten beleuchtet und Möglichkeiten eines produktiven Umgangs damit erwogen.

Auch wenn es „Ziel allen sozialpädagogischen Handelns [ist], die Asymmetrie aufzuheben, also die, die auf Unterstützung und Hilfe angewiesen sind, zu befähigen, sich selbst zurecht zu finden" (Thiersch 2014b), ist der Prozess dorthin dennoch durch Asymmetrie gekennzeichnet.

Differenz im Wissen

Viele Beratungseinrichtungen werden von Klienten aufgesucht, weil sie an der Bewältigung von lebensweltlichen Aufgaben aufgrund mangelnder Kenntnisse gescheitert sind („Ich weiß nicht, wie ...".). Um dieses Problembewältigungswissen von einer Expertin zu erwerben, wenden sie sich an eine einschlägige Beratungsinstitution, deren Vertreter dadurch ausgezeichnet sind, dass sie über dieses Wissen verfügen. Eine Beraterin ist aufgrund ihres spezialisierten Sonderwissens Expertin für einen bestimmten Lebensbereich (Erziehung, Rehabilitation, Ernährung, Arbeit, Geldangelegenheiten (Schulden), Recht, Familie, Studium,...).

Der Klient erhofft sich Beiträge zur Lösung seines Problems dadurch, dass er Expertenwissen der Beraterin erwirbt. Dadurch stellen sich für die Beratungskommunikation zwei Aufgaben für die Beraterin (Abb. 5):

1. Sie muss die Problemsituation des Klienten soweit verstehen, dass sie die relevanten Bestände ihres Expertenwissens problemadäquat abrufen kann, was bedeutet: sie muss die Situation des Klienten institutionenspezifisch verarbeiten.
2. Sie muss dieses Expertenwissen dem Klienten so vermitteln, dass dieser es erwerben, d. h. sich erfolgreich aneignen kann.

Durch den Begriff „Verarbeitung" soll darauf aufmerksam gemacht werden, dass der Klient sein Problem (in aller Regel) der Beraterin nicht „mundgerecht" präsentiert, d. h. nicht in einer Weise, die es der Beraterin erlauben würde, umstandslos ihr problem-relevantes Wissen mitzuteilen. Dies liegt u. a. daran, dass die Problemdarstellung von Klienten (in aller Regel) narrativ erfolgt – Klienten erzählen „Problem-Geschichten" („Am Anfang ..., dann auf einmal ..., ich hab dann versucht,..., aber ... . Dazu kam dann noch, dass .... Jetzt weiß ich nicht weiter."). Die Darstellung des Problems erfolgt bei Klienten im *narrativen Format*. Die Beraterin jedoch bearbeitet das Problem entsprechend ihrer Rolle, ihrem abstrakten Wissen und dem Auftrag der Institution, in der sie tätig ist, im *bürokratischen Format* — als „Fall", kommunikativ als „Akte".

Sie muss also die Darstellung des Problems aus dem narrativen Format in das bürokratische Format überführen (Abb. 4). Dazu muss sie zum einen Nachfragen zu Problemaspekten stellen, die aus ihrer Sicht relevant für eine Verarbeitung sind („Ich muss noch wissen,…"), und zum anderen Momente der Geschichte in ihrer Relevanz abstufen, die ihr bedeutungslos erscheinen („Das interessiert mich nicht."). Beide Aktivitäten können interaktiv heikel sein: Die Nachfragen können Informationen betreffen, die der Klient aus Gründen der Peinlichkeit oder Scham nicht mitteilen möchte, oder die er nicht weiß, aber — aus kulturellen Gründen — „erfindet" (Kap. 7.3); die Relevanzabstufungen können Aspekte betreffen, die aus Sicht des Klienten hohe Bedeutsamkeit besitzen und deren Abstufung er als Zurückweisung empfindet.

Besonders prägnant zeigt sich die Asymmetrie der Wissensverarbeitung in Anträgen und Formularen. Diese stellen institutionenspezifische, standardisierte Schemata der Wissensverarbeitung dar und führen regelmäßig zu Irritationen („Was die alles wissen wollen …"), Verstehensproblemen („Versteh die Frage nicht") und Darstellungsschwierigkeiten („Hier müsste ich noch was handschriftlich ergänzen können.").

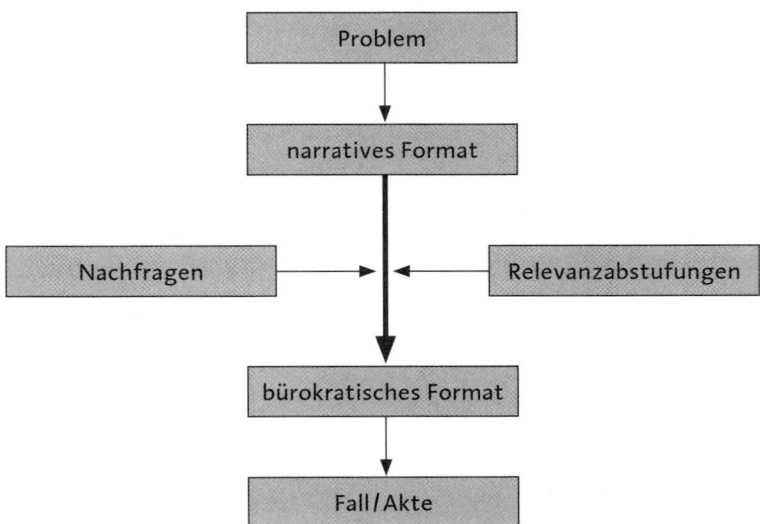

Abb. 4: Überführung des Problems vom narrativen Format ins bürokratische Format

Der Erwerb des Berater-Wissens durch den Klienten seinerseits setzt voraus, dass dieser die Mitteilungen der Beraterin in sein eigenes Wissenssystem inkorporieren kann, d. h. er muss die mitgeteilten Informationen verstehen und einordnen können. Hier liegt die bekannte Schwierigkeit der „Unverständlichkeit der Experten“: Das Wissen der Beraterin ist allgemeingültig, damit aber auch abstrakt. Der Beraterin stellt sich daher die Aufgabe, ihr Wissen zu „entpacken“ (Bromme et al. 2004, 182) und auf die konkrete, einmalige Lebenssituation des Klienten zu beziehen (Darum geht es auch in dem Einführungsbeispiel aus Kap. 4.1). Dieses „Entpacken“ wird häufig als „Übersetzen“ begriffen – eine irreführende Vorstellung, weil die Wissenssysteme von Expertin und Laie nicht strukturidentisch organisiert sind und es daher eine Eins-zu-Eins-Zuordnung nicht geben kann (Differenz im Wissen). Auch die Vorstellung einer gemeinsamen Schnittmenge der „kognitiven Bezugsrahmen“ von Beraterin und Klient (Bromme et al. 2004, 178 ff.) als Modell für Verstehen ist irreführend, da diese Vorstellung ebenfalls unterstellt, dass beide Bezugsrahmen in identischer Weise strukturiert sind.

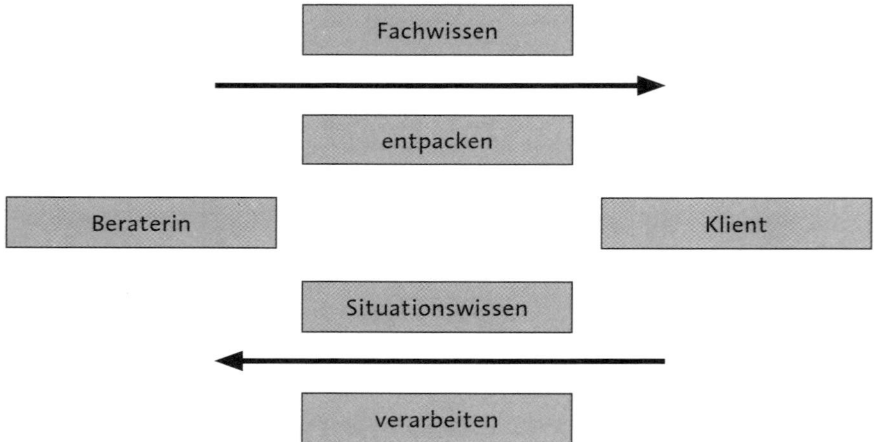

Abb. 5: Aufgaben der Wissensermittlung und -vermittlung im Beratungsgespräch

Was die erste Aufgabe angeht (Verarbeitung von Klientenwissen), so empfiehlt sich für die Beraterin ein Vorgehen nach den Gesichtspunkten von Behutsamkeit und Transparenz – Behutsamkeit in der Gestaltung der Fragen nach zusätzlichen Problemaspekten, und Transparenz dadurch, dass dem Klienten die Gründe für die Fragen aufgedeckt werden. Man weiß aus Untersuchungen zur Arzt-Patient-Kommunikation, wie sehr es Patienten irritiert, wenn sie mit „Batterien“ von Fragen „bombardiert“ werden, von denen sie weder den einzelnen Sinn noch den Zusammenhang verstehen.

Was die zweite Aufgabe angeht, so kann sich die Beraterin sprachlicher Formen zur Veranschaulichung bedienen wie z. B. Metaphern, Analogien (s. u.). Darüber hinaus ist die Beraterin auf Klienten-Signale des Verstehens angewiesen, deren Zuverlässigkeit allerdings von Situation zu Situation variieren kann (Kap. 7.3).

Dichotomie der Diskurse

Expertinnen bedienen sich in ihrer Arbeit eines spezifisch ausgebildeten Vokabulars – einer Fachsprache. Eine solche Sprache erfüllt eine ganze Reihe von Funktionen:

- Sie weist ihre Benutzerinnen als – prestigeträchtige – Expertinnen aus
- sie dient als Marker einer Gruppenzugehörigkeit der Experten-Community
- sie dient insbesondere Laien gegenüber zur Demonstration von Kompetenz
- sie ermöglicht expertenspezifische Bearbeitungsroutinen
- sie dient zur expertenspezifischen sprachlichen Fassung der Problemsituation des Klienten.

Betrachtet man den letzten Punkt, kann die genutzte Fachsprache auf den Klienten eine sprachmagische Wirkung entfalten, da sein Problem durch diese Fassung gleichsam die höheren Weihen erhält – eine Funktion, die offenbar schon im Mittelalter ausgenutzt wurde:

> *„Der Katalane Arnoldus von Vilanova (13. Jh.), einer der bedeutendsten Ärzte des Mittelalters empfahl […] seinen Kollegen, sich hinter einer imponierenden Sprache zu verbergen, wenn sie die Krankheit des Patienten nicht erklären konnten. Man solle dem Patienten sagen, dass er ‚eine Obstruktion‘ der Leber habe, und besonders das Wort Obstruktion gebrauchen, da der Patient nicht verstehe, was es bedeute.“ (Oksaar 1979, 16).*

So sinnvoll eine Fachsprache für die Bearbeitung eines Klientenproblems auch ist, stets ist das Problem ihres Verstehens gegeben. Klagen über das „Juristendeutsch“ oder „ärztliches Kauderwelsch“ sind bekannt. Fachsprachen sind aus gutem Grund in sich stimmig, damit hermetisch und in sich geschlossen. Das setzt Erläuterungsversuchen einzelner Ausdrücke Grenzen, weil zur Erläuterung wiederum auf andere Fachwörter zurückgegriffen werden muss, die dem Laien wiederum nicht geläufig sind.

Von begrenztem Nutzen sind auch sogenannte „Verständlichkeitsmacher“: zum einen, weil sie die Problematik von Fachtermini nicht berücksichtigen und zum zweiten, weil sie auf schriftliche Texte bezogen sind und nicht auf soziale Interaktion mit ihren Bedingungen von Prozessualität und Materialität (eine Ausnahme: Nothdurft 1996). Hilfreicher sind Vorschläge aus dem Bereich des Wissensmanagements, Sachverhalte mithilfe sprachlicher Bilder oder Analogien (Vohle 2004) zu formulieren.

Divergenz der Perspektiven

Ein spezieller „Blick auf die Welt“, eine besondere Weise des Denkens, z. B. das „juristische Denken“, eine Haltung, die sich die Beraterin im Zuge ihrer Ausbildung angeeignet hat und die sich durch ihre Beratungserfahrung stabilisiert hat und die ihr gleichsam „in Fleisch und Blut“ übergegangen ist – durch die Perspektive wird ein fremder Blick auf das Problem erzeugt. Dies ist in vielen Fällen von Beratung vom Klienten auch erwünscht, der sich seines eigenen „Tunnelblicks“ auf sein Problem sehr bewusst ist und der sich eine Erweiterung der Sichtweise durch eine fremde Perspektive wünscht.

„Auf der anderen Seite jedoch lehrt die Erfahrung mit Beratungsgesprächen, dass gerade die divergierenden Perspektiven der Interaktionspartner in Beratungssituationen immer wieder eine erfolgreiche Beratung gefährden, ja nicht selten sogar verhindern.“ (Schröder 1994, 90). Man kennt die Situationen von Unverständnis und Befremden in Fällen, in denen die Beraterin aus ihrer Perspektive zu einer Betrachtung des Problems gelangt, die dem Klienten als mit der eigenen Auffassung nicht vereinbar erscheint, und Fälle, in denen man als Klient den Eindruck hat, das Problem würde zu etwas gemacht, was mit einem selbst nicht mehr viel zu tun hat und einem aus der Hand genommen wurde.

BEISPIEL

In einer Rechtsberatung bewertet eine Juristin einen von einem Ratsuchenden vorgetragenen Sachverhalt aus juristischer Sicht und kommt zu einer Deutung, die dem Ratsuchenden aufgrund alltagsweltlichem Gerechtigkeitsempfinden nicht nachvollziehbar ist. Er ist fassungslos.

In einer Erziehungsberatung schildert eine Klientin Schulschwierigkeiten ihres Sohnes. Die Beraterin, ausgebildet in systemischer Beratung, fragt nach der Rolle des Vaters in der Familie und schlägt vor, ihn in die Beratung miteinzubeziehen. Die Klientin ist entsetzt – ihr Mann darf von dem Schulproblem nichts erfahren. Nun besteht die Beraterin erst recht auf ihrem Vorschlag und die Klientin bricht die Beratung ab.

Bei einem Gespräch in der Arbeitsverwaltung bemüht sich die Beraterin, einen Arbeitssuchenden zu mehr Eigeninitiative zu motivieren – vergeblich. Der Klient verweist auf seine Familie, die ihn unterstützt. Die Beraterin äußert ihr Unverständnis.

Bei einem anderen Gespräch mit gleicher Zielsetzung beißt sich die Beraterin die Zähne an einem Klienten aus, der der Auffassung ist, sein Schicksal sei von höheren Mächten bestimmt und es wäre Sünde, dagegen etwas zu unternehmen. Die Beraterin resigniert verzweifelt.

In einer Umweltberatungsstelle möchte ein besorgter Anwohner von der Expertin wissen, in welchem Ausmaß das Erdreich seines Gartens durch ehemalige Industrieanlagen kontaminiert ist. Die Expertin verweist darauf, dass sie bei Anwendung verschiedener Modellannahmen zu unterschiedlichen Bewertungen kommt. Der Anwohner ist damit nicht zufrieden – er will wissen, wie es *wirklich* ist.

In Beratungsgesprächen zwischen HIV-infizierten Drogenabhängigen und Ärztinnen finden Aushandlungsprozesse um die Gewichtung der Problemaspekte „Drogenkonsum" einerseits und „HIV/AIDS" andererseits statt. „Da die HIV/AIDS-Thematik im Vergleich zur Drogenproblematik [...] deutlichere Anknüpfungspunkte zum klassischen medizinischen Krankheitsverständnis aufweist, besteht die Gefahr, den infizierten oder erkrankten Abhängigen ausschließlich unter dem Gesichtspunkt seiner AIDS-Problematik wahrzunehmen und entsprechend mit ihm umzugehen. [Dies] kann [...] dazu führen, sämtliche Aussagen und Reaktionen des Infizierten oder Erkrankten auf das Thema AIDS zurückzuführen oder in Verbindung zu bringen: Jede Konzentrationsstörung des Betreuten kann beim Arzt die Angst auslösen, es könne sich um den Beginn eines Befalls des Zentral-Nervensystems mit dem AIDS-Virus handeln; jede depressive Stimmung ist geeignet, als Ausdruck der AIDS-Todesfurcht des Patienten interpretiert zu werden." (Rosenberg 1991, 104f., zitiert nach Langfeldt/Nothdurft 2015, 271f.).

Diskrepanz in Betroffenheit

Unter Gesichtspunkten von Betroffenheit trifft es nicht genau den Punkt, zu sagen, der Klient *hat* ein Problem – angemessener ist es zu sagen: der Klient *ist* in Not (Kap. 7). Die Beraterin demgegenüber „[...]erlebt das Problem in der distanzierenden Form der sprachlichen Mitteilung“ (Langfeldt/Nothdurft 2015, 270); es berührt sie, sofern man von Berührtwerden sprechen kann, auf der Beziehungsebene der Asymmetrie nur in ihrer Rolle als Beraterin. Diese Diskrepanz von existenzieller Not vs. Arbeitsgegenstand kann

> *„[...] vom Klienten gesucht sein, z.B. wenn seine Betroffenheit oder Aufregung so groß ist, dass er zu eigenen Lösungsanstrengungen oder gar zur eigenen kognitiven Ordnung des problematischen Sachverhalts nicht in der Lage ist.“ (Langfeldt/Nothdurft 2015, 270);*

sie kann sich dann im Beratungsgespräch produktiv auswirken. Allerdings kann die distanzierte Arbeitshaltung der Beraterin dem Problem des Klienten gegenüber bei diesem auch den Eindruck fehlenden Mitgefühls oder fehlenden Verständnisses für seine Lebenssituation hervorrufen. In solchen Fällen besteht die Gefahr, dass die Kooperationsbeziehung (Kap. 3) in Mitleidenschaft gezogen wird oder sogar in Frage gestellt wird („Wie können Sie nur so gefühllos darüber reden!“).

ZUSAMMENFASSUNG

Beraterin und Klient befinden sich in einem Verhältnis von Expertin und Laie. Dieses Verhältnis ist u.a. durch eine Mischung von Vertrauen und Skepsis auf Seiten des Klienten gekennzeichnet sowie durch eine Reihe von Asymmetrien (Differenz in Wissen, Divergenz von Perspektiven, Diskrepanz in Betroffenheit, Dichotomie der Diskurse). Die Produktivität dieser Asymmetrien für Beratung sowie auch deren Kommunikationsrisiken wurden erläutert, ebenso Möglichkeiten der Beraterin, damit umzugehen.

5 „Könn Se bei mir nich ne Ausnahme machen?" – Beratung als professionelle Beziehung

Die Beratungswirklichkeit, um die es in diesem Buch geht, hat die besondere Qualität institutionell eingebundener Tätigkeit. Während Beratung im Kontext persönlicher Beziehungen (Freundschaft) oder in informellen Situationen („Tür-und-Angel-Beratung") anderen Regeln folgt, soll es hier um die Besonderheit institutioneller Einbindung der Beratungssituation und eine daraus erwachsende besondere weitere Beratungsbeziehung gehen: die professionelle Beziehung.

Im Unterschied zu informellen Beratungssituationen agiert die Beraterin hier nämlich als Vertreterin einer Institution und ist Beraterin durch die Einnahme einer Berufsrolle – sie ist professionell als Beraterin tätig. Ihre besondere Qualität als professionelle Beraterin ist auf eine ganze Reihe von Aspekten bezogen:

- Zugehörigkeit zu einer Behörde
- Fachwissen durch Ausbildung, insbes. Studium
- Fachwissen durch Weiterbildung
- Zugehörigkeit zu Fachverbänden
- Reflexion beruflicher Tätigkeit durch Qualitätszirkel
- professionell angeleitete Reflexion beruflicher Tätigkeit durch Supervision und Coaching (Kap. 12).

In diesem Kapitel geht es um die Frage, welches die wesentlichen Handlungsbedingungen für die Beraterin in institutionellen Kontexten sind. Diese Bedingungen und der Umgang der Beraterin mit ihnen prägt die professionelle Beziehung zwischen ihr und dem Klienten. Beiträge zur akademischen Professionalitätsdiskussion – so wichtig sie für ein berufliches Selbstverständnis der Beraterin auch sein mögen – sollen hier nur soweit berücksichtigt werden, wie sie zu Antworten auf die Frage nach den institutionellen Handlungsbedingungen beitragen. Für eine solche handlungs- bzw. interaktionsbezogene Orientierung sind vor allem Ansätze interessant, die Thole/Polutta (2011) als „reflexive Professionalisierungsmodelle" bezeichnen – „reflexiv" deshalb, weil es in diesen Ansätzen um

„die spezifischen Fähigkeiten zum reflexiven Umgang mit den Wissens- und Könnensdimensionen, mit den Institutionen Sozialer Arbeit, mit den wohl-

fahrtsstaatlichen Kontexten oder den in professionellem Handeln konstitutiv eingelagerten Widersprüchen und Fehlerquellen" (Thole/Polutta 2011, 110)

geht sowie die sogenannten „strukturtheoretischen" Überlegungen des Soziologen Ulrich Oevermann (z. B. Oevermann 1996, Oevermann 2009). Diese Ansätze interessieren sich für

„die Binnenlogik professionellen Handelns, die Herausbildung eines professionellen Habitus, die Bedeutung von Arbeitsbündnissen zwischen Professionellen und AdressatInnen oder die Identifikation von und den Umgang mit Antinomien respektive Paradoxien professionellen Handelns" (Thole/Polutta 2011, 112).

5.1 Beratungsgeschichten, die das Leben schreibt: ... wieder bei Null

„Manchmal komme ich mir vor, als ziehe ich mir selbst den Boden unter den Füßen weg. Da gelingt es mir, zu dem Klienten eine wirklich gute Beziehung aufzubauen, der Klient verliert sein Misstrauen der Behörde gegenüber, beginnt sich mir offen zu zeigen, wir kommen wirklich voran und dann macht der irgendeinen Scheiß (er siehts natürlich anders und hat hundert Erklärungen dafür) und ich bin gezwungen, die Behördenkeule zu schwingen. Wenn ichs dann wirklich tue, ist die gute Beziehung wieder im Eimer, ich bin dann in seinen Augen wieder nur „Frau Bürokrat" und wir fangen quasi bei Null wieder an."

5.2 Professionalität: Spannungsfelder institutioneller Beratung und wie die Beraterin sich in ihnen positionieren kann

Im Mittelpunkt der Betrachtung dieses Kapitels stehen Handlungsverpflichtungen, die die Beraterin dem institutionellen und professionellen Kontext, in dem sie tätig ist, gegenüber hat. Besonders bedeutsam sind solche Verpflichtungen, die zueinander in einem Spannungsverhältnis stehen bis hin zu einem solchen Ausmaß, dass sie sich gegenseitig ausschließen – manche Autoren sprechen auch von Paradoxien oder Dilemmata, um deutlich zu machen, wie gravierend diese Spannungsverhältnisse sind. Solche widerstreitenden Verpflichtungen behindern sich gegenseitig in ihrer Erfüllung und erzeugen damit ein Spannungsfeld, in dem die Beraterin sich positionieren und bewegen muss. Es ist allerdings erstaunlich, dass der Klient bei diesen akademischen Betrachtungen kaum in den Blick kommt (bis auf „Arbeitsbündnis", s. u.). Andere Beziehungsqualitäten werden nicht oder nur ungenau bestimmt. Dilemmata werden wesentlich unter Gesichtspunkten der Aufgabenabarbeitung der Institutions-„Agentin", der Beraterin, betrachtet, nicht aber in Hinblick auf die jeweilige Beziehungsqualität zwischen Beraterin und ihrem Klienten. Damit gerät das Spannungsverhältnis nicht vollständig, sondern nur einseitig in den Blick. Da in diesem Buch aber die Beziehung zwischen Beraterin und Klient im Fokus steht, mussten die vorliegenden Beiträge auf diesen Fokus hin weiterentwickelt werden. Die Charakterisierungen, die dabei erarbeitet wurden, sind bewusst prägnant gewählt, um das Spannungsmoment, das zwischen ihnen besteht, deutlich zu machen.

Die folgenden drei Spannungsfelder spielen eine besonders wichtige Rolle:

1. das Spannungsfeld von Hilfe und Kontrolle, kurz gesagt die Spannung zwischen der Anforderung, den Klienten zu befähigen und zu unterstützen, seine Notlage zu bewältigen und eine von ihm individuell gewünschte Lebensweise schaffen zu können einerseits und der Anforderung, den Klienten in die gesellschaftliche Ordnung wiedereinzugliedern andererseits;
2. das Spannungsfeld von Therapie und Recht, kurz gesagt die Spannung zwischen der Anforderung, die Beratungstätigkeit auf jeden einzelnen Klienten in seiner individuellen Besonderheit hin zu orientieren einerseits und der Anforderung, alle Klienten gleich zu behandeln, andererseits;
3. das Spannungsfeld von Autonomie und Bürokratie, kurz gesagt die Spannung zwischen eigenen, persönlichen Vorstellungen der Beraterin von ihrem beraterischen Handeln einerseits und den Erwartungen, Anforderungen und Standards der Institution, in der sie ihre Beratungstätigkeit ausübt, andererseits. In diesem Spannungsfeld taucht der Klient zwar nicht unmittelbar auf. Es ist gleichwohl wichtig zu berücksichtigen, weil die Haltung der Beraterin ihrem Klienten gegenüber wesentlich von ihrer Einstellung zu ihrer Arbeit und ihrer Positionierung in diesem Spannungsfeld bestimmt wird.

Diese Spannungsfelder werden in den folgenden Abschnitten noch ausführlicher dargestellt. Vorab ist jedoch für ein angemessenes Verständnis wichtig, den Status dieser Spannungsfelder angemessen einzuschätzen: Diese Spannungsfelder haben den Status von Idealtypen, d.h. sie folgen einer Betrachtung dessen, was typisch für Beratung im institutionellen Kontext ist. Sie bilden damit eine gedankliche Blaupause institutionell eingebundener Beratung, die zu konkreten, realen Beratungssituationen in Beziehung gesetzt werden muss. Erst dann können die Idealtypen ihre Nützlichkeit für die Beraterin erweisen, z.B. dadurch, dass Irritationen der Beraterin im einzelnen Beratungsfall erklärt werden können, oder dadurch, dass die Beraterin ein vertieftes Selbstverständnis ihres Handelns und damit größere Selbstsicherheit gewinnt. Nicht in jedem Beratungskontext werden diese Spannungsfelder in gleicher Stärke auftreten. Es ist an der Beraterin zu prüfen, welchem Spannungsfeld sie in ihrer konkreten Tätigkeit besonders ausgesetzt ist.

Und natürlich geht es hier auch darum, wie die Beraterin sich in diesen Spannungsfeldern, die sie für ihr Handeln ausgemacht hat, positionieren und bewegen kann. Diese Frage stellt sich besonders dann, wenn dieses Spannungsfeld den Charakter eines Paradoxon oder eines Dilemmas hat, denn Dilemmas sind per se nicht „gut“ zu lösen und Paradoxa per se überhaupt nicht. (Daher versagt in diesen Fällen auch der Ansatz von „best practice“.). Sichtet man die Literatur zur Frage der praktischen Bewältigung, findet man folgende Typen von Vorschlägen:

- verschleiern
- überspielen
- verlagern
- aushalten

„Verschleiern“ heißt gleichsam „den Kopf in den Sand zu stecken“ und die Spannungsmomente, Paradoxa und Dilemmata nicht zur Kenntnis zu nehmen, sich nur über einen der Pole zu definieren und den anderen auszublenden. Dies ist v.a. attraktiv für rollenunsichere Beraterinnen, die auf diese Weise Ängste reduzieren wollen oder sich vor einer zu starken Identifikation mit dem Klienten schützen möchten. Harrach et al. sprechen von „kaschieren“ (Harrach et al. 2000, 294). Eine Verschleierung verhindert jedoch, dass die Beraterin eine angemessene Sensibilität dem Spannungsfeld gegenüber entwickelt, das sich gleichwohl als Handlungszwang stellt. Nützlich für eine solche Haltung ist die Verwendung des Kunden-Begriffs (Kap. 2.2):

> *„Wird in der Praxis der Kundenbegriff benutzt, muss man davon ausgehen, dass diese Praxis das Problem von Hilfe und Kontrolle tendenziell verleugnet und nicht einmal einen angemessenen Begriff von professioneller Hilfe hat.“ (Becker-Lenz 2005, 94).*

Beim „Überspielen" versucht die Beraterin, die Spannung dadurch zu bewältigen, dass sie eine inszenierte Distanz zu einem der Pole aufbaut, z. B. ihn gegenüber dem Klienten ironisch kommentiert oder in anderer Weise in seiner Gewichtigkeit herunterspielt und zwischen sich und dem Klienten ein Komplizenverhältnis etabliert. Solche Versuche, den gewichtigen Status eines der Pole als „uneigentlich" zu markieren, erweisen sich jedoch als kontraproduktiv, weil sie beim Klienten zu Irritationen darüber, „was hier wirklich passiert", führen. Ebenso führt es dazu, dass er nicht weiß, was er davon halten soll und ob er das Geschehen ernst nehmen kann oder nicht und auf diese Weise Zweifel an der Seriosität und Verlässlichkeit der Beraterin entwickelt.

„Verlagern" bedeutet, das Problem der Spannungsfelder von der Ebene individueller beraterischer Bewältigung bzw. Positionierung auf die Ebene organisatorischer Maßnahmen zu verschieben und die einzelnen Pole eines Spannungsfeldes unterschiedlichen Institutionen zuzuordnen, also z. B. Hilfe und Kontrolle organisatorisch zu trennen (dies sieht z. B. Oevermann als einzige Lösung des Problems). Es sei dahingestellt, ob diese Lösung funktioniert, in jedem Fall hilft sie der Beraterin, die sich bis dahin in dem Spannungsfeld bewegen muss, nicht.

Das „Aushalten", auch wenn es zunächst zynisch klingen mag, erweist sich bei genauerer Betrachtung gerade als Ausweis von Professionalität. Sich in der jeweiligen Situation im Spannungsfeld fachlicher professioneller Anforderungen und Standards gekonnt, kritisch-reflektiert und verantwortungsbewusst zu bewegen, sich nicht einseitig dem einen oder anderen Pol des Spannungsfeldes zu verschreiben, gerade dies macht eine professionelle Qualität des Handelns aus. „Paradoxien auszuhalten gehört zum Kern von Professionalität" (Nadai / Sommerfeld 2005, 200). Harrach et al. formulieren dies so, dass die Beraterin

> *„zu offenen Begegnungen mit den Klienten und zu einer differenzierten Wahrnehmung von deren persönlicher Problematik in der Lage (ist), ohne die Vorgaben der Organisation aus dem Auge zu verlieren." (Harrach et al. 2000, 297).*

Als Anhaltspunkt, wie dies geschehen kann, soll die Analogie zu den sogenannten. „moralischen Dilemmata" herangezogen werden. Auch dort geht es darum, sich zu positionieren gegenüber „unmöglichen Aufgaben". Entscheidend ist die Reflektiertheit der Begründung, in diesem Fall die moralische Stufe, auf der die Erwägungen bis zur Entscheidung erfolgen – erfolgt die Entscheidung dadurch, dass man sich einem der Spannungsmomente verschreibt und alle anderen außer Acht lässt oder dadurch, dass man in einem differenzierten Abwägungsprozess die Gewichtigkeit der konträren Gesichtspunkte gleichsam ausbalanciert und zu einer reflektierten Entscheidung kommt?

Was bei den moralischen Dilemmata das Niveau des moralischen Urteils ist, wäre bei professionellen Dilemmata die Sorgfalt, mit dem die konträren professionellen Anforderungen gegeneinander abgewogen werden.

5.3 Das Spannungsfeld von Hilfe und Kontrolle

Dieses Spannungsfeld wird seit vielen Jahren innerhalb der Sozialen Arbeit diskutiert. So beklagte Peters bereits 1973 die Schwierigkeit in der Sozialen Arbeit, eine professionelle Orientierung der Hilfeleistung gegen „die ihr strukturell aufgedrängte Rolle als Kontrolleur im Auftrag einer staatlichen Instanz durchzusetzen“ (Peters 1973, 99, zitiert nach Thomsen 2008, 29).

Beides, der Auftrag zur Hilfe wie auch der zur Kontrolle, sind der Beraterin institutionell verordnet. Der Auftrag zur Hilfe, genauer: der Hilfe zur Selbsthilfe, unterliegt als Strukturfolie jeglicher Beratung, er ist ihr gleichsam eingeschrieben. Im Rahmen dieses Auftrags ist zwar auch bereits „Kontrolle“ thematisch, diese bezieht sich dann aber auf den Vollzug von Hilfe, z. B. dann, wenn geprüft wird, ob Voraussetzungen des Gewährens von Hilfe erfüllt sind, oder ob bestimmte Hilfsmaßnahmen erfolgreich waren. Hier ist Kontrolle der Hilfe funktional untergeordnet. Demgegenüber geht es bei dem genuinen Kontrollauftrag darum, den Klienten gleichsam gesellschaftlich wieder einzunormen bzw. die moralische Ordnung wieder herzustellen. Jedes Problem ist ja – aus normativer Perspektive betrachtet – per se ein Fall normativer Abweichung – so sollte es nicht sein. Aus dieser Perspektive steht nicht die Person des Klienten im Fokus, sondern die gesellschaftliche Ordnung. Um ihr Geltung zu verschaffen, können Maßnahmen seitens der Beraterin erforderlich sein, die sie ungeachtet der Gesichtspunkte des Klienten vollziehen wird. „Soziale Arbeit muss (…) als staatliche Fürsorgepflicht selbst da erfolgen, wo der Klient sich gegen sie wehrt“ (Oevermann 2009, 139 f). Die Inobhutnahme bei Kindeswohlgefährdung ist nur ein besonders prägnanter Fall dieses Kontrollauftrags, die Kontrolle von Bewährungsauflagen ein anderer. In Studien ist schon früh die Strategie beobachtet worden, die Kontrollaktivitäten pädagogisch zu rahmen, also als erzieherische Maßnahmen zu inszenieren. Cremer-Schäfer (1990) spricht von „sanften Kontrolleuren“. Dass – anders herum – Beraterinnen unter dem Segel des Kontrollauftrags private Impulse zur Pädagogisierung des Klienten mitverfolgen können, sei nur am Rande vermerkt.

Die Spannung zwischen diesen beiden Aufträgen und ihre Brisanz für die Beziehung zwischen Beraterin und Klient wird deutlich, wenn man untersucht, wodurch die Umsetzung dieser beiden Aufträge gewährleistet wird: Hilfreich kann die Beraterin für ihren Klienten nur sein, wenn der Klient kooperiert, wenn er Informationen liefert, wenn er wahrheitsgemäße Angaben macht, wenn er sich der Beraterin anvertraut, wenn er seine Situation offenlegt, wenn er sich auf Interventionen einlässt, kurz: wenn er mit der Beraterin ein Arbeitsbündnis schließt. Hilfe vollzieht sich – dies betont u. a. Oevermann „in der Strukturlogik einer autonomen Praxis eines Arbeitsbündnisses zwischen Experte und Klient" (Oevermann 2009, 133). Diese kooperative Beziehung war ja bereits Thema in Kapitel 3. Beide Beteiligte arbeiten gemeinsam an der Bewältigung der Schwierigkeiten, die einer autonomen Lebensgestaltung des Klienten im Wege stehen.

Ganz anders nun die interaktiven Folgerungen bzw. Implikationen, die sich aus dem Kontrollauftrag der Beraterin ergeben: Für den Vollzug von Kontrolle ist nämlich Unterwerfung des Kontrollobjekts eine notwendige Vollzugsbedingung. Diese Unterwerfung des Klienten unter die Maßnahmen der Beraterin steht nun in einem Spannungsverhältnis zum Charakter der Arbeitsbeziehung als der interaktiven Basis zur Umsetzung des Hilfeauftrags (Darum geht es auch in dem Einführungsbeispiel aus Kap. 5.1). Die Brisanz dieser Beziehungskonstellation wird schon daran deutlich, dass die eine Beziehung begrifflich als eine wechselseitige bestimmt ist. Sie stellt ein „Bündnis" dar, während die andere Beziehung die Qualität der Einseitigkeit – „Unterwerfung unter" – besitzt. Wie soll, so kann man fragen, sich ein kooperatives Bündnis auf der Grundlage von Autonomie mit ihren Momenten von Offenheit, Vertrauen und Bereitschaft entwickeln können bzw. aufrechterhalten lassen, wenn gleichzeitig einer der Beteiligten seiner Autonomie, Handlungs- und Entscheidungsfreiheit beraubt wird und gezwungen wird, sich Maßnahmen zu unterwerfen? Aber auch: Wie soll die Beraterin ihren Kontrollauftrag angemessen realisieren, d. h. das interaktive Verhältnis der Unterwerfung des Klienten herstellen können, wenn sie gleichzeitig ein Bündnis mit den Qualitäten des Vertrauens und der Offenheit des Klienten aufrechterhalten will (Abb. 6)?

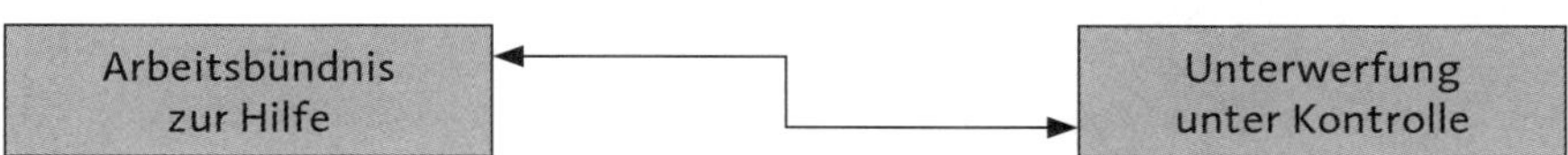

Abb. 6: Das Spannungsverhältnis von Hilfe und Kontrolle

Die Beraterin muss sich diesem Dilemma stellen. Es ist nicht grundsätzlich über Methoden oder „best practices" zu lösen, wohl aber handlungspraktisch zu bewältigen. Vorausgesetzt ist eine angemessene Sensibilität der Beraterin dem Dilemma gegenüber. Eine solche Haltung der Beraterin ist die Voraussetzung dafür, dass sie sich dem Klienten gegenüber zwar nicht spannungsfrei, sondern widersprüchlich, aber dennoch interaktiv stimmig verhält.

5.4 Das Spannungsfeld von Therapie und Recht

Während es in dem eben dargestellten Spannungsfeld um das „was" in der professionellen Beziehung ging, geht es hier um das „wie" in dieser Beziehung. Die Beraterin hat den institutionellen Auftrag, dem Klienten in seiner persönlichen Notlage zu helfen, seine individuelle Integrität wieder herzustellen. Das erfordert von der Beraterin, sich voll und ganz auf die konkrete, einzigartige Lebenssituation des jeweiligen Klienten einzulassen, auf seine individuelle Persönlichkeit wie auch auf seine spezifischen Lebensbedingungen. „Hilfe" ist immer „Hilfe-für-jemanden". Das Beziehungsformat, in dem dies idealtypisch zum Ausdruck kommt, ist die Therapie. Daher soll die Haltung der Beraterin, in der sie ihrem Hilfeauftrag nachkommt, als „therapeutisch" gekennzeichnet werden. Damit eine solche Haltung in der Beratungssituation umgesetzt werden kann, ist vom Klienten gefordert, dass er sich der Beraterin öffnet und seine individuelle Lebenssituation bis in seine persönlichsten Momente preisgibt. Von der Beraterin ist gefordert, dass sie sich voll und ganz auf diese individuelle Lebenssituation einlässt und ihre Hilfsangebote aus genau dieser Einlassung heraus entwickelt. Es kommt so eine Beziehung zustande, die im Sinne dieser wechselseitigen, jeweils einzigartigen Einlassung als „intim" gekennzeichnet werden kann. Intim ist

> *„eine Beziehung, in der der direkte Austausch von Gefühlen, Gedanken und Erfahrungen in einer Atmosphäre von Offenheit, gegenseitiger Achtung und Vertrauen möglich ist." (Hagehülsmann / Hagehülsmann 2007, 111).*

Die gleiche institutionelle Einbindung, die von der Beraterin die Etablierung einer intimen Beziehung zum Klienten erfordert, verlangt von ihr allerdings auch das genaue Gegenteil: die Beraterin unterliegt in ihrem Handeln allgemeinen Vorschriften, Regeln und Bestimmungen, die eben gerade „ohne Ansehen der Person", also gerade unpersönlich, allgemein und abstrakt vollzogen werden sollen. Dies gilt insbesondere dann, wenn das Handlungsmuster des Beratens mit dem des Bewilligens verknüpft ist. Die Beraterin vollzieht Recht. In dieser Orientierung am Recht steht eben nicht der Klient im Fokus, wie in der Therapie, sondern die Integrität des Staates, und die Maßnahmen zur Hilfeleistung haben allgemeinen Charakter und sind eben gerade nicht auf die konkrete Situation des einzelnen Klienten zugeschnitten – gleiches Recht für alle. Die Beziehung zwischen Beraterin und Klient, die sich aus der Verpflichtung der Beraterin dem Recht gegenüber ergibt, hat den Charakter der Vollstreckung, d. h. des Vorgehens ohne Berücksichtigung der Besonderheit ihres Klienten. Auf diesen Widerspruch reagiert der Klient, der in der Überschrift dieses Kapitels zitiert wird: „Können Sie bei mir nich ne Ausnahme machen?". Vielleicht kann die Beraterin dies, wenn ihr von der Behörde ein Ermessensspielraum zugestanden wird – gleichsam ein institutionalisiertes Instrument zur Bearbeitung des institutionell geschaffenen Dilemmas (Abb. 7).

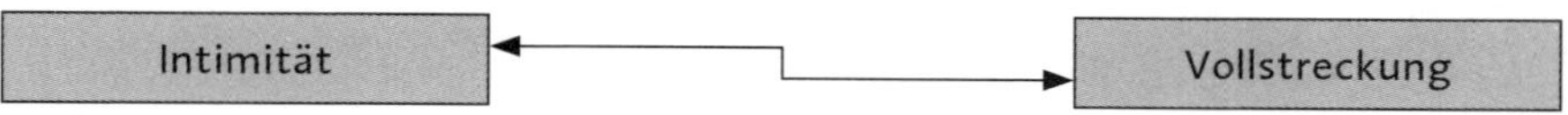

Abb. 7: Das Spannungsverhältnis von Therapie und Recht

5.5 Das Spannungsfeld von Autonomie und Bürokratie

Die Beraterin hat sich im Verlauf einer umfangreichen, anspruchsvollen Ausbildung zur Beraterin qualifiziert, sich mit theoretischen Konzepten auseinandergesetzt und das eine oder andere zur eigenen Orientierung erwählt, methodische Vorgehensweisen erprobt, manche verworfen und an anderen Geschmack gefunden sowie praktische Erfahrungen gewonnen und reflektiert. Die Beraterin hat aus alledem eine Vorstellung, ein Gefühl, ein Verständnis davon entwickelt, was es für sie bedeutet, Beraterin zu sein, und wie sie diese Rolle „leben" will. Dem ist sie verpflichtet und demgegenüber will sie sich verantworten. Und aus dem will sie ihre Arbeitszufriedenheit und Befriedigung schöpfen.

Dann beginnt sie ihre berufliche Tätigkeit in einer Beratungseinrichtung. Sie wird konfrontiert mit Aufträgen, Vorgaben, Erwartungen, die nicht die ihren sind, sondern die der Institution, der Abteilung, des Kollektivs ihrer Kolleginnen.

In diesem Spannungsfeld zwischen eigenen, autonomen Vorstellungen, wie sie ihre Beratungstätigkeit durchführen will, einerseits und den bürokratischen Standards und Arbeitsgewohnheiten andererseits muss sie sich positionieren. Die Gesichtspunkte, mit denen sie konfrontiert wird, sind vielfältiger Art – es sind institutionelle Rahmenbedingungen (Kap. 5.5.1) und Momente der Betriebskultur in ihrer Arbeitseinheit (Kap. 5.5.2).

5.5.1 Institutionelle Rahmenbedingungen

Zu den institutionellen Rahmenbedingungen zählen alle Gesichtspunkte administrativer und ökonomischer Rationalität, die gerade in den letzten Jahren an Gewicht zugenommen haben (Kosten-Nutzen-Gesichtspunkte), bürokratische Vorschriften, Leistungsstandards, Ergebniserwartungen und Qualitätskontrollen sowie das behördliche Selbstverständnis, wie es sich z. B. in Form eines Leitbildes darstellt.

Diesen Bedingungen ist die Beraterin durch Loyalität verpflichtet.

5.5.2 Betriebskultur

Unter „Betriebskultur" werden die vielen geschriebenen, vor allem aber ungeschriebenen Regeln und Gebräuche verstanden, auf deren Hintergrund das alltägliche kollegiale Miteinander in der unmittelbar relevanten Arbeitseinheit, dem Team, der Abteilung, erfolgt. Diese Regeln und Gebräuche haben den Status einer Kultur: Sie sind den Beteiligten „in Fleisch und Blut" übergegangen, sind nur teilweise bewusst oder werden nur bei Abweichungen thematisiert, und Abweichungen werden festgestellt, moniert, geahndet.

> *„Kulturmerkmale sind beispielsweise dann vorzufinden, wenn neue Mitglieder in eine bestehende Organisation eintreten. Kulturelle Anforderungen dieser Organisation müssen von ihnen erkannt und verstanden werden. Sogenannte Fettnäpfchen, in die man tappen kann, wenn man eine neue Stelle angetreten hat, betreffen in der Regel das Nicht-Einhalten von relevanten Kultureinheiten, z.B. mit wem spricht man wie zu welcher Gelegenheit, welche Aufträge weden sofort, welche aber sicher erst mit Verzögerung bearbeitet, wie deutlich darf man seinen Arbeitseifer zum Ausdruck bringen, wo trifft man sich und was wird dort besprochen usw.. Gleichzeitig werden Kulturmerkmale von neuen Mitgliedern einer Organisation mit beeinflusst und damit neu geprägt." (Dobslaw 2019, 144).*

Wesentliche Momente einer Arbeitskultur sind:

- die Art und Weise, in der die Beteiligten über sich, v.a. aber ihr Klientel reden: Jargon
- Haltungen und Einstellungen dem Klientel gegenüber: Klientenhaltung
- ein geteiltes Selbstverständnis des Teams oder der Arbeitseinheit, den Charakter ihrer Arbeit betreffend: Gruppenmentalität
- geteiltes Wissen über die Arbeitseinheit, insbesondere deren Geschichte und Traditionen, geäußert in Erzählungen: Betriebsgedächtnis.

Jargon

Arbeitskulturen bilden eine gemeinsam geteilte Sprechweise aus, mit der sich die Angehörigen dieser Kultur untereinander über sich und die Welt verständigen, sich ihres eigenen Handelns vergewissern und Vertrautheit herstellen. In manchen Fällen kann dies sogar eine eigene Fachsprache sein (Medizin, Recht, Technik). Ein wesentlicher Bereich des Jargons ist die Typisierung, d.h. eine Systematik von Bezeichnungen, in diesem Fall von Klienten. Da ist z.B. der

„Stammkunde“ als Bezeichnung für Klienten, die immer wieder die Institution aufsuchen, der „Querulant“ als Bezeichnung für Klienten, die Ärger machen, die „Arme Sau“ als Bezeichnung für Klienten, die in besonderer Weise vom Schicksal geprüft sind, der „Schauspieler“ als Bezeichnung für Klienten, die zur Dramatisierung ihrer Notlage neigen oder der Klient ist „von Beruf Sozialhilfeempfänger“ oder er ist zugehörig zu einer „Gruppe mit starker Lobby im Kreuz“, wenn er einer politisch durchsetzungsstarken Klientengruppe angehört (Harrach et al. 2000, 161). Kliententypisierungen sind tendenziell negativ geprägt (Hitzler/Messmer 2008, 254) wodurch sich zum einen der Status als behandlungsbedürftig legitimiert, zum anderen aber auch als deviant reproduziert.

Klientenhaltung

Unter Klientenhaltung wird die Gesamtheit an Vorstellungen, Einstellungen und Arbeitsmaximen verstanden, die in einer Arbeitseinheit über das Klientel besteht und gemeinsam geteilt wird. Dazu gehören insbesondere Auffassungen über Ursache und Entstehung sozialer Notlagen, Auffassungen über Lebensgestaltung, Vorstellungen über Autonomie, Motivlagen, Empowerment, Ressourcen der Klienten, v.a. aber auch Maximen für den Umgang mit den Klienten wie z.B. „lügen alle wie gedruckt“, „wollen immer noch mehr“, „musst Du alles aus der Nase ziehen“ etc. Freuding/Schultheis-Wurzer (2000, 16) stellen in Hinblick auf eine Ausländerbehörde fest, es existiere seitens der Mitarbeiter teilweise „ein geradezu ‚detektivischer Eifer‘, den Staat gegen Ausländer zu schützen und zu verteidigen“ (zitiert in Porilla/tenThije 2007, 693). Solche Überzeugungen zeichnen sich v.a. in Fällen grundlegender beruflicher Handlungsunsicherheit durch Irritationsresistenz aus. Die Überzeugungen und Denkmuster sollen vor Infragestellung und Unsicherheiten schützen.

Gruppenmentalität

In jeder Gruppe bildet sich im Laufe der Zeit ein gemeinsam geteiltes Selbstverständnis heraus, was die Gruppe ist – eine Gruppenidentität.

So kennzeichnet z.B. ein Sozialarbeiter das Selbstverständnis der Einrichtung, in der er arbeitet, als „Wir sind halt der Amboss fürs Volk“ und das vom „Publikum“ übernommene Fremdverständnis als „wir sind halt nicht nur Ansprechpartner sondern halt auch ja in Anführungsstrichen Anspuckpartner“ (Harrach et al. 2000, 242). Das Selbstverständnis einer Arbeitseinheit zeigt sich u.a. an Sprüchen, mit denen Betriebsangehörige die Bürowände und Monitoren ihrer Schreibtische schmücken.

Betriebsgedächtnis

Institutionen sind auf Dauer gestellt. Diese Dauer erscheint institutionsintern als Geschichte mit typischer Mythenbildung (Gründungsmythos, Bedrohungsmythos, Heldengeschichten), Traditionen mit entsprechenden Aktivitäten der Traditionswahrung („Das haben wir hier schon immer so gemacht") und Abwehr von Veränderungen sowie als Ensemble von Emblemen, z. B. Belegschaftsfotos. Diese Momente des Betriebsgedächtnisses tragen wesentlich zur sozialen Konstruktion und informellen, nicht institutionell vorgegebenen funktionalen Sinnstiftung der Arbeitseinheit bei. Das Betriebsgedächtnis ermöglicht Inklusion („Wisst ihr noch ...?") wie auch Ausschlussprozesse („Da warst du noch nicht hier ...").

Dieser Betriebskultur ist die Beraterin durch Kollegialität verpflichtet (Abb. 8).

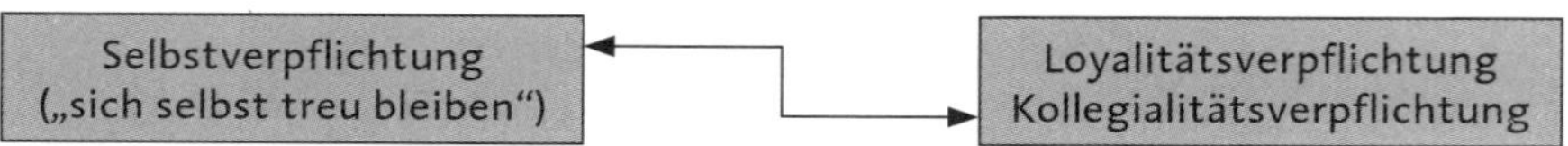

Abb. 8: Das Spannungsverhältnis von Autonomie und Bürokratie

Auch hier wird deutlich, dass eine Entscheidung für eine Seite keine Lösung ist. Folgt die Beraterin nur oder weitgehend ihren eigenen Vorstellungen einer angemessenen Beratungstätigkeit, wird sie über kurz oder lang in einen Loyalitäts- oder Kollegialitätskonflikt geraten – sie wird zum Rebell. Unterwirft sie sich andererseits weitgehend institutionellen Vorgaben, macht sie „Dienst nach Vorschrift". Gibt sie ihre Autonomie soweit auf, dass sie zu einer angemessenen Beratungstätigkeit nicht mehr in der Lage ist, wird sie zum Funktionär/Bürokrat. Abb. 9 zeigt die Spannungsfelder institutioneller Beratung und ihre Beziehungskonstellationen.

ZUSAMMENFASSUNG

Die Beziehung zwischen Beraterin und Klient ist auch durch den institutionellen Kontext, in dem die Beratung stattfindet, geprägt. Die Beraterin unterliegt dadurch paradoxen Handlungsverpflichtungen, die sich in der Beziehung zwischen ihr und dem Klienten in Spannungsfeldern auswirken (Arbeitsbündnis vs. Unterwerfung, Intimität vs. Vollstreckung, Selbstverpflichtung vs. Loyalitäts- und Kollegialitätsverpflichtung). Verfehlte und angemessene Weisen, mit diesen Spannungsfeldern umzugehen, wurden erläutert.

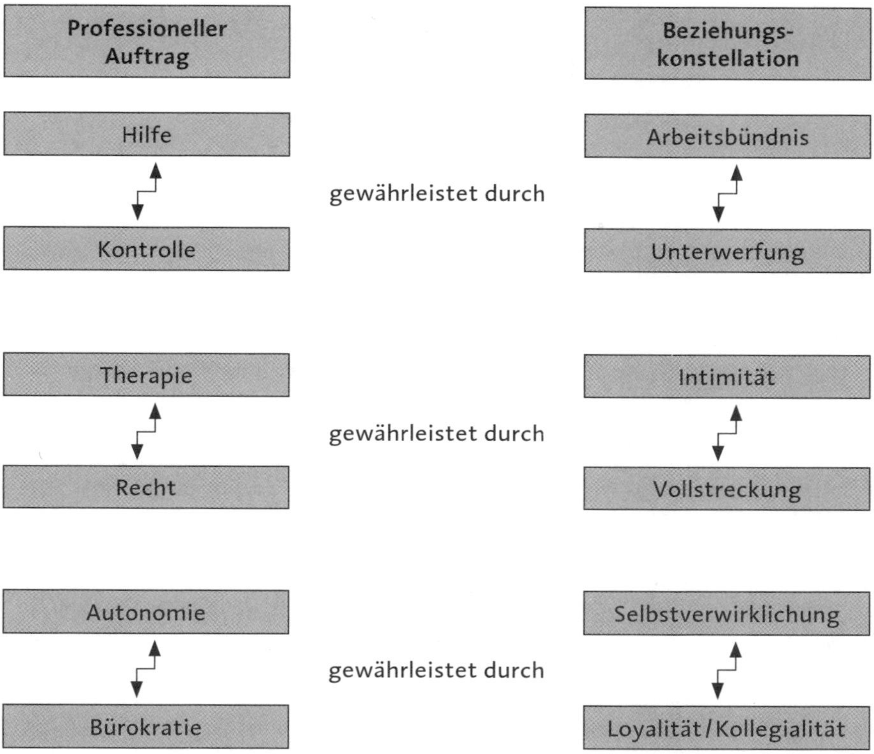

Professioneller Auftrag		**Beziehungskonstellation**
Hilfe ↔ Kontrolle	gewährleistet durch	Arbeitsbündnis ↔ Unterwerfung
Therapie ↔ Recht	gewährleistet durch	Intimität ↔ Vollstreckung
Autonomie ↔ Bürokratie	gewährleistet durch	Selbstverwirklichung ↔ Loyalität/Kollegialität

Abb. 9: Spannungsfelder institutioneller Beratung und ihre Beziehungskonstellationen

6 „Sind Sie noch dran?“ – Beratung als mediale Beziehung

Wenn man an Beratung denkt, stellt sich gleichsam automatisch das Bild zweier Menschen ein, die sich von Angesicht zu Angesicht begegnen. Aber dies ist nur ein, wenn auch zentrales, Segment der gegenwärtigen psychosozialen Beratungswirklichkeit. Psychosoziale Beratung findet auch medial vermittelt statt – lange schon über das Medium des Telefons, und mittlerweile verstärkt über die vernetzten Medien, insbesondere über das Internet. (Die Bezeichnung „neue Medien“ ist zwar gängig, aber angesichts der Innovationsgeschwindigkeit sind „neue Medien“ schnell schon „nicht mehr ganz so neue Medien“.)

> *„Gehrmann recherchierte die aktuellen Zahlen in Bezug auf Online-Beratung innerhalb der Wohlfahrtsverbände in Deutschland und geht allein im Bereich der Deutschen Arbeitsgemeinschaft für Jugend- und Eheberatung [...] von ca. 1.000 Beratungstellen aus, die im psychosozialen Bereich niederschwellig und kostenfrei Online-Beratung anbieten. Pro-Familia hatte 2007 über 20.000 Mailanfragen zu bearbeiten [...], die Telefonseelsorge verzeichnete 4.279 Ratsuchende per mail [...] und 4.373 Ratsuchende per Chat [...]. Das Online-Beratungsportal der Bundeskonferenz für Erziehungsberatung wurde 2007 von 1,8 Millionen Besuchern angeklickt. Diese Zahlen bestätigen, dass Online-Beratung inzwischen integraler Bestandteil der medialen Lebenswelt von Klienten und Beratern ist.“ (Kühne/Hintenberger 2013, 1582f.).*

Erfolgt ein wesentlicher Teil psychosozialer Beratung also medienvermittelt, stellt sich unter Gesichtspunkten der Beratungsbeziehung die Frage, ob durch diese Medienvermittlung eine besondere Beziehungsqualität zustande kommt, und wenn ja, wie diese mediale Beziehung charakterisiert werden kann.

Die Frage, ob es eine besondere mediale Beziehung gibt, wird im Beratungsdiskurs durchaus kontrovers diskutiert. „Beziehung“, so eine Auffassung, ist an die Begegnung von Angesicht zu Angesicht gebunden und kann folglich in medienvermittelter Beratung, insbesondere wenn diese anonym erfolgt, nicht zustande kommen.

> *„Die Möglichkeit von Beziehung in der anonymen kanalreduzierten (schriftbasierten) Onlineberatung wird teilweise rundum bestritten. Engelstädter und*

Schierbaum (2008) vertreten die Auffassung, dass die Anonymität der Onlineberatung ein Strukturproblem in der Kommunikation zwischen Ratsuchendem und Beratungsfachkraft erzeuge. Dadurch werde die Aufnahme einer Beziehung zwischen ihnen verhindert. Insbesondere stelle Mailberatung in ihrer reinen Schriftlichkeit keine personale Begegnung dar und könne daher dem Anspruch einer professionellen Beratung nicht gerecht werden." (Evangelou/Hild 2015, 53).

Demgegenüber werden die Erfahrungen von Praktikern der Online-Beratung ins Feld geführt:

„Für Praktiker der Online-Beratung ist es evident, dass es im Verlauf der Beratung zu relativ intensiven Beratungsbeziehungen kommen kann, obwohl die Beteiligten voreinander anonym bleiben und einander nur vermittelt durch ihre Texte [...] begegnen." (Evangelou/Hild 2015, 54).

Will man der Frage einer spezifischen medialen Beziehungsqualität von Beratung in Betrachtung vorliegender Literatur seriös nachgehen, sieht man sich vor erhebliche Schwierigkeiten gestellt, die v. a. auf unangemessenen medientheoretischen Vorannahmen beruhen, die erhebliche Verwirrung im Beratungsdiskurs erzeugen. Es ist daher notwendig, zunächst die medientheoretischen Voraussetzungen einer Betrachtung dieser Frage zu klären, bevor man sich der Beantwortung der Frage selbst zuwenden kann. Diese Klärung erfolgt in Abschnitt 2. Im Abschnitt 3 werden dann zwei medienvermittelte Beratungsformate unter Gesichtspunkten ihrer medialen Beziehung betrachtet, die Beratung per Telefon und die Online-Beratung.

6.1 Beratungsgeschichten, die das Leben schreibt: Verstehen im Nachhinein

„In letzter Zeit habe ich auch nochmal ein bisschen in den ‚alten Mails' gelesen. Gelegentlich schaue ich noch mal rein und ehrlich gesagt, wenn mir auch das ein oder andere nach wie vor etwas peinlich ist, so sind sie mir doch unheimlich wichtig. Diese Mails, oder unser Dialog haben in mir ... wie soll ich sagen ein Bild erzeugt, dass ich jetzt in mir trage. Hört sich komisch an, oder? Ich versuch es mal anders. Diese ganze Beratung, oder Sie waren nur dann wirklich real, wenn Sie geschrieben haben und schon kurz nach dem lesen nicht mehr richtig greifbar. Es war dann hilfreich, dass ich auf die Mails zurückgreifen konnte und gelegentlich mache ich das noch heute. Oft verstehe ich jetzt im Nachhinein mich und auch Ihre Antwort besser ... Wenn ich die Mails durchschaue dann stelle ich immer wieder fest, dass doch vieles, was mir früher Angst machte, für mich unvorstellbar war jetzt durchaus denkbar ist und ich manchmal sogar Probleme habe, nachzuvollziehen, was mir solche Angst machte.“ (eine Online-Beratungs-Klientin, zitiert nach Kühne/Hintenberger 2013, 1575, mit freundlicher Genehmigung des Verlags).

6.2 Einige medientheoretische Klarstellungen

Es sei betont, dass es insbesondere zu Online-Beratung mittlerweile eine Vielzahl von Untersuchungen, Lehr- und Praxisbüchern gibt, z. B. Ploil 2009, Eichenberg/Kühne 2014, Kühne/Hintenberger 2009, Döring 2003, Berninger-Schäfer 2018. Die Begriffsvielfalt von Beratungsformaten wie „Online-Beratung“, „virtuelle Beratung“, „E-Beratung“ entwirrt hilfreich Rothe (2019).

Im vorliegenden Kapitel geht es spezifisch um die mediale Beziehungsqualität von Beratung.

Eine angemessene Beantwortung der Frage nach einer medialen Beziehung in medienvermittelter Beratung und eine genaue Bestimmung dieser Beziehung wird von einigen Vorannahmen erschwert, mit denen in der einschlägigen Literatur an diese Frage herangegangen wird. Diese Vorannahmen betreffen den Status der Beratung von Angesicht zu Angesicht (Face-to-Face-Beratung) als „Leitformat“ von Beratungstätigkeit und das Verhältnis von Sprechen und Schreiben.

6.2.1 Die theoriefixierte Reduktion von Beziehung auf die Face-to-Face-Beratung und die Hilflosigkeit vor der Praxis

In der Literatur zu Beratung findet sich nach dem Motto „Es kann nicht sein, was nicht sein darf“ die Position, dass die Existenz einer medialen Beziehung rundweg bestritten wird.

„Gemäß der Kanalreduktionstheorie handelt es sich bei computervermittelter Kommunikation [...] um einen unpersönlichen, entemotionalisierten, ja geradezu entmenschlichten Kontakt [...].“ (Döring/Eichenberg 2013, 1593).

Diese theoriefixierte Haltung entspricht jedoch weder dem Stand empirischer Forschung noch den Erfahrungen von Praktikerinnen.

> *„Praxiserfahrungen sowie systematische Studien belegen, dass in bestimmten sozialen Situationen der Online-Austausch sogar als emotionaler und persönlicher empfunden wird als der Face-to-Face-Kontakt, der oft von Unsicherheit, Zurückhaltung, Hemmungen usw. geprägt ist." (Döring/Eichenberg 2013, 1593).*

Lang stellt denn auch fest: Es gibt

> *„[...] Leute mit theoretischen Überlegungen, die den Beziehungscharakter in Abrede stellen. Offensichtlich wird etwas erfahren, was man theoretisch nicht vermuten würde." (Lang, zitiert nach Evangelou/Hild 2015, 52).*

6.2.2 Die irreführende Hervorhebung von Face-to-Face-Beratung und die Idee von „Defiziten"

In der Literatur zu medienvermittelter Beratung findet sich durchweg eine stillschweigende Unterstellung des Beratungsformats von Angesicht zu Angesicht als „Leitformat", an dem medienvermittelte Beratung „gemessen" wird. Wehner stellt fest: Es

> *„orientieren sich Beschreibungsversuche der gegenwärtigen fortgeschrittensten Form technisierter Kommunikation paradoxerweise wieder am humanen Vorbild, diesmal am technikfreien Ursprungsmodell einer wechselseitigen Bezugnahme von Personen." (Wehner 1997, 127).*

Gängig ist in der Literatur, unterschiedliche Formate miteinander zu vergleichen und sie nach Vor- und Nachteilen zu charakterisieren. Ein solcher Vergleich setzt aber einen gemeinsamen Maßstab voraus, angesichts dessen die Formate verglichen werden können – und als dieser Maßstab dient unausgesprochen das Format der Face-to-Face-Beratung. Es ist aber sehr fraglich, ob Merkmale, die für die Charakterisierung einer Beratung von Angesicht zu Angesicht sinnvoll sind, sich zur Charakterisierung anderer Formate überhaupt eignen, ob es z.B. sinnvoll ist, in Bezug auf schriftliche Texte in der Online-Beratung von „Nähe" (Döring 2003, 367, Evangelou/Hild 2015, 57) zu sprechen, ob „Intimität" von Texten das Gleiche ist wie die Intimität einer Begegnungssituation, ob es bei Texten ein „Arbeitsbündnis" (Döring/Eichenberg 2013, 1595) gibt oder ob Texten gegenüber „Abwehr“ (Eichenberg/Kühne 2014, 83f.) in der gleiche Weise entwickelt werden kann wie gegenüber dem Vorschlag einer Beraterin in der Face-to-Face-Situation.

Die Orientierung am Leitformat Face-to-Face zeigt sich auch in Formulierungen wie z.B.

„Das Fehlen sinnlicher Inputs, die die semantische Bedeutungsübermittlung unterstützen und korrigieren können, kann mit nachhaltigen, schriftsprachlichen Mitteln teilweise ausgeglichen werden.“ (Evangelou/Hild 2015, 56, m.H.).

(Niemand käme auf die Idee, darüber nachzudenken, durch welche interaktive Äußerung in einer Face-to-Face-Beratung ein Semikolon oder eine Absatzmarkierung „teilweise ausgeglichen“ werden könnte ...).

Ferner zeigt sich die stillschweigende Unterstellung auch in vielfach zitierten Ausdrücken wie „Enthemmung“ oder „gesteigerte Emotionalität“ (z.B. Döring/Eichenberg 2013, 1593, Brunner 2009, 36). Ent-Hemmung setzt Hemmung als Normalfall voraus, „gesteigert“ setzt ein Normalmaß voraus – welches die Norm ist, wird allerdings von den Autorinnen nicht angegeben, vermutlich ist es wiederum die Face-to-Face-Situation.

Schließlich sind es alles Charakterisierungen, in denen das „Fehlen“ einer Eigenschaft markiert ist – das „Fehlen“ des Blickkontakts in der telefonischen Beratung, das „Fehlen“ von Rückmeldungssignalen in der Online-Beratung, bezogen auf die „Leitwährung“ der Face-to-Face-Beratung – auch wenn dieses Fehlen mittlerweile nicht mehr so häufig als „Verarmung“ oder „Defizit“ der „armen Verwandten“ medienvermittelter Beratung betrachtet wird.

So ist Brunner zuzustimmen, der im Hinblick auf Online-Beratung dafür plädiert,

„[...] ausgehend von der Eigenständigkeit und Eigenlogik computervermittelter Kommunikation, vom Primat der Face-to-Face-Beratung Abstand [zu] nehmen oder mindestens nicht grundsätzlich Online-Beratung vor dem Hintergrund einer zu präferierenden ‚besseren‘ Praxis einem impliziten Verdacht aus[zu]setzen, defizitär zu sein.“ (Brunner 2009, 34).

„Kommunikation im Internet wird hier nicht als Fortsetzung eines mündlichen Dialogs mit anderen Mitteln, sondern, ausgehend von der Beobachtung der Textbasiertheit [...], als Veränderung von Schreib- und Lesevorgängen analysiert.“ (Wehner 1997, 134).

6.2.3 Die verfehlte Analogiebildung von Sprechen und Schreiben und ihre Sprachverwirrung

Eine angemessene Bestimmung der unterschiedlichen medialen Beziehungen wird erschwert, wenn die Medien als unterschiedliche Realisierungsvarianten des Gleichen – sei es „Kommunikation", sei es „Sprache" – aufgefasst werden („Sprache, nur eben schriftlich", „Sprache, nur eben mündlich"). Bei einer solchen Auffassung gerät aus dem Blick, dass die Medien*unterschiede* von entscheidender Bedeutung für eine Einschätzung der Beziehungsqualität sind, da sie – in den Worten der Philosophin Sybille Krämer – „sinnmitentscheidend" sind (Krämer 1998a, 37).

Brunner stellt in seiner Betrachtung der Literatur zu medienvermittelter Beratung fest, „[…] es wird anthropomorphisierend gerade die technische Vermitteltheit ausgeblendet" und betont:

> *„Wenn die Kommunikation im Internet strukturell scheinbare Ähnlichkeiten mit mündlicher Kommunikation aufweist, bleibt sie dennoch eine sehr spezifisch technisch mediatisierte Kommunikation im Modus digitaler Schriftlichkeit." (Brunner 2009, 30).*

Auch Krämer fragt, ob denn eine anthropomorphe Deutung die einzig mögliche sei, und weiter:

> *„Sind technische Instrumente nur dazu da, auf leistungsfähigerer Stufe zu wiederholen, was der Mensch auch ohne Technik schon tut? Oder bringen wir mit technischen Artefakten nicht auch etwas hervor, für das es im menschlichen Tun kein Vorbild gibt und das an diesem Tun auch keinen Maßstab findet?"(Krämer 1998b, 249).*

Die Auffassung, Sprechen und Schreiben als zwei Realisierungsvarianten von Sprache zu betrachten, führt zu erheblichen Verwirrungen:

Erstens mag es vielleicht für Zwecke einer Wissenschaft des abstrakten Gebildes „Sprache" sinnvoll sein, von „Realisierungsvarianten" zu sprechen. Aber der Zweck dieser Wissenschaft – der Sprachwissenschaft – ist eine Inventarisierung sprachlicher Phänomene, nicht aber eine Betrachtung unterschiedlicher Weisen, miteinander in Beziehung zu sein. Dass es sich bei Schreiben und Sprechen kulturell um sehr unterschiedliche Phänomene handelt, wird schon daran deutlich, dass Schreiben (und Lesen) als „Kulturtechniken" bezeichnet werden, die eigens gelernt werden müssen. Bei Sprechen (und Hören) ist dies jedoch nicht der Fall.

Zweitens reduziert eine Betrachtung von „Sprechen“ kommunikatives Handeln auf nur eine einzige Modalität – eben auf „Sprechen“. „Sprechen“ ist aber in der Face-to-Face-Interaktion grundsätzlich und stets eingebunden in ein Ensemble vielfältiger kommunikativer Aktivitäten eines Menschen wie „sich bewegen“, „gestikulieren“, „blicken“, „mit Sachen hantieren“. „Sprechen“ erfährt seine Bedeutung in einem solchen Ensemble und aus ihm heraus, und zwar stets als Äußerung eines Menschen (Straus 1935). „Sprechen“ ist dementsprechend (!) eine doppelte Reduktion: zum einen eine Reduzierung um den Menschen, der sich äußert, und zum zweiten eine Reduzierung um alle anderen gleichzeitig erfolgenden Modalitäten kommunikativen Handelns.

6.3 Medien-Beziehungen

Die Beziehungsbestimmung, die hier vorgeschlagen wird, orientiert sich am Prinzip der *Medienautonomie* und der *medialen Basis*, d.h. an dem Gedanken, Mediencharakteristika nicht durch Orientierung an einem „Leitmedium“ oder durch Vergleich mit anderen Medien zu bestimmen, sondern durch Bestimmung jenes Moments, das dem jeweiligen Medium seine spezifische Wirksamkeit verleiht (Tab. 1).

Tab. 1: Beratungsformate und ihre medialen Beziehungsqualitäten

Beratungsformat	Medium	mediale Rollen	Beziehungsqualität
Beratungs-Gespräch	soziale Interaktion	Interaktions-beteiligte	körperliche Beziehung
Telefon-Beratung	Stimme	Sprecher – Hörer	akustisch konstituierte Beziehung
Online-Beratung	Schrift	Autor – Leser	textuell hergestellte Beziehung

In Bezug auf die ausgewählten Beratungsformate Telefon-Beratung und Online-Beratung ergibt sich:

- bei Telefon-Beratung ist die mediale Basis die Stimme – ich höre eine Stimme
- bei Online-Beratung ist die mediale Basis der schriftliche Text – ich lese einen Text

Damit sind dann auch die jeweiligen medialen Beziehungen bestimmt:

- für die Telefon-Beratung ist es die durch Stimmen hergestellte Beziehung
- für Online-Beratung ist es die durch Texte hergestellte Beziehung

Die Wirkmächtigkeit dieser Unterschiedlichkeit der Beziehungen wird deutlich, wenn man betrachtet, in welcher Weise die Beteiligten in ihnen präsent sind:

- in der Telefon-Beratung sind sie über die durch Stimmen hergestellte Beziehung als Sprecher und Hörer präsent
- in der Online-Beratung sind sie als Autorin und Leser präsent

6.3.1 Die durch Stimmen hergestellte Beziehung – Telefon-Beratung

Das Telefon ist wesentlicher Bestandteil unseres Alltags, die Kommunikation mit Hilfe des Telefons wesentlicher Bestandteil unserer alltäglichen Lebensbewältigung.

Das Telefon hat seit seiner Erfindung 1876 einige erhebliche Funktionsveränderungen erfahren. Die spannende Geschichte des Telefons, das ursprünglich mit seiner heutigen Verwendungsweise wenig zu tun hatte, und anderer technischer Mittel der Kommunikation ist anschaulich beschrieben in Flichy (1997). Zunächst diente es weitgehend zur Kontrolle von Arbeitsprozessen, erst nach und nach erhöhte sich der Anteil privater Anlässe beim Telefonieren. Die Ausbreitung des Telefons erfolgte in verschiedenen Ländern höchst unterschiedlich – während es sich z. B. in England nur langsam durchsetzte, verbreitete es sich in den USA mit rasanter Geschwindigkeit. Dies hatte sicher damit zu tun, dass in den USA Faktoren wie Mobilität und räumliche Distanz eine größere Rolle spielten als in den europäischen Nationalstaaten. Es hat aber wohl auch mit den Kommunikationsgewohnheiten einer Kultur zu tun – und da „passte" das Telefon nicht so recht zu den kommunikativen Praktiken in Europa; so wird von Engländern der Oberschicht berichtet, dass sie sich strikt weigerten, zum Telefon zu greifen, weil ihnen die Vorstellung, dass „jemand ganz nahe an meinem Ohr ist", unerträglich war. Sie ließen das Telefonieren durch Dienstboten erledigen. Von Werner von Siemens, in dessen Fabrik Telefone produziert wurden, wird berichtet, dass er einen prachtvollen Telefonapparat auf seinem Schreibtisch stehen hatte – und ihn nie benutzte. Die traditionelle Art der Übermittlung von Dienstanweisungen zu seiner Zeit war eben der Botengang – das Telefon war nicht standesgemäß.

In dem Maße, in dem das Telefon sich durchsetzte, wurde nicht nur das Spektrum von Kommunikationsmöglichkeiten in der Gesellschaft erweitert, sondern auch deren Kommunikationskultur insgesamt verändert — und darüber hinaus auch andere gesellschaftliche Organisationsprozesse. Die Organisationsweise unserer Wirtschaft beruht auch auf dem Einsatz des Telefons (z. B. das Praktizieren „flacher Hierarchien“ durch das „sich kurz schalten“, anstelle des Dienstweges), ebenso wie die der Medien und die des politischen und administrativen Systems. Durch die Möglichkeiten des mobilen Telefonierens haben sich zusätzliche Veränderungen und erweiterte Möglichkeiten ergeben (z. B. Video-Telefonie).

In der Beratungsliteratur wird telefonische Beratung vielfach als Mangelsituation beschrieben, d. h. unter dem Gesichtspunkt, „was fehlt“. Insbesondere wird das Fehlen des visuellen Kanals betont. Es lohnt sich aber, die Perspektive zu wechseln und vom Medium telefonischer Beratung, dem Hören einer Stimme, auszugehen: Setzt man das Hören primär, kommt man auch zu einer anderen Einschätzung des Sehens. Eine Klientin berichtet aus ihren Erfahrungen mit telefonischer Beratung:

> *„Da ich nicht unter ‚Beobachtung‘ stand, konnte ich einfach die Augen schließen und bekam eine andere Form der Innensicht. Es kann auch hier eine starke Beziehungsatmosphäre entstehen, denn am Telefon hörst du intensiver. Das ist eine andere Form von Begegnung.“ (Bredt/Knierim 2018, 350 f.).*

Setzt man das Hören primär, spielen, so die Erfahrungen einer Beraterin, viele Aspekte einer Begegnungssituation keine Rolle.

> *„Als Berater muss ich auch nicht sehen können, wie der Klient sich fühlt, sondern ich begleite so, dass er in der Lage ist, darüber zu sprechen. Außerdem stehen die Genderfrage, Mann-Frau, jung-alt, Attraktivität etc. weniger im Raum. Neutralität ist möglich, und es finden weniger Projektionen statt.“ (Bredt/Knierim 2018, 352).*

Statt von „Kanalreduktion“ zu sprechen, wie man dies immer wieder in der Literatur findet (z. B. Seidlitz/Theiss 2007, 30), wäre es sinnvoller, von „Kanal-Konzentration“ zu sprechen. Die Formulierung „Ich bin ganz Ohr“ gibt dies treffend wider.

Miteinander telefonieren stellt eine besondere, weil medienvermittelte Kommunikationsform dar, die sich von allen Formen unmittelbarer, so genannter Face-to-face-Interaktion durch eine ganze Reihe von Merkmalen unterscheidet. Um auf diese Unterschiede aufmerksam zu machen, wird in diesem Abschnitt auch – durchaus provokant – bewusst nicht von „Telefon-Gesprächen" gesprochen, sondern vom „Telefonieren".

Was sollte in Gesprächen von Angesicht zu Angesicht auch folgenden Momenten entsprechen, die für das Telefonieren absolut unverzichtbar sind, z. B. Netz, Hörer, Wähltasten?

Rothe (2019) stellt denn auch fest:

> *„Eine grundlegende Schwierigkeit besteht offensichtlich darin, dass die Weiterentwicklung der Medien vormals geeignete Begriffe überholt. Ein Beispiel ist die Idee vom face-to-face-Gespräch, die sich historisch für nicht-medial vermittelte Interaktion etabliert hat. Gleichwohl stammt sie aus einer Zeit, in der Bildübermittlung noch keine Rolle spielte." (Rothe 2019, 190).*

Dass es sich beim Telefonieren um etwas anderes als um ein Gespräch handelt, schwant uns vielleicht in den Momenten des Telefonierens, in denen wir es mit einer künstlichen Stimme zu tun haben, d. h. in Momenten, in denen klar ist, dass am anderen Ende der Leitung „niemand" da ist.

Genau genommen ist es also irreführend und unmodern, von „Telefon-Gesprächen" zu sprechen – wir tun in diesem Fall nur etwas, was wir häufig tun, um ein modernes / neues Phänomen zu bestimmen: wir benennen es mit einem bekannten Begriff. Dabei übertragen wir stillschweigend Merkmale dieses Begriffs auf das neue Phänomen. Demgegenüber gilt es, die Besonderheiten in der Sozialbeziehung beim Telefonieren herauszuarbeiten. Dies sind im Einzelnen:

Stimmliche Präsenz: Alles beruht beim Telefonieren auf der Stimme. Wenn wir beim Telefonieren die Stimme des anderen eine Zeit lang nicht hören, werden wir irritiert: „Bist du noch dran?" Über die Stimme und ihre Ausgestaltung definieren wir wesentlich die Sozialbeziehung zwischen uns und unserem Telefonpartner. Allerdings ist diese Ausgestaltung nicht vollständig unter unserer Kontrolle. Es gibt Merkmale der Stimme, die physiologisch gegeben sind und nicht kontrolliert werden können, die aber gleichwohl die Beziehung zum Anderen am Telefon beeinflussen. Wir bilden uns auf Grund der Stimme, die wir beim Telefonieren hören, unseren Eindruck von der Person, mit der wir sprechen – und diese Eindrucksbildung prägt wesentlich die Interpretationsgrundlage, auf der wir zuhören, interpretieren und verstehen.

Die durchdringende Stimme: Der französische Philosoph Jean-Luc Nancy sieht die Sprecher-Hörer-Beziehung durch das Moment des Invasiven, des Durchdringens gekennzeichnet; dies kennzeichnet die Intensität stimmlicher Wahrnehmung und das Moment der Wehrlosigkeit – man kann die Ohren nicht schließen wie man die Augen schließen kann (Nancy 2014). Wie schon erwähnt, war dies in der Frühzeit des Telefonierens für Mitglieder der englischen Oberschicht der Grund, einen Dienstboten „zwischenzuschalten" und damit die Distanz wieder zu vergrößern. Das Telefon ermöglicht uns Formen der Kommunikation, die in Begegnungen von Angesicht zu Angesicht eher schwer zu realisieren wären – wir können unsere Stimme aus der Normallage zu einem Flüstern verändern, ohne dass wir uns dem Angesprochenen körperlich nähern müssten, wir können „laut werden", ohne soziale Markierungen der Distanz überwinden zu müssen.

Der hypnotische Charakter der Telefonstimme: Die Telefonstimme ist offenbar in besonderer Weise in der Lage, die Aufmerksamkeit des Hörers zu bündeln – der Satiriker Kurt Tucholsky hat dies treffend beschrieben:

> *„Die nervige Hand am Telephonhörer, vergißt er Partner, Geschäft und sich selbst. ‚Hier Dinkelsbühler – wer dort?'. Emsig strudelt er in fremde Gewässer, völlig gefangen vom anderen, untreu dem Partner der letzten Minute, ganz hingegeben an Betrug und Verrat. Die Augen des Schreibtischmannes schauen gedankenverloren auf ein Löschpapier, wandern über das Tintenfaß, blicken irr und leer dem betrogenen Partner auf die Glatze." (Tucholsky, zitiert nach Schwitalla 1998, 26f.).*

Der Machtcharakter der Beziehung: Der Kommunikationswissenschaftler Schwitalla spricht von der „Übermacht der Telefonstimme" und betont das Geisterhafte der Erscheinung der vom Körper losgelösten Stimme (Schwitalla 1998).

> *„Das willenlose Reagieren auf eine unbekannte Telefonstimme war übrigens der Polizei in den USA bekannt. Verdächtigte Delinquenten, die nicht gewohnt waren zu telefonieren – Indianer, Schwarze, irische Immigranten – brachte man zu einem Telefonapparat, wo eine Stimme sie beschuldigte, etwas Böses getan zu haben, und ihnen riet zu gestehen. Menschen die an Geister glaubten, assoziierten diese Stimme mit der Stimme Gottes oder Manitus." (Marvin, zitiert nach Schwitalla 1998, 26).*

Dieses Moment der Wehr- oder Machtlosigkeit ist schon immer mit dem Hören verbunden – nicht zufällig spricht man ja von „gehorchen" und von „hörig sein". Und die Aufforderung „Hör zu!" drückt eine Machtbeziehung aus.

Zur Dominanz des Telefons gehört, dass das Telefonklingeln aufgrund seiner akustischen Eigenart auf viele Menschen einen besonderen Zwang ausübt, dem sie sich nur schwer entziehen können. Es handelt sich um einen „Anruf" – die sprachliche Nähe zum militärischen „Appell" ist kein Zufall.

Die Fragilität der Beziehung: Im wörtlichen (technisch allerdings antiquiertem) Sinne hängt die telefonische Beziehung „nur an einem Draht". Damit verbunden (!) ist eine besondere „Fragilität" (Seidlitz/Theiss 2007, 26) – man kann den Kontakt umstandslos abbrechen, ohne sich vom anderen körperlich entfernen zu müssen („Er hat einfach aufgelegt!"). Gleichzeitig ist mit diesem Umstand noch einmal ein Moment von Macht verbunden: „Das Telefon versetzt den Klienten in eine Macht- und Kontrollposition, indem er den Kontakt herstellen und wieder beenden kann, sobald er es wünscht." (McLeod 2004, 403), dies allerdings nur für den Abbruch einer Beziehung. Ansonsten wird „Telefon-Abbruch" heutzutage zunächst als „Aufenthalt im Funkloch" interpretiert. In allen Fällen außer dem Beziehungsabbruch bedarf es der nachträglichen Begründung bzw. Rechtfertigung („Ich hatte so einen Hals, da musste ich auflegen").

Der aufsuchende Charakter telefonischer Beratung:

> *„Das Telefon ermöglicht es, eine proaktive Beratung durchzuführen. Wenn ein [Ratsuchender] einmal den ersten Schritt getan hat und bei einer Beratungsstelle anruft, können alle darauf folgenden Kontakte durch den Berater initiiert werden. Die Tatsache, dass ein Berater eine Zeit für einen Anruf verabredet und dementsprechend auch zur ausgemachten Zeit anruft, scheint Verlässlichkeit und Unterstützung zu demonstrieren." (Zhu et al., zitiert in McLeod 2004, 402).*

Telefonieren als Täuschungsbeziehung: „Gegenüber der face-to-face-Begegnung fehlt die Möglichkeit der Identitäts- und Ernsthaftigkeitsprüfung." (Campe 1986). Der Umstand, dass der Anrufer seine Identität nicht preisgeben muss bzw. verfälschen kann, kann dazu genutzt werden, die Beraterin „auf eine falsche Fährte zu locken" und sie zum Opfer einer Täuschung zu machen. Schon kurz nach Erfindung des Telefons beschäftigten sich Juristen mit der Frage, ob der Anrufer „minderjährig, ob er mehr oder weniger verrückt oder gar wahnsinnig, oder ob er betrunken sei, oder ob er sich nur einen Scherz erlauben wolle", so eine Studie zum „Telephonrecht" aus dem Jahr 1885. Aktuell kam es mit der Verbreitung der Mobilfunktelefonie bei der Telefonseelsorge zu einem sprunghaften Anstieg von Scherzanrufen.

> *„Für die MitarbeiterInnen der Telefonseelsorge war der Umgang mit diesen Anrufen anfangs ausgesprochen schwierig. Wenn sie sich emotional und inhaltlich auf diese Anrufe einließen und es sich später durch ein Auslachen her-*

ausstellte, dass dieser Anruf nicht ernst gemeint war, fühlten die MitarbeiterInnen sich schnell missbraucht. Auch die enorme Zahl dieser Anrufe machte ihnen zu schaffen. 50 solcher Anrufe während einer Vierstundenschicht gingen an die Nerven.“ (Korsten 2006, 160).

Schließlich ermöglicht das Medium Telefon eine besondere „Tücke des Verbergens“ (Schönhammer 1990, 79): das Verbergen des Anrufers selbst durch Schweigen.

„Wenn im Normalfall der Anrufer sich nach dem Abheben / Melden des Angerufenen sogleich durch Name bzw. Stimme identifiziert […], so ist doch die Erscheinung geläufig, das der Anrufer stumm bleibt. Derartiges im Schweigen Verharren mag ein Widerspruch zum Zweck des Mediums sein, aber es ist eine – leidige – Tatsache. Wer je mit dem vom Telefon ermöglichten namenlosen Schweigen konfrontiert war, kennt die Folge: mehr oder weniger nachhaltige Grübelei. […] Weil die Beunruhigung, die ein stummer Anruf provoziert, eine bekannte Erfahrung ist, kann solch ein Anruf auch schon in der Absicht erfolgen, dem Angerufenen die Grübelei aufzugeben – ihn zu necken, ihn (ein wenig) verrückt zu machen. Wer kann das sein; jemand, der mich meint, der auf mich zielt, oder einer, der sich nach Belieben ein zufälliges Opfer an die Leitung geholt hat?“ (Schönhammer 1990, 79).

Fokus-Dissoziation: Während man telefoniert, kann man viele Dinge gleichzeitig erledigen. Ist man insbesondere nicht an die Telefonschnur gebunden, ist der Bereich dessen, was man beim Telefonieren tun kann, fast grenzenlos. Dies ist ein elementarer Unterschied zu Begegnungen von Angesicht zu Angesicht. Auch diese Besonderheit beruht auf dem fehlenden Sichtkontakt – wenn uns unser Telefonpartner beobachten könnte, sähe unser Telefonverhalten sicherlich anders aus. Diese Fokus-Dissoziation ist aber nicht nur etwas, was beim Telefonieren dauernd passiert, sondern beide Beteiligten wissen, dass es passiert, und müssen damit in ihrem eigenen Verhalten rechnen. Wir wissen nie, was der andere noch tut, außer dass er mit uns telefoniert. Wir wissen nicht, wie konzentriert er ist, wir wissen nicht, ob er nicht gleichzeitig das Telefonat Anwesenden gegenüber kommentiert (mit den Augen rollt, genervt den Kopf schüttelt), kurz: wir wissen nicht, welchen Status wir in dem Telefonat haben. Dies verleiht dem Telefonieren einen besonderen Charakter der Uneigentlichkeit, den wir normalerweise dadurch überspielen, dass wir diese Dissoziation ignorieren.

Verfügbarkeit: Mit dem Telefonieren ist eine besondere Weise der Verfügbarkeit gegeben: Zwischen mir und dem Präsidenten liegt nur eine Telefonnummer. Über Telefon ist jedermann in umstandsloser Weise ansprechbar; zwar kann man im Verlauf eines Telefonats, auch gleich zu Beginn, die (momentane) Ansprechbarkeit zurückweisen („Wie kommen Sie dazu, mich einfach anzurufen?"), die prinzipiell umstandslose Ansprechbarkeit bleibt aber gegeben. Emotional ist dieses Moment der Verfügbarkeit mit der Rolle des Anrufers als Allmachtsgefühl verbunden („Ich kann mir jeden herholen"), mit der Rolle des Angerufenen als Gefühl, ausgeliefert zu sein. Aufgrund dieser Verfügbarkeit verändert sich auch die Privatheit eines Menschen bzw. sein privates Territorium und damit auch der Grad von Zugänglichkeit. Telefonate sind für den Angerufenen grundsätzlich „unpassend" in dem Sinne, dass sie nie aus seinem gerade aktuellen Handlungszusammenhang heraus entwickelt worden sind, manchmal „platzen" sie, so sagen wir ausdrucksstark, in andere Zusammenhänge hinein. Andererseits können wir als Anrufer in Telefonaten stets ein Prinzip des kurzen Kontaktes in Anspruch nehmen. Während in Begegnungen von Angesicht zu Angesicht jedenfalls für eine Reihe von Kommunikationsformaten gilt, dass sie eingeleitet und eigens abgeschlossen werden müssen, können wir in Telefonaten in Anspruch nehmen, „nur ganz kurz" stören zu wollen, ein Anspruch, dem man sich als Angerufener nur schwer entziehen kann.

6.3.2 Die durch Texte hergestellte Beziehung – Online-Beratung

„Alles wird anders, wenn es durch Schrift vermittelt wird." formulierte prägnant Niklas Luhmann (1998, 283). In diesem Abschnitt geht es nur um Online-Beratung per E-Mail. Eine Betrachtung anderer Formate wie z. B. Beratung per Chat bedürfte wegen des hybriden Charakters (zwar synchron, aber keine Interaktion, zwar schriftlich, aber keine Textproduktion) einer gesonderten Untersuchung.

Bei Online-Beratung per E-Mail handelt es sich um eine Beziehung zwischen Texten und durch Texte. So paradox es auch erscheinen mag: In diesem Fall ist die *Abwesenheit* des Anderen zentrales Merkmal der Beziehung.

> *„Es zeigt sich […], dass nicht verstanden wird, dass es etwas wesentlich anderes ist, mit Texten auf Texte zu antworten als der leibhaftigen Person in der Präsenz der gegenseitigen Anwesenheit zu antworten. Text-basierte Online-Beratung ist […] eine Form der Kommunikation ohne Interaktion […]. Methodisch heißt das, dass ich vorerst einmal einem Text begegnen muss und nicht einer Person, wenn auch anzunehmen ist, dass dieser Text von einer Person stammt. Der Text ist jedoch niemals die Person selbst, sondern Ausdruck*

und Produkt der Person, die ihn verfasst hat. Es geht also von der Methode her zunächst um die Erfassung eines Textes, die auf verschiedene Art und Weise erfolgen kann.“ (Brunner, zitiert in Eichenberg/Kühne 2014, 86).

In der Online-Beratung ist der Text „[…] das Einzige, worüber eine Beziehung zum Ratsuchenden aufgebaut werden kann.“ (Eichenberg/Kühne 2014, 88).

Macht man sich bewusst, wie wirkmächtig die Beziehung für das Beratungsgeschehen und ihren Erfolg ist, wird klar, dass sowohl die sprachliche Komposition der Texte einer Beraterin an den Klienten (das Schreiben eines Beratungstextes) wie auch die Lesehaltung der Beraterin eines Kliententextes von entscheidender Bedeutung für die mediale Beziehung ist und besonderer Sorgfalt bedarf.

Das Schreiben eines Beratungstextes: Grundsätzlich ist für jede Art der Textproduktion zu beachten, dass der Autor hinter seinen Text zurücktritt. Dies hat mehrere Implikationen:

- Erstens ist dadurch anonymes Schreiben in der Beratung möglich.
- Zweitens ermöglicht das Schreiben eine emotionale Distanzierung des Autors von seinen Aussagen, was wiederum eine größere Offenheit des Autors in Bezug auf das Problem ermöglicht. Döring/Eichenberg stellen eine hohe „Bereitschaft zur Selbstoffenbarung“ fest (Döring/Eichenberg 2013, 1593).
- Drittens bedeutet dies: „Das geschriebene Problem steht im Vordergrund, nicht die Person in ihrer Erscheinung.“ (Eichenberg/Kühne 2014, 83). Die Beziehung zwischen den Beteiligten ist daher wesentlich durch das Problem bestimmt, nicht durch die Personen (Darum geht es auch in dem Einführungsbeispiel aus Kap. 6.1).

Außerdem gilt es zu bedenken, dass es für jede Textproduktion eine Trennung zwischen Produktion und Versendung gibt. Auch dieser Umstand ist beziehungsrelevant: Die Dauer zwischen Versendung eines Textes und Erhalt einer weiteren Mitteilung („Antwort“) kann bei merklicher Verzögerung beziehungsrelevant interpretiert werden (bei Verzögerung: den Anderen „zappeln lassen“, mit Zeit „spielen“, bei schneller Antwort: Signal von Wichtigkeit, Dringlichkeit, Aufmerksamkeit, Diensteifrigkeit). Die Trennung zwischen Schreiben und Versenden ermöglicht auch, dass ein Text überarbeitet und korrigiert werden kann. Ferner verleiht diese Trennung emotionale Sicherheit: auch wenn ein Text dem Autor vorliegt, kann er immer noch zurückgehalten werden, die Verbindung kann ohne große Umstände abgebrochen werden.

Für die sprachliche Komposition eines Beratungstextes gilt es unter Beziehungsgesichtspunkten, dem gewählten Sprachausdruck, dem sogenannten „Register“, besondere Aufmerksamkeit zu widmen. In der Fachliteratur findet sich immer wieder der Hinweis auf sogenannte „Oraliteralität“, d. h. eine Schreibweise, die Merkmale umgangssprachlichen Sprechens imitiert, z. B. die Antwort einer Beraterin:

> „Hm, ja weißt du Nina: Das ist tatsächlich nicht einfach. Der Stress in der Schule, das Problem mit dem Freund. [...] Und jetzt frage ich mich, also eigentlich frag ich ja dich ;-): Wenn du das Drehbuch für dein eigenes Leben schreibst [...].“ (Kühne / Hintenberger 2013, 1580).

Dies mag bei bestimmten Adressatengruppen angemessen sein, kann aber bei anderen Adressaten als Ausdruck von Unseriosität und mangelnder Sorgfalt interpretiert werden.

Die Forschung zur Textverständlichkeit hat eine Reihe von Gesichtspunkten der Textgestaltung als förderlich ermittelt (Baum / Deeg 2018).

Da das Empfinden eines Lesers von Verständlichkeit bzw. Unverständlichkeit eines Textes auch Folgen für die Beziehungsqualität eines textuellen Austauschs hat („abgehoben“, „fachchinesisch“, „bürokratisch“), sind diese Gesichtspunkte auch für die Beziehungsqualität relevant.

In der Literatur findet sich immer wieder der Hinweis auf sogenannte Emoticons zur Darstellung von Gefühlen. Der Einsatz solcher Emoticons mag als Ausdruck einer Zugehörigkeit zur Gemeinschaft der „digital natives“, also derer, die einer Generation angehören, die von Anfang an in und mit der digitalen Welt aufgewachsen ist, geeignet sein. Zur Darstellung von Gefühlen sind Emoticons jedoch einer elaborierten sprachlichen, d. h. textlichen Darstellung entschieden unterlegen. Auch bei Emoticons handelt es sich um den – verfehlten – Versuch, Momente der Face-to-Face-Interaktion zu simulieren. Stattdessen ist es sinnvoll, die Möglichkeiten der Sprache zu nutzen, Emotionen in ihrer Komplexität, Differenziertheit und Eindringlichkeit angemessen darzustellen. (Emoticons haben inzwischen ihre eigene Logik einer Bildsprache entwickelt.)

Das Lesen eines Klienten-Textes: Das Lesen eines Klienten-Textes kann aus unterschiedlichen, sich ergänzenden Lesehaltungen heraus erfolgen:

- **Institutionelles Lesen**: Hier wird der Text, also die Problemdarstellung des Klienten, unter Gesichtspunkten seiner Passung zum professionellen Auftrag der Beraterin gelesen, also gleichsam durch die „institutionelle Brille“. Es erfolgt der Prozess der „Verarbeitung“ des Kliententextes, wie in Kap. 4.2.2 dargestellt, ggf. mit Rückfragen zu institutionen-relevanten Gesichtspunkten. Für manche Problemdarstellungen mag diese Lesehaltung bereits ausreichend sein, um auf die Problemdarstellung angemessen zu antworten. In vielen Fällen, insbes. bei komplexen Problemlagen, wird es angemessen sein, weitere Lesehaltungen hinzuzunehmen.

- **Kritisches Lesen**: In dieser Lesehaltung geht es darum, den Text bzw. einzelne Formulierungen kritisch zu hinterfragen. Wie stellt sich der Klient sprachlich dar, wie stellt er andere am Problem Beteiligte dar, wie stellt er das Geschehen dar? Kritisches Lesen kann dazu führen, dem Klienten eine andere Version seiner Geschichte anzubieten, um dadurch seine Sichtweise auf das Problem zu erweitern (Kap. 4.2.2).
- **Zwischen-den-Zeilen-lesen**: Zwar wird schriftlichen Problemdarstellungen eine große Bereitschaft zu Offenheit und ungeschminkter Darstellung zugeschrieben; dennoch können auch in solchen Darstellungen Gesichtspunkte „mitschwingen“, die nicht ausdrücklich formuliert, aber gleichwohl problemrelevant sind. Indem die Beraterin dem Klienten solche Gesichtspunkte als Hypothesen oder Vermutungen auf der Grundlage des Zwischen-den-Zeilen-Lesens mitteilt, zeigt sie ihm, dass sie sich intensiv mit seinem Problem beschäftigt, und damit ihre Wertschätzung. Zwischen-den-Zeilen-Lesen erfordert von der Beraterin Intuition und Feingefühl. Mit zunehmender Erfahrung erwirbt sie jenes notwendige Gespür, das als „tacit knowledge“ bezeichnet wird.

ZUSAMMENFASSUNG

Die Beziehung zwischen Beraterin und Klient erfolgt nicht nur in unmittelbarer Interaktion, sondern auch medial vermittelt, durch Telefon oder Internet. Jedes Medium prägt die Beratungsbeziehung in besonderer Weise. Um dies angemessen zu verstehen, musste zunächst mit einigen medientheoretischen Fehleinschätzungen aufgeräumt werden, bevor die kommunikativen Besonderheiten einer durch Stimme (telefonische Beratung) oder durch Text (Online-Beratung) bestimmten Beziehung erläutert werden konnten.

7 „Sehen Sie mich an, wenn ich mit Ihnen rede!" – Beratung als kulturelle Beziehung

Jede Beratungssituation ist auch geprägt durch die Handlungsgewohnheiten, Einstellungen, Orientierungen und Werte der Beteiligten, durch Gesichtspunkte also, die die Beteiligten mit anderen Mitgliedern ihrer Gemeinschaft teilen – sei diese Gemeinschaft nun bestimmt durch Regionalität („wir Rheinländer"), Profession („wir Juristen"), Religion („wir Juden") oder Nationalität („wir Kroaten"). Diese Gesichtspunkte machen das aus, was man die kulturelle Gebundenheit einer Gemeinschaft nennen kann. (Auf die unübersichtliche Debatte um Kulturbegriffe soll und braucht hier nicht eingegangen werden.) In Gesellschaften mit einer heterogenen Bevölkerungsstruktur ist es der Normalfall, dass in Begegnungssituationen bei den Beteiligten Bindungen an unterschiedliche kulturelle Orientierungen auftreten – dass die kulturelle Beziehung zur interkulturellen Beziehung wird. Dies gilt auch für die Beratungssituation und ihren Auftrag.

> *„Die Anforderung liegt in einer verstärkten interkulturellen Öffnung der Dienste, damit der Gesamtversorgungsauftrag ‚Beratung für alle' auch tatsächlich umgesetzt werden kann." (Pavkovic 2014, 305).*

In diesem Kapitel geht es darum, was eine kulturelle Orientierung ausmacht, welche Gesichtspunkte für interkulturell geprägte Beratungssituationen eine Rolle spielen, welche Fallstricke mit diesen Gesichtspunkten für die Beraterin verbunden sind (Kurzschlusstyp I, Kurzschlusstyp II) und welche Möglichkeiten die Beraterin hat, diese Kurzschlüsse zu vermeiden bzw. produktiv mit ihnen umzugehen. Es sei eigens darauf hingewiesen, dass diese Gesichtspunkte für Fragen der Interkulturalität eine besondere Rolle spielen, dass sie aber darüber hinaus für die kommunikativen Herausforderungen *aller* Fälle von Beratungskommunikation sensibilisieren können.

7.1 Beratungsgeschichten, die das Leben schreibt: Der freundliche Kopierdienst

„Ich erinnere mich noch gut an eine Begebenheit mit einem Klienten mit Migrationshintergrund, über den ich mich damals sehr geärgert habe. Ich weiß noch, dass ich zu Beginn des Gesprächs unsicher war und Bedenken hatte, ob mir das Gespräch wohl gelingen würde, weil ich mit Migranten damals wenig Beratungserfahrung hatte. Ich versuchte, mir dies zu Beginn des Gesprächs nicht anmerken zu lassen und setzte bewusst eine amtliche Miene auf. Davon versprach ich mir Sicherheit. Das Gespräch lief dann auch wirklich ganz gut und ich konnte mich entspannen. Es entstand eine gute Atmosphäre. Im Verlauf des Gesprächs stellte ich fest, dass der Klient von einem Dokument eine Kopie hätte mitbringen müssen. Diese lag jedoch nicht vor. Aufgrund der positiven Gesprächsentwicklung lag mir daran, dem Klienten meine Kooperation und Kundenfreundlichkeit zu zeigen und so erklärte ich meine Bereitschaft, das Dokument eben selbst schnell zu kopieren, schnappte es mir und kopierte es im Nebenraum. Als ich wiederkam, war die Situation wie verwandelt. Der Klient nahm das Dokument mit starrem Blick an sich, ohne sich zu bedanken, rückte auf seinem Stuhl zurück und wirkte angespannt. Im weiteren Verlauf der Beratung behandelte er mich von oben herab, wirkte arrogant und gelegentlich verzog er geringschätzig die Mundwinkel, wenn ich ihm etwas erläuterte. Ich war total konsterniert, versuchte anfangs, weiter freundlich zu sein, aber sein Verhalten blieb abweisend und verächtlich. Ich kam mir blöd vor und habe mich sehr über ihn geärgert.“

7.2 Kurzschlüsse in der interkulturellen Beziehung

Die interkulturelle Beziehung im Beratungskontext wird in der Literatur als oft problematisch beschrieben (z. B. Gaitanides 2014, Gaitanides 2001, Porilla/ten Thieje 2007, Riehle 2001). Das Erleben ausländischer Klienten in behördlichen Beratungssituationen wird als von Angst und Ohnmacht geprägt beschrieben; sie beklagen Schikanen und Unverständlichkeit der Behördensprache. Beraterinnen ihrerseits beklagen mangelnde Sprachkenntnisse als Ursache von Verständigungsproblemen. Hinzu kommt die Problematik des Diskriminierungs- und Rassismus-Verdachts – ein brisantes Deutungsmuster. Gleichwohl wird auch von Erlebnissen mit höflichen Behördenvertreterinnen berichtet. Offenbar sind Respekt und Neugier, gepaart mit „Störungstoleranz" auf Seiten der Beraterinnen Haltungen, die ein positives Gesprächsklima ermöglichen.

Als zweischneidig haben sich interkulturelle Trainings erwiesen. Einerseits erzeugen sie zweifellos erweitertes Wissen über fremde kulturelle Gewohnheiten und – noch wichtiger – Einsicht in eigene kulturelle Gewohnheiten. Andererseits erleben sich Absolventinnen oft überfordert von der Komplexität des Themas und als hilflos und ohnmächtig den Anforderungen gegenüber.

Diese Befunde haben zu einer Vielzahl weiterer Studien und Schulungsmaterialien geführt. Bei aller Unterschiedlichkeit innerhalb der Forschung und Schulungsprogramme ist man sich in bestimmten Punkten, die das Thema betreffen, einig:

- Es kann für eine Beraterin nicht darum gehen, sich Kenntnisse aller einschlägigen Kulturen anzueignen. Ein vollständiges „Eintauchen" in eine andere oder gar mehrere Kulturen ist nicht möglich – aber auch nicht nötig.
- Selbst wenn Klienten mit anderem kulturellen Hintergrund die deutsche Sprache beherrschen, ist mit dem Fortbestand fremdkultureller Gebundenheit zu rechnen.
- Ein wichtiger Schritt zu einem angemessenen Verhalten in interkulturellen Begegnungssituationen ist schon erreicht, wenn man sich eigener kultureller Muster bewusst wird. Supervision und Coaching sind geeignete Kommunikationsformate, solche Erfahrungen zu reflektieren und produktiv im Sinne professionellen Handelns zu verarbeiten.
- Der Begriff „Kultur" hat seine eigenen Tücken – er suggeriert eine Homogenität von Einstellungen und Verhalten in einer Gruppe von Menschen; eine Homogenität, die zu Beginn der Verwendung des Kulturbegriffs zum Ende des 19. Jahrhunderts vielleicht bestand, heutzutage unter Bedingungen von Globalisierung aber nicht mehr gegeben ist. Die Wahrnehmung eines Menschen unter der Zuschreibung zu einem bestimmten Kulturkreis kann zu einer schablonenhaften Wahrnehmung führen, die seiner besonderen kulturellen Prägung, geschweige denn seiner Individualität, nicht gerecht wird. Pfab/Döppner (2019) empfehlen, auf Coaching bezogen,

  „Man sollte sich also im Einzelfall fragen, welchen Nutzen das Thematisieren von (welchen) Kulturstandards im jeweiligen Coaching-Prozess hat (z.B. für ein größeres Verständnis für eine bestimmte Verhaltensweise oder einen

bestimmten Kommunikationsstil) und wobei es hinderlich ist (z.B. könnte ein durch Stereotype angeregtes Schubladen-Denken eine differenzierte Wahrnehmung verhindern.)" (Pfab/Döppner 2019, 247).

Ein aus Shanghai stammender, in Europa studierender Chinese bemerkte einmal, ihn verbinde mehr mit seinen Kommilitonen aus Cambridge als mit seinen chinesischen Verwandten auf dem Land.

Gleichzeitig ist „Kultur" ein Deutungsmuster für Gesprächsgeschehen, das die Gesprächsbeteiligten selbst verwenden, um Irritationen, Kränkungen und Störungen —welcher Natur auch immer — zu erklären. „Kultur" ist eben eines der bedeutsamsten Deutungsmuster zur Selbstbeschreibung von Menschen. Interkulturell ist eine Beratungssituation insbesondere dann, wenn die Beteiligten sie als eine solche definieren. So können „Störungen" aus kulturell festgelegten Deutungsmustern heraus erklärt werden, die im Einzelfall wenig mit der Ursache der Störung zu tun haben, aber — kulturell — passfähig sind: Migranten erleben dann Behördenvertreterinnen als unhöflich, diskriminierend, missachtend, Behördenvertreterinnen erleben Migranten als aggressiv, uninformiert, fordernd, feilschend, täuschend (Riehle/Seifert 2001, 21). Die Verwendung der Konstruktion „Kultur" zur Deutung von Geschehen kann daher produktiv sein, bedarf aber stets der kritischen Reflexion.

Das Handeln der Beraterin ist in interkulturell geprägten Beratungssituationen aufgrund der unvermeidlichen kulturellen Eingebundenheit des eigenen Handelns insbesondere für zwei Typen von Kurzschlüssen anfällig. Auf die Gefahr solcher Kurzschlüsse („Fallstricke", Tobler 2001) soll in diesem Kapitel aufmerksam gemacht werden.

Der eine Kurzschluss (Typ I) besteht darin, dass die Beraterin Verhaltensweisen des Klienten umstandslos auf der Grundlage eigener kultureller Gewohnheiten wahrnimmt und deutet. Da es sich um Gewohnheiten handelt, findet in aller Regel eine Reflexion nicht statt. Es kommt der Beraterin nicht in den Sinn, dass diese fremden Verhaltensweisen einen anderen Sinn haben könnten — den sie in der Tat haben, aber eben in einer anderen Kultur, der Herkunftskultur des Klienten. Das, was in der Kommunikation mit Mitgliedern der eigenen Kultur reibungslose Routine im Verstehen ermöglicht — die Umstandslosigkeit, führt in diesem Fall zum Kurzschluss.

BEISPIEL

Während des Beratungsgesprächs vermeidet es der Klient, die Beraterin anzusehen. Die Beraterin ist irritiert – warum weicht der Klient ihrem Blick aus? Hat er etwas zu verbergen? Sie wird misstrauisch, was seine Aufrichtigkeit angeht. Tatsächlich vermeidet der Klient den Blickkontakt, weil dies in seiner Herkunftskultur die angemessene Haltung Respektspersonen gegenüber ist.

Zur Vermeidung des Kurzschlusses Typ I besteht die Herausforderung für die Beraterin darin, sich ihrer eigenen Kommunikationsgewohnheiten bewusst zu werden.

Kurzschluss Typ II entsteht, wenn ein bestimmtes Verhalten der Beraterin vom Klienten missdeutet wird und er auf der Grundlage dieser Missdeutung auf die Beraterin reagiert. Hier erfolgt die „unglückliche" Reaktion also durch den Klienten.

BEISPIEL

Der Klient schildert seine Problematik sehr ausführlich, mit vielen Details und bezieht insbesondere die Situation seiner Familienangehörigen in seine Schilderung ein. Die Beraterin bemüht sich immer wieder, auf „das Wesentliche" zu fokussieren. Der Klient wirkt dabei zunehmend verärgert, was sie irritiert, weil sie sich doch um eine Klärung seines Problems bemüht. In der Herkunftskultur des Klienten ist eine „persönliche Notlage" stets eingebunden in die familiale Situation. Die Fokussierung auf die Person des Klienten wird von diesem als Behinderung einer angemessenen Darstellung der Notlage erlebt.

Die Entstehung dieser Art von Irritation liegt also nur bedingt in der Verantwortung der Beraterin – es ist immer möglich, in ein kulturelles „Fettnäpfchen" zu tappen. Gleichwohl obliegt der Beraterin als Prozessverantwortlicher die Aufgabe, auch mit Fällen dieses Typs professionell umzugehen. Hier liegt die Herausforderung für die Beraterin darin, sich die mögliche Fehldeutbarkeit ihres Verhaltens bewusst zu machen und bei der Deutung von Klientenreaktionen in Rechnung zu stellen und eine besondere Wahrnehmungssensibilität für solche Irritationen zu entwickeln.

Im Folgenden sollen Gewohnheiten, Haltungen und Überzeugungen in den Blick genommen werden, die für Beratungskommunikation eine besondere Rolle spielen. Dazu gehören:

- Kommunikationsgewohnheiten (Abschnitt 3),
- Behörden- und Rollenverständnis (Abschnitt 4),
- Kulturelle Werte (Abschnitt 5)

Es sei eigens darauf hingewiesen, dass diese Gesichtspunkte für Fragen der Interkulturalität eine besondere Rolle spielen, dass sie aber darüber hinaus für die kommunikativen Herausforderungen *aller* Fälle von Beratungskommunikation sensibilisieren können. Anders formuliert: Kulturelle Unterschiede können auch dort auftreten, wo man sie nicht erwarten würde.

7.3 Kommunikationsgewohnheiten

Der überwiegende Teil unserer Kommunikation vollzieht sich auf unmerklichem Wege, d. h. ohne dass wir ihr unsere besondere Aufmerksamkeit schenken. Kommunikation ist zum großen Teil eine Angelegenheit von Gewohnheiten, von eingefahrenen, bewährten, erlernten Routinen und Üblichkeiten. Wir verfügen über ein intuitives, stillschweigendes Wissen darüber, wie man etwas sagt und macht, wie man eine Äußerung zu verstehen hat und was eine bestimmte Handlung bedeutet (Wissenschaftlerinnen sprechen von „tacit knowledge“ (Polanyi 1985). Erst wenn etwas nicht klappt, sind wir irritiert und richten unsere Aufmerksamkeit auf das Geschehen. Wir stellen ein Missverständnis fest, fragen nach der Bedeutung einer Bemerkung, wundern uns über eine merkwürdige Formulierung, reagieren befremdet auf eine Geste.

Es bedarf schon des durchtriebenen Geistes eines Soziologen, um die Selbstverständlichkeit unseres kommunikativen Alltags aufzudecken.

> *„Der amerikanische Soziologe Harold Garfinkel hat für ein Experiment seine Studenten instruiert, Aussagen in alltäglichen Gesprächen streng wörtlich zu nehmen und sich die Bedeutung von Wörtern genau erklären zu lassen. Einer seiner Studenten, Ray, verhielt sich entsprechend, als ihm ein Kommilitone (VP) auf dem Campus begegnete:*
> *(VP) „Hallo Ray, wie fühlt sich deine Freundin?“*
> *(Ray) „Was meinst du mit der Frage, wie sie sich fühlt? Meinst Du das körperlich oder geistig?“*
> *(VP) „Ich meine: wie fühlt sie sich? Was ist denn mit dir los?“ (Er wirkt eingeschnappt)*
> *(Ray) „Nichts. Aber erklär ein bisschen deutlicher, was du meinst.“*
> *(VP) „Lassen wir das. Was macht deine Zulassung für die medizinische Hochschule?“*

(Ray) „Was meinst du damit: Was sie macht?“
(VP) „Du weißt genau, was ich meine.“
(Ray) „Ich weiß es wirklich nicht.“
(VP) „Was ist mit dir los. Ist dir nicht gut?“
(Garfinkel 1973, 206, zitiert in Langfeldt/Nothdurft 2015, 141).

Mit der Haltung der Selbstverständlichkeit und dem Eindruck des reibungslosen Vollzugs der Kommunikation ist eine Bewertung des Geschehens auf der Erlebensebene als „stimmig“ verbunden – es „läuft gut“. Eine solche Bewertung vollzieht sich mehr intuitiv als dass sie uns bewusst wird. Studierende, die die Studienberatung ihrer Hochschule in Anspruch genommen hatten, wurden nach ihrem Beratungsgespräch um eine Beurteilung der Gesprächsqualität gebeten. Ein Vergleich ihrer Beurteilung (gut gelaufen, schlecht gelaufen) mit Videoaufnahmen der Gespräche zeigte, dass die Beurteilung offenbar wesentlich davon abhing, ob die Beteiligten in ihrem non-verbalen Verhalten miteinander „im Fluss waren“, ihr Verhalten also miteinander „abgestimmt“ war, ohne dass die Beteiligten sich dessen bewusst waren (Erickson/Shultz 1982) (Kap. 3.3). Gewohnheiten machen neben Werten und Vorstellungen einen wesentlichen Teil dessen aus, was man „Kultur“ nennt. Sie sind in „ihrer“ Kultur verwurzelt und haben in ihr Sinn – aber eben auch nur in ihr. Ihr selbstverständlicher Charakter erleichtert die Kommunikation zwischen denjenigen, die diese Gewohnheiten miteinander teilen; in der Kommunikation mit Menschen anderer Gewohnheiten jedoch – Mitgliedern einer anderen Kultur – erweist sich die Selbstverständlichkeit als Hindernis, sie führt zu Irritationen und Befremden (so „macht man das nicht“, so „gehört sich das nicht“) mit entsprechenden Be- und Verurteilungen. Hier sitzt die Schwierigkeit: aufgrund des selbstverständlichen Charakters kommt uns gar nicht in den Sinn, dass es auch anders gehen könnte, dass ein Verhalten einen anderen Sinn haben könnte als den, den wir ihm selbstverständlich und damit automatisch beigeben – es wird eine Frage des Geschmacks.

Im Folgenden werden wichtige Kommunikationsgewohnheiten vorgestellt – zunächst solche, die sich auf Kommunikation generell, und damit auch auf Beratung, beziehen, und darauf folgend einige, die speziell für Beratungsgespräche bedeutsam sind.

7.3.1 Wie man etwas sagt

Hier geht es um Redegewohnheiten der inhaltlichen Darstellung, also darum, wie man die Welt „in Sprache bringt“.

BEISPIEL

Wie bewirbt man sich schriftlich um einen Studienplatz? Üblich ist hierzulande, dass man nach der Anrede zu Beginn des Schreibens den Zweck des Schreibens benennt, eine Begründung für die Studienplatzwahl angibt, dann die formalen Voraussetzungen für die Zulassung anspricht und schließlich mit einer Hoffnungsformel schließt.

Wie anders liest sich da folgende Bewerbung:

„Sehr geehrte Herren,
mein Name ist... Ich bin der Sohn des Generals ..., mein Onkel, der leider schon verstorben ist, war Minister unter Präsident ... Ihre Universität ist in aller Welt hochgerühmt und es ist überaus ehrenvoll, in ihr studieren zu können. Viele Ihrer Absolventen haben hohe Positionen erworben. Auch ich möchte zu dieser erlauchten Schar gehören und bitte ehrerbietig um Aufnahme. “

Wie dieses Beispiel zeigt, kann die sprachliche Darstellung eines Sachverhalts – hier: Bewerbung um einen Studienplatz – sehr unterschiedlich ausfallen. Aus einer Vielzahl von Gesichtspunkten sollen hier nur zwei herausgegriffen werden: die Anlage der sprachlichen Darstellung, ihr „Design“, und die Deutlichkeit in der sprachlichen Ausdrucksweise, ihre „Prägnanz“.

Das „Design“ einer sprachlichen Darstellung betrifft zum einen die Frage, was überhaupt mitgeteilt wird – und was nicht, und zum anderen die Frage, in welcher Reihenfolge die inhaltlichen Punkte vorgetragen werden. Auf der Grundlage geläufiger Darstellungsgewohnheiten würden beim obigen Beispiel die Berufsangaben der Verwandtschaft als mindestens überflüssig betrachtet werden („das interessiert mich doch gar nicht!“), gleichzeitig aber das Fehlen wichtiger Angaben moniert werden („Er hat nicht mitgeteilt ...“). Zu den Darstellungsgewohnheiten einer stark an persönlicher Leistung orientierten Kultur gehört eben, dass man die eigene Person und ihre Leistungen darstellt. Dies ist auch bestimmend für die Reihenfolge, in der Angaben gemacht werden. Üblich ist, die Darstellung auf die Person zu zentrieren, sie also an den Anfang der Darstellung zu setzen. Demgegenüber haben andere Kulturen die Gewohnheit, Darstellungen entsprechend der zeitlichen Abfolge der Geschehnisse zu organisieren.

Die „Prägnanz“ betrifft die Deutlichkeit, Eindeutigkeit und Klarheit einer sprachlichen Darstellung. Die Empfehlung, sich klar und deutlich zu äußern, ist ein Standard westlich orientierter Gepflogenheiten, gilt jedoch keineswegs in allen Kulturen. Die Kommunikationswissenschaft unterscheidet zwischen sogenannten „kontext-gebundenen“ und „kontext-freien“ Ausdrucksweisen (Hall

1990). Bei letzteren versteht sich die Bedeutung einer Äußerung im Wesentlichen aus der Aussage selbst heraus, bei kontext-gebundenen Ausdrucksweisen wird mehr in Andeutungen gesprochen und der Hörer ist gefordert, die Bedeutung des Gesagten aus dem Redezusammenhang, eben dem Kontext, zu erschließen. Es ist dort nicht üblich, die Dinge direkt beim Namen zu nennen.

BEISPIEL

Jemand möchte mit einem Freund ins Kino gehen. In einer kontext-freien Kommunikationsgemeinschaft wäre es üblich, a) den Freund direkt zu fragen, und b) eine klare Antwort zu erwarten, z.B. „Willst Du heute abend mit mir ins Kino gehen? Es läuft der Film ‚Regenzeit'." Kurz und knapp eben. In einer kontext-gebundenen Kommunikationsgemeinschaft erfolgte die Anfrage indirekt und über mehrere Schritte: „Ich habe kürzlich etwas über den Film „Regenzeit" gelesen." – „Hmhm" – „Er wurde in der Zeitung sehr gelobt." – „Hmhm" – „Jetzt läuft er auch hier bei uns im Kino." – „Hmhm" – „Hast Du heute abend schon was vor?" etc.

Auf der Grundlage einer kontext-freien Kommunikationsgemeinschaft erscheint eine solche Redeweise aufwändig, umständlich und fehleranfällig. Eine solche Redeweise hat aber durchaus ihren Sinn in einer Kultur, deren Mitglieder sehr behutsam miteinander umgehen und daher Zurückweisungen schwer wiegen und vermieden werden müssen. Das langsame „Heranpirschen" an das Anliegen erlaubt es dem Angesprochenen, frühzeitig und ohne Bezug auf den Sprecher eine ablehnende Haltung zu signalisieren („Ich habe auch schon negative Kritiken gelesen."), sodass der Sprecher frühzeitig erkennt, dass seinem Anliegen kein Erfolg beschieden sein wird.

7.3.2 Wie man spricht

Der Ton macht die Musik, sagt man, und in der Tat: In Gesprächen hat die Stimme ihr eigenes Gewicht. Die Stimmqualität, die Tönung der Stimme, ihre Lautstärke, ihre Dramatik, ihr Tempo und ihr Timbre bilden eine eigene Dimension des Sprechens, die den Aufbau von Deutungen, die Steuerung von Verstehen und die Herausbildung von Eindrücken und Empfindungen bis hin zu einer körperlichen Resonanz auf das Geschehen in eigener Weise beeinflusst (Kap. 3). Zu Recht spricht man auch vom „Klangzauber des Sprechens" (Zumthor 1990). Der Sprachpsychologe Karl Bühler schrieb dem Sprechen gar einen „speech appeal" zu, den er in Analogie zum „sex appeal" setzte (Bühler 1982, 29). Das Besondere dieses Klangzaubers ist, dass er uns auf der Ebene des vorbewussten, körperlichen, intuitiven Erlebens tangiert und zu unmittelbaren Bewertungen führt. Die Analogie zum Hören von Musik kann dies verdeutlichen. Das Erleben eines Musikstückes ist stets ein bewertendes Erleben: die Musik ist berührend, mitreißend, nervend, unerträglich. So ist es beim Erleben des Stimmklangs auch. Gerade weil der Stimmklang so stark im unmittelbaren Erleben von Kommunikation verwurzelt ist, sitzen die Beurteilungen so fest. Treffen nun unterschiedliche Stimmgewohnheiten aufeinander, können die Folgen erheblich sein.

Die Tücken fremden Sprechens liegen in drei Bereichen:

- in der atmosphärischen Befindlichkeit des Hörers
- im inhaltlichen Verständnis des Gesagten
- in der persönlichen Beurteilung des Sprechers.

Die atmosphärische Befindlichkeit: Wir empfinden einen Dialekt als schön, patzig, primitiv, hören eine Stimme als weinerlich, sanft, nervig, drohend, lauernd. In vielen Ohren klingt das Deutsche „hart", französischer Akzent klingt in den Ohren vieler Deutscher „süß", „charmant" oder „niedlich". Die Sprechweise von Russen wird von manchen Deutschen als „übertrieben" oder „theatralisch" beschrieben. Äußerungen chinesischer Muttersprachler im Deutschen werden von Deutschen z. T. als „ermüdend" und „anstrengend" bewertet (nach Mehlhorn / Trouvain 2007, 5). Die so ausgelöste Befindlichkeit beeinflusst das weitergehende eigene Verhalten – wir reagieren auf eine ermüdend empfundene Sprechweise mit Erschöpfung und gedämpftem Engagement („jaja…"), auf eine theatralisch empfundene Sprechweise mit Distanz und der Haltung von Misstrauen („naja…") und auf eine als charmant empfundene Sprechweise mit erhöhter Zuwendung („ach ja…") – wie immer die Sprechweise auch ist, sie lässt uns nicht kalt, wir werden von ihr verzaubert.

Das inhaltliche Verständnis: Die Sprechweise ist nicht nur eine Angelegenheit der emotionalen Befindlichkeit, sondern spielt eine Rolle bei der inhaltlichen Ausgestaltung der Kommunikation. Prägnant ist dies im Falle der Betonung. Mit ihr kann ich markieren, was das Wichtigste in einer Aussage ist, und aufgrund der Betonung versteht der Hörer entsprechend auch, was das Wichtigste ist. Allerdings gibt es auch Sprechweisen, in denen das besondere Betonen nicht üblich ist. Im Italienischen z. B. ist dies der Fall, und deshalb hat die Sprechweise von Italienern in deutschen Ohren den Charakter des „Schwebenden". Das Fehlen deutlicher Betonungen kann bei deutschen Hörern zu einer Irritation führen: „Was ist denn nun sein Punkt?". In südasiatischen Sprachen ist es üblich, den Inhalt, auf den man sich beim eigenen Sprechen bezieht, laut und deutlich zu betonen, den eigenen Punkt dagegen nicht – ein kulturell verankerter Ausdruck eigener Zurückhaltung (Knapp 2002). Für deutsche Ohren ist dies jedoch irritierend – eine typische deutsche Hörerreaktion wäre z. B. „Das weiß ich selbst, was ich gesagt habe. Aber was ist denn jetzt *dein* Punkt?". Nachfolgend findet sich ein weiteres Beispiel dazu, wie eine unterschiedliche Sprechweise ein inhaltliches Verständnis erschweren oder gar verhindern kann.

BEISPIEL

Anlässlich deutsch-finnischer Geschäftsverhandlungen beklagten die deutschen Verhandlungsteilnehmer immer wieder die Unklarheit der finnischen Verhandlungspositionen. Eine Untersuchung der Gesprächsverläufe ergab, dass eine Ursache für die Irritation war, dass die deutschen und finnischen Verhandlungspartner ein unterschiedliches Gefühl für Sprechpausen hatten – Deutsche machen in ihren Redebeiträgen deutlich kürzere Pausen als Finnen. Das führte in den Verhandlungen dazu, dass die deutschen Verhandlungsteilnehmer bei Sprechpausen ihrer finnischen Partner annahmen, diese seien mit ihrem Redebeitrag zu Ende – und sich entsprechend fragten, was denn nun der Punkt dieses Redebeitrags gewesen sein mochte, und ihrerseits das Wort ergriffen. Die Finnen dagegen hatten das Empfinden, in ihrem Reden unterbrochen worden zu sein, waren frustriert, nicht angemessen zu Wort gekommen zu sein und erlebten ihre deutschen Partner als „typisch deutsch-autoritär".

Die persönliche Beurteilung: Das Erleben einer Sprechweise ist stets ein bewertendes Erleben. Diese Bewertung bezieht sich nun aber nicht nur auf die Sprechweise selbst, sondern erstreckt sich auf die Quelle der Sprechweise – den Sprecher. Prägnant und bekannt ist dieses Phänomen im Fall des Telefonierens mit einem Unbekannten. Bekommt man bei späterer Gelegenheit diesen Unbekannten zu Gesicht, ist man gelegentlich von dessen Erscheinung irritiert: „Ach, ich dachte, du hast einen Bart." Die aus der Sprechweise resultierende Beurteilung kann sich aber über die Gesamterscheinung eines Sprechers hinaus auch auf andere Charakteristika des Sprechers beziehen, wie das folgende Beispiel zeigt.

BEISPIEL

Eine pakistanische Bedienung im Schnellrestaurant des Londoner Flughafens fragt bei manchen Speisen nach, ob die Gäste noch Soße dazu haben wollen. Dazu stellt sie die Frage: „Gravy?". Aber sie sagt es im Tonfall ihrer Heimatsprache und da geht bei einer Frage die Stimme nicht nach oben, wie es im Deutschen oder Englischen der Fall ist, sondern die

Stimme geht leicht nach unten. Die englischen Gäste hören daher die Äusserung nicht als freundliche Frage: „Möchten Sie vielleicht noch Soße dazu?“, sondern entsprechend ihren Hörgewohnheiten als barsche Aufforderung: „Nun nehmen Sie schon Soße!“ und beklagten sich über die Unfreundlichkeit des Bedienungspersonals (nach Gumperz 1982).

7.3.3 Wie man zuhört und versteht

„In ein Ohr rein, ins andere raus“ – eine häufige Klage in Fällen nicht-gelungener Kommunikation. Aber woran erkennen wir eigentlich, ob uns zugehört wird – und ob wir verstanden wurden? In manchen Fällen wie dem einer Aufforderung ist diese Frage noch leicht zu entscheiden – handelt der Angesprochene wie aufgefordert, haben wir gute Gründe, anzunehmen, dass er uns zugehört und verstanden hat (und nicht etwa aus einem spontanen Impuls heraus gehandelt hat oder einer Einflüsterung gefolgt ist o. ä.). Aber in vielen anderen Fällen brauchen wir bestimmte Signale, um sicherzugehen, dass uns zugehört wird. Am deutlichsten wird dies im Fall telefonischer Kommunikation – es führt dann zu der besorgten Frage „Bist Du noch dran?“ (Kap. 6.3.1). Und – es wird jetzt nicht überraschen – auch diese Signale des Zuhörens sind als eine tiefsitzende Kommunikationsgewohnheit kulturell gebunden und diese Bindung kann mindestens zu Irritationen führen. Man braucht gar nicht weit zu gehen, um Beispiele zu finden. In einer US-amerikanischen Hochschule beklagten sich mehrere Studierende, dass sie in Studienberatungen von den Beratern behandelt wurden, als seien sie „schwer von Begriff“ – Sachverhalte würden ihnen immer wieder erklärt, obwohl sie diese längst verstanden hätten. Bei genauer Prüfung der Fälle stellte sich heraus, dass es meistens Beratungen waren, in denen die Berater einen italo-amerikanischen Hintergrund hatten, die Studierenden jedoch einen irisch-amerikanischen. Diese Kulturkreise haben unterschiedliche Gewohnheiten Zuhörersignale betreffend. Dies führte in den Beratungssituationen dazu, dass die „irischen“ Studierenden bei Erläuterungen der Berater mit unbewegter Miene zuhörten. Die „italienischen“ Berater jedoch erwarteten entsprechend ihren Gewohnheiten lebhafte Signale wie etwa häufiges Kopfnicken, Gesten und Bewegungen des Körpers. Blieben diese Signale aus, schlossen die Berater daraus, dass ihre Botschaften „nicht angekommen“ waren und wiederholten diese entsprechend. Diese Wiederholungen jedoch erlebten die Studierenden als höchst überflüssig, hatten sie doch die Erläuterungen bereits beim ersten Mal verstanden. Durch die Wiederholungen gewannen sie den Eindruck, dass der Berater sie für „schwer von Begriff“ hielt – und reagierten gekränkt (Erickson / Shultz 1982).

Auch Versuche der Verstehensüberprüfung stoßen an kulturell gezogene Grenzen. Die Frage „Haben Sie das verstanden?“ wird in manchen Kulturen eben nicht als Maßnahme der Verstehensüberprüfung gehört, sondern als Anweisung oder Befehl – eine Lesart, die ja auch uns nicht ganz unbekannt ist.

Aber die Maßnahme kann sich noch aus einem anderen Grund als ungeeignet erweisen: „Für Türken verbietet es sich, im höflichen Umgang mit Respektpersonen die Frage „Haben Sie mich verstanden?“ zu verneinen, da sie sonst den Erklärenden zwingen würden, zuzugeben, dass er schlecht erklärt habe.“ (Zimmermann 2000, 23).

7.3.4 Wie man blickt

In jeder Begegnungssituation von Angesicht zu Angesicht spielt der Blick eine wesentliche Rolle. Studien zur nonverbalen Kommunikation haben gezeigt, dass die Regulierung sozialer Interaktion in einem hohen Maße über das Blickverhalten erfolgt, d. h. über das Ausmaß, in dem man sein Gegenüber ansieht, die Blickdauer und die Blickrichtung (Argyle 1989). Der Blick hat jedoch über seine interaktionsregulierende Funktion hinaus eine emotionale Wirkmächtigkeit. Über den Blick kann in bestimmten Situationen eine tiefe Verbundenheit mitgeschaffen werden, genauso aber auch ein Moment von Bedrohlichkeit („Was guckst Du?“) bis hin zu Vorstellungen einer magischen Wirkung im „bösen Blick“. Der Philosoph Jean-Paul Sartre hat in seinen Werken gezeigt, dass dem Blick eine ganz besondere Bedeutung zukommt (Sartre 2006). Noch bevor zwischen Menschen, die sich begegnen, auch nur das erste Wort gesprochen ist, verändert sich jeder der Beteiligten schon allein dadurch, dass er vom anderen angeblickt wird. Das Wissen, gleichsam unter Beobachtung zu stehen, verändert unsere Selbstwahrnehmung und unser Selbstbewusstsein.

Die Wichtigkeit des Blicks gilt für jede Kultur. Entsprechend wird in jeder Kultur der Ausbildung eines angemessenen Blickverhaltens und entsprechender Kenntnisse („Blick-Wissen“) große Bedeutung beigemessen. Wir sind es gewohnt, im Blickverhalten unseres Gegenübers innere Befindlichkeiten zu sehen („er ist so schüchtern“), Schlüsse über seine Aufrichtigkeit zu ziehen („er ist meinem Blick ausgewichen“), fühlen uns angenommen („er hat so aufmunternd geguckt“) oder unwohl („er hat mich angestarrt, furchtbar“). Blickverhalten und Blickwissen sind tief in der jeweiligen Kultur verwurzelt und unterscheiden sich entsprechend. Beide Typen von Kurzschlüssen können auftreten: Das ausweichende Blickverhalten eines Klienten wird von der Beraterin als Indiz von Unaufrichtigkeit oder persönliche Missachtung erlebt (Typ I), der eindringliche (!) Blick, mit dem die Beraterin einen wichtigen Hinweis unterstreicht, wird vom

Klienten als Drohgebärde erlebt (Typ II). Blick ist stets mit Respekt verbunden – eben mit dem „An-Sehen“. Das kann der Beraterin als Richtschnur für ihr Verhalten und ihr Erleben in der Beratungssituation dienen und ihr damit zu einer angemessenen Beziehungsgestaltung verhelfen.

7.3.5 Wie man ein Problem darstellt

Auch wenn es erst einmal irritierend klingt – ein Problem versteht sich nicht von selbst. Wenn jemand einen Sachverhalt darstellt in der Absicht, ein „Problem“ darzustellen, muss er diesen Problem-Charakter eigens sprachlich herausarbeiten und seinem Gegenüber deutlich machen, anderenfalls würde auf seine Ausführungen die verständnislose Reaktion „Na und?“ folgen. Eine Problemdarstellung muss daher einem Verständnis dessen folgen, was gemeinhin als „ein Problem“ gilt – und dieses Vorverständnis ist eben gemeinhin, d. h. kulturell geprägt. Für den deutschen Sprachraum gibt es schon seit langem eine ausgefeilte Studie dazu, wie deutsche Klienten in Beratungssituationen ihr Problem darstellen (Nothdurft 1984). Leider liegen aber keine Studien dazu vor, wie Menschen aus anderen Kulturkreisen dies tun (Ausnahme: Schwitalla 2008). Immerhin aber gibt es Studien aus dem Bereich medizinischer Kommunikation dazu, wie Patienten aus anderen Kulturkreisen ihre Beschwerden schildern und diese Studien machen deutlich, dass es dabei beträchtliche Unterschiede zwischen den Kulturen gibt. Wenn man auf diese Studien zurückgreift und versuchsweise Analogien zur Frage kultureller Unterschiede in der Problemdarstellung in Beratungsgesprächen herstellt, kommt man zu folgenden Feststellungen:

Vor allem wird man davon ausgehen müssen, dass das, was wir „ein Problem“ nennen, für Menschen anderer Kulturen wesentlich stärker eingebunden ist in ihre gesamte Lebenssituation und entsprechend auch so geschildert wird. Zum einen ist „das Problem“ intensiv mit der gesamten persönlichen Existenz des Betroffenen verbunden. Man kann dies in die Formel fassen: Der Klient „hat“ nicht „ein Problem“, sondern er „ist in Not“. Entsprechend kann die Schilderung eines Klienten eine Dramatik erfahren, die angesichts unserer Standards einer Problemdarstellung als „theatralisch“ und „übertrieben“ erlebt wird und in der Folge die Glaubwürdigkeit des Klienten in Frage stellt. Außerdem wird die Schilderung wesentlich stärker Aspekte der Lebenssituation des Betroffenen enthalten, als dies aus Sicht einer Beraterin für die Bearbeitung seines Anliegens erforderlich ist. Daher besteht die Gefahr, dass sie entsprechenden Passagen seiner Schilderung weniger zugewandt ist oder ungeduldig reagiert („Das muss ich jetzt nicht wissen.“), was beim Klienten zum Empfinden, nicht wahrgenommen zu werden, führen kann.

Zum anderen ist dieses „in Not sein“ wesentlich auf das soziale Umfeld des Betroffenen bezogen; es ist ein

> *„existenzbedrohendes und sozial desintegrierendes Ereignis, das daher grundsätzlich den Beistand, vor allem den der Familienangehörigen, fordert, aber auch den der Verwandten, Freunde und Bekannten.“ (Zimmermann 2000, 67).*

Um die notwendige Unterstützung zu erhalten, muss der Betroffene seiner Mitwelt sein Leiden, seine Angst und seine Verzweiflung mitteilen und seine Darstellung gestaltet sich entsprechend hoch emotional – ein Umstand, der im Kontext einer auf Sachlichkeit und Rationalität orientierten Behörde zu Irritation oder sogar Angst und entsprechend zu Zurückweisung führt oder auf Widerstand stößt, was der Klient wiederum als Zurückweisung erleben kann.

Es wäre unangemessen, auf diesen Umstand mit dem Einräumen eines „Klagebonus“ zu reagieren („jaja“) und die Darstellung des Klienten damit ins Leere laufen zu lassen oder sich hinter einem Deutungsschema der Art „maghrebinischer Ausnahmezustand“ zu verschanzen (Zimmermann 2000, 68), um die eigenen Emotionen damit zu unterdrücken.

7.3.6 Was, wenn man etwas nicht weiß

Ein produktives Beratungsgespräch bedarf der Mitarbeit des Klienten. Er muss Angaben zur Sache machen, Hintergrundinformationen liefern, Erläuterungen zu seiner Situation geben etc. In der Handlungslogik von Beraten ist zwar die Möglichkeit vorgesehen, dass ein Klient bestimmte Fragen nicht beantworten kann – dann müssen die erfragten Informationen später eingeholt werden. Was aber, wenn der Klient eine Frage nicht beantworten kann, trotzdem aber eine Antwort liefert? Aus einer „westlichen“ Logik von Wissen und Nichtwissen erschließt sich eine solche Möglichkeit nicht, wohl aber aus einem kulturellen Kontext, in dem die Mitteilung von Wissen wesentlich in einem Kontext von Hilfeleistung wahrgenommen wird. Jemandem eine Wissensfrage nicht zu beantworten, wird in einem solchen Kontext als Zurückweisung von Hilfe und Unterstützung gedeutet – und entsprechend vermieden. Die moralische Verpflichtung zur Unterstützung wiegt schwerer als die negative Einschätzung eigener Wissensbestände, und ihre Erfüllung muss demonstriert werden. So kann es dazu kommen, dass dem Fragenden eine Antwort gegeben wird, die zwar sachlich nicht korrekt ist, die es dem Antwortenden jedoch ermöglicht, hilfsbereit zu erscheinen.

7.3.7 Wie man Lösungsvorschläge versteht

In einem zeitgemäßen westlichen Beratungsverständnis ist die Wahrung der Autonomie des Klienten ein hohes Gut. Lösungen, die eine Beraterin für das Problem ihres Klienten entwickelt, haben entsprechend den Status von Vorschlägen („Sie könnten folgendes tun…“). Vom Klienten wird erwartet, dass er sich auf der Grundlage von Autonomie, also eigener Entscheidungsfreiheit, zu diesen Vorschlägen verhält – dass er sie aufgreift, verwirft, bedenkt etc. Diese Unterstellung von Entscheidungsautonomie geht allerdings ins Leere bei Klienten, die mit einem anderen Verständnis von Institutionen und der Rolle des Klienten groß geworden sind. Bei solchen Klienten muss damit gerechnet werden, dass sie Lösungsvorschläge eben nicht als Vorschläge verstehen, sondern als Anordnungen bzw. Anweisungen („Sie hat gesagt, ich muss…“). Spielen in der Herkunftskultur des Klienten darüber hinaus Gesichtspunkte von Harmonie und Gesichtswahrung eine Rolle, würde es dem Klienten schwer fallen, Lösungsvorschläge zurückzuweisen, auch wenn sie ihn nicht überzeugen oder nicht umsetzbar erscheinen.

7.4 Behörden- und Rollenverständnis

Das Gesprächsverhalten von Menschen hängt wesentlich davon ab, wo und mit wem sie kommunizieren, d.h. zum einen von dem sozialen Ort, an dem die Kommunikation stattfindet, und zum anderen von der sozialen Rolle, die sie im Moment der Kommunikation innehaben und aus der heraus sie ihr Gegenüber wahrnehmen. In unserem Fall ist der soziale Ort „die Behörde“ und die Rolle diejenige, in der die Beraterin wahrgenommen wird.

Man muss davon ausgehen, dass eine solche Wahrnehmung das Produkt von Stereotypen und eigenen Erfahrungen des Klienten ist, also zwar nicht die tatsächliche Lage widerspiegelt, für das Verhalten des Klienten aber dennoch leitend ist. Aus Beraterinnen-Sicht ist es wichtig, zu wissen, „was auf sie zukommen kann“, um dies umsichtig im Sinne einer positiven Beziehungsgestaltung in Rechnung stellen zu können.

Was die Behörde angeht, so sind zwei Fragen wichtig zu klären: Erstens, was ist bekannt über Voreinstellungen oder Vorurteile, mit denen Klienten aus anderen Kulturkreisen in Beratungsinstitutionen kommen (Kap. 7.4.1), und zweitens, was ist bekannt über das Behördenverständnis, das Klienten aus ihrer Herkunftskultur in die Beratungssituation „mitbringen“ und das als sedimentiertes Wissen entsprechend ihr Verhalten in der Beratungssituation prägt (Kap. 7.4.2)?

Im Falle institutioneller Beratung sind die Rollen, in denen sich die Menschen in der Beratungssituation begegnen, durch die Institution geprägt. Das Vorverständnis von Institutionen wird sich entsprechend auch auf das Rollenverständnis, mit dem ein Klient in die Beratungssituation eintritt, auswirken. Auch hier stellt sich die Frage, was für eine kompetente Beratung bedacht werden muss (Kap. 7.4.3).

7.4.1 Behördenwahrnehmung

Aus einer Vielzahl von Studien (Porilla/tenThije 2007, Riehle 2001, Gaitanides 2014, Gaitanides 2001) ist bekannt, dass Menschen aus anderen Kulturkreisen behördlichen Einrichtungen in Deutschland gegenüber erhebliche Vorbehalte haben. Diese beziehen sich v. a. auf:

- mangelndes Zutrauen in die Möglichkeit gelingender Verständigung („die verstehen mich ja doch nicht")
- die Befürchtung, nicht respektvoll behandelt oder gar diskriminiert zu werden („die behandeln uns als Menschen 2. Klasse")
- Vorbehalte, Objekte der Beeinflussung zu werden, insbesondere fremde Werte aufoktroyiert zu bekommen („die hetzen unsere Kinder gegen uns auf")
- Angst, dass Informationen zum Nachteil des Klienten an andere staatliche Stellen weitergegeben werden (z.B. auf der Grundlage von §§ 75,76 Ausländergesetz) („am Ende werde ich abgeschoben")
- Misstrauen der Staatsmacht generell gegenüber („dann bist du denen ausgeliefert").

Neben diesen Vorbehalten wird in der Literatur allerdings auch immer wieder das Faktum positiver Erlebnisse von Menschen mit Migrationshintergrund berichtet.

7.4.2 Behördenverständnis

Unter Gesichtspunkten einer produktiven Beziehungsgestaltung in der Beratungssituation ist an dieser Stelle v.a. wichtig, auf ein Behördenverständnis aufmerksam zu machen, das sich von westlich-sachlich-rational geprägten Vorstellungen unterscheidet. Ein solches, anderes Verständnis existiert in der Tat, und zwar überall dort, wo das Zusammenleben der Menschen wesentlich nicht über Prinzipien der Gleichbehandlung und verbriefte Ansprüche geregelt wird, sondern über informelle Beziehungen, wechselseitige Verpflichtungen, Wohlwollen und Verbindungen über verwandtschaftliche oder andere Netzwerke. Nicht, dass es so etwas in modernen Gesellschaften nicht auch gäbe – Verbindungen über Mitgliedschaft in Burschenschaften oder Logen z.B. sichern die Karriere ab, aber zumindest die Offenheit und Selbstverständlichkeit, in der dies praktiziert wird, unterscheidet sich doch deutlich. Das personale Moment im Behördenverständnis macht gerade den wesentlichen Unterschied aus.

> *„Dazu kommt, dass in allen Gesellschaften des Südens, aufgrund der schwachen politischen Zentralinstanz und der völlig unzuverlässigen Verwaltungen, versachlichte Beziehungen sich nie entwickeln konnten. Alle sozialen Interaktionen sind daher nur als personale Beziehungen verständlich. Man wendet sich nie an ein Amt oder an eine Klinik um Rat oder Hilfe, sondern nur an einen Bekannten oder Arzt dort, den man kennt oder an den man durch Freunde, oder durch Freunde der Freunde, empfohlen ist. Ein Amt als solches wie auch eine Klinik als solche sind völlig anonyme Abstrakta, die erst Gestalt und Funktion gewinnen, wenn man sich dort an jemand direkt wenden kann.“ (Zimmermann 2000, 61)*

Daher kann auch das Verweisen eines Klienten an eine andere Einrichtung oder Abteilung aufgrund von Zuständigkeit von dem Klienten als Verlust von Vertrautheit und Vertraulichkeit und als Zurückweisung erlebt werden.

Für eine Beraterin, die sich einem westlich-modernen Behördenverständnis verpflichtet fühlt bzw. fühlen muss, erwachsen dadurch zwei Typen von Schwierigkeiten:

Zum einen muss sie damit rechnen, dass seitens eines Klienten Aktivitäten vollzogen werden, die darauf abzielen, genau dieses personale Moment einer nicht-sachlich begründeten Beziehung herzustellen – dazu gehört z.B. das Überbringen von Geschenken oder andere Aktivitäten, über die Wohlwollen hergestellt werden soll. Dazu können auch – sehr zum Schrecken mancher Beraterin – Fragen des Klienten nach Familienstand und Kinderzahl der Beraterin gehören, Fragen, die aus ihrer Sicht „nicht hierher gehören“ bzw. „sich nicht gehören“.

Zum anderen muss sie damit rechnen, dass seitens eines Klienten, so er den Eindruck gewann, eine solche personale Beziehung sei zustande gekommen, Erwartungen an die Beraterin gerichtet werden, die diese aufgrund ihrer institutionellen Verpflichtung nicht erfüllen kann, und dass ein Verhalten gezeigt wird, dass diese personale Beziehung unterstreicht, z.B. dadurch, dass die Beraterin als Zeichen besonderer Wertschätzung plötzlich geduzt wird.

Im ersten Fall wird die Beraterin die Aktivitäten des Klienten – zu „Recht" – als Zumutung oder gar Bestechung erleben, im zweiten Fall als Übergriff oder Bevormundung („Sagen Sie mir nicht, was meine Aufgabe ist und was nicht").

In beiden Fällen muss die Beraterin die Ansinnen aufgrund ihrer professionellen Rolle (Kap. 5) zurückweisen – erfolgt dies jedoch empört ohne Erläuterungen ihrer Rolle und Kompetenzen, wird der Klient auf der Grundlage seines Deutungsschemas der personalen Beziehung die Zurückweisung nicht anders als eine persönliche Ablehnung verstehen können – mit dem entsprechenden Kränkungsresultat.

7.4.3 Rollenverständnis

Aus dem bisher Gesagten ergeben sich bereits Folgerungen dafür, wie die Rolle einer Behördenvertreterin wahrgenommen wird: Sie ist Agentin einer staatlichen Macht, deren Wohlwollen man als Klient gewinnen muss.

Ein weiterer Aspekt, der für eine Beraterin westlich-modernen Vorverständnisses aufschlussreich sein kann, soll aber noch ergänzt werden – die Frage der Rollen-Embleme, d.h. die Frage des Erscheinungsbildes einer „wahren" Behördenvertreterin bzw. –repräsentantin. Entsprechend einem modernen Behördenverständnis steht es den Mitgliedern der Behörde in einem gewissen Rahmen frei, wie sie ihr Erscheinungsbild, also ihr Äußeres, gestalten. Es wird gerade als Fortschritt gegenüber einem wilhelminisch-autoritären Stil betrachtet, dass man den Mitgliedern Gestaltungsfreiheit zubilligt. Ausschlaggebend ist das Prinzip der fachlichen inhaltlichen Fähigkeit als Ausweis von Kompetenz. Nicht so in anderen Regionen der Welt, in denen der Status einer Behördenangehörigen durchaus aus ihren beobachtbaren Insignien erschlossen wird. Erscheint einem Klienten eine Behördenangehörige z.B. „nicht anständig gekleidet", schwindet deren Autorität beträchtlich, ebenso, wenn sie Arbeiten verrichtet, die für eine wirklich wichtige Person unter ihrer Würde wären. Gesichtspunkte der äußeren Erscheinung mögen für Beraterinnen als „oberflächlich unbedeutend" zurückgewiesen werden, für Angehörige anderer Kulturen bleiben sie dennoch Gradmesser der Einschätzung von Kompetenz, Wichtigkeit und Zuverlässigkeit.

7.5 Kulturelle Werte

In der Diskussion um Interkulturalität spielt die Frage unterschiedlicher kultureller Werte eine besondere Rolle. Für Begegnungen im Rahmen von Beratung spielen kulturelle Werte in zweifacher Hinsicht eine Rolle:

Zum einen liefern sie Orientierungen für das Verhalten der Beteiligten in der Beratungssituation selbst.

> Während eines Beratungsgesprächs klingelt das Handy des Klienten. Er nimmt den Anruf entgegen, telefoniert kurz und wendet sich dann ohne weitere Erklärung wieder der konsternierten Beraterin zu.

Zum anderen bilden diese Werte eine wesentliche Richtschnur für die Behandlung der Fragen, um die es in der Beratung geht.

> Eine Beraterin ist fassungslos, als sie von ihrem Klienten erfährt, dass dieser für seine Tochter gerade eine Eheschließung arrangiert hat.

Durch Debatten um – für uns – spektakuläre Fälle wie Ehrenmord oder Beschneidungsrituale wurde die Unterschiedlichkeit oder gar Unvereinbarkeit kultureller Wertsysteme betont. Auch in den Wissenschaften, die sich mit Interkulturalität beschäftigen, wurde diese Unterschiedlichkeit anfangs betont, bis hin zu Versuchen, Kulturen, bzw. eigentlich Nationen, auf Dimensionen wie z.B. Individualismus – Kollektivismus zu positionieren (federführend darin: Hofstede 1993). Mittlerweile hat man vielerorts die Problematik solcher Fixierungen erkannt und eine differenziertere Position eingenommen (z.B. Eckensberger 2007) und u.a. die prinzipielle Differenz von Wertorientierung auf der einen Seite und faktischem Verhalten auf der anderen Seite betont.

Jede soziale Gemeinschaft setzt sich mit den gleichen Grundfragen ihrer Existenz auseinander: der Beziehung der Menschen zur Welt, der Beziehung eines Menschen zu seinen Mitmenschen, der Beziehung zu sich selbst, der Beziehung zu dem, was nicht fassbar ist – dem Übernatürlichen bzw. Göttlichen, der Beziehung zur Zeit und zum Raum. Diese Grundfragen sind allen Kulturen gemeinsam, die Antworten auf diese Fragen allerdings können deutlich unterschiedlich ausfallen. Für Beratungssituationen spielen bestimmte kulturelle Antworten auf folgende Fragen eine besondere Rolle:

- das Verhältnis eines Menschen zur Zeit (Kap. 7.5.1)
- das Verhältnis eines Menschen zu seinen Mitmenschen (Kap. 7.5.2)
- das Verhältnis eines Menschen zu sich selbst (Kap. 7.5.3)

Menschen unterscheiden sich allerdings in ihrer Einschätzung der Bindungs- und Geltungskraft ihrer Beziehung zu diesen Werten selbst; so mag der Eine die Geltung in pragmatischer Einstellung je nach Situation anders interpretieren, während für einen Anderen die Geltung absolut und unbedingt besteht.

7.5.1 Das Verhältnis eines Menschen zur Zeit

Kommen wir zurück auf das Beispiel des telefonierenden Klienten während der Beratung. Die Beraterin reagierte konsterniert und erlebte den Klienten bzw. sein Verhalten als äußerst unhöflich und als eine Missachtung ihrer Person, auch deshalb, weil der Klient sich nach dem Anruf so umstandslos, als wäre nichts gewesen, wieder dem Beratungsgeschehen zuwendet. Vielleicht ist der Klient ja wirklich ein Schnösel, der sich nicht zu benehmen weiß. Vielleicht aber orientiert er sich an einer kulturell etablierten Vorstellung von Zeit, die von der bei uns üblichen deutlich abweicht. Die Wissenschaft spricht von einem polychromen Zeitverständnis im Unterschied zu einem monochromen Zeitverständnis (Hall 1990). Das monochrome Verständnis lässt sich in der Formel bündeln: „Eins nach dem anderen“ und „Immer schön der Reihe nach“. Entsprechend liegt die Konzentration auf dem, „was gerade dran ist“ und alles andere wird als Störung erlebt. Beim polychromen Zeitverständnis jedoch hat man mehrere Dinge gleichzeitig „am Laufen“ und findet nichts dabei, sich diesen verschiedenen Aktivitätssträngen gleichzeitig zu widmen.

Die Frage des Zeitverständnisses berührt auch eine für Deutsche wichtige „heilige Kuh“: die Pünktlichkeit. An diesem Fall wird deutlich, wie tiefsitzend kulturelle Werte sein können und wie wichtig sie für die Organisation gesellschaftlichen Lebens sind. Für uns ist Pünktlichkeit ein hoher Wert – nicht so jedoch in anderen Regionen der Welt. Man weiß aus Berichten z. B. deutscher Studierender aus ihrem Auslandsemester in einem lateinamerikanischen Land, dass sie an den Rand des Wahnsinns geraten angesichts des nonchalanten Umgangs von Lateinamerikanern mit dem Zeitpunkt von Verabredungen. Um nicht missverstanden zu werden: Natürlich ist Pünktlichkeit für unsere Kultur essentiell und dies für bürokratische Abläufe in besonderer Weise und muss eingefordert werden. Nur kann das unpünktliche Erscheinen eines Klienten eben auch dem Umgang mit Zeit in seiner Herkunftskultur geschuldet sein und nicht einer missachtenden Haltung der Beraterin gegenüber.

Das Verhältnis eines Menschen zur Zeit bestimmt aber nicht nur sein Verhalten als Klient einer Beraterin gegenüber, sondern auch seine Auffassung seines Problems und seine Haltung Lösungen gegenüber. Auch hier sind unterschiedliche Zeitverständnisse relevant. In Kulturen, die über ein lineares Zeitverständnis verfügen, ist die Orientierung in eine Richtung gelenkt, in westlichen Industriegesellschaften vorzugsweise in die Zukunft. Davon bestimmt sind auch Konzepte von Beratung, z. B. der lösungsorientierte Ansatz (Kap. 11.4). Die Zukunft wird als offen verstanden und birgt das Potenzial für Veränderungen, besonders für Verbesserungen. In anderen Kulturen dagegen spielt die Vergangenheit eine wesentlich größere Rolle, präsent in Traditionen. Veränderungen, z. B. Interventionen und Impulse in der Beratungssituation, werden tendenziell stärker als Bedrohung und damit angstbesetzt erlebt. Noch einmal ganz anders ist ein Zeitverständnis, das als zyklisch bezeichnet wird. Diesem Zeitverständnis zufolge ist der Zeitverlauf kreisförmig. Diesem Verständnis entsprechend gibt es keine Entwicklung und keinen Fortschritt, sondern ewige Wiederkehr – eine Vorstellung, die in früheren Zeiten auch in Europa z. B. in Gestalt des Glücksrades (das Auf und Ab von Glück und Unglück) präsent war und sich heute noch in Redeweisen wie „auf Regen folgt Sonne“ findet. Mit diesem Verständnis ist ein starkes Vertrauen in als natürlich betrachtete Abläufe verbunden, das Eigeninitiativen obsolet erscheinen lässt.

7.5.2 Das Verhältnis eines Menschen zu seinen Mitmenschen

Jede Gesellschaft hat Regeln, Prinzipien, Gewohnheiten und Tugenden, über die der Umgang der Gesellschaftsmitglieder untereinander (und auch der mit Fremden) reguliert wird. Aus der Vielzahl solcher Gesichtspunkte sollen im Folgenden einige für Beratung besonders relevante Aspekte herausgegriffen werden:

- Vorstellungen von Status und Rangordnung, weil diese zum einen das Verständnis der Beratungssituation beeinflussen und zum anderen der Problemsituation selbst zugrunde liegen
- Vorstellungen von Fürsorge und Verantwortung, weil diese für alle Situationen von Hilfsbedürftigkeit und damit auch für Beratungssituationen relevant werden
- Vorstellungen von Ehre und Ansehen, weil diese vom „Haben“ eines Problems und damit von gesellschaftlicher Abweichung tangiert werden

Vorstellungen von Status und Rangordnung: Kulturen unterscheiden sich in der Art und Weise, in der Menschen ein gesellschaftlicher Status verliehen wird, welcher dies ist und wie bedeutsam ein solcher Status ist. So spielt bekannterweise Alter als Statusmerkmal in manchen Kulturen eine größere Rolle als in anderen. Selbst wenn der Status formal in verschiedenen Kulturen identisch ist, kann die inhaltliche Ausgestaltung sehr unterschiedlich sein: „Vater" in der Familie zu sein bedeutet in einer patriarchalisch geprägten (Familien-)Kultur etwas anderes als in einer liberal-diskursiv orientierten Kultur. Unterschiedlich kann auch sein, über welche Merkmale Status wahrgenommen oder erschlossen wird. Hier kommen wir zur Auflösung der Irritation aus der Fallbeschreibung aus Abschnitt 1: Der Klient stellt fest, dass die Beraterin eigenhändig zum Kopierer geht, um das Dokument des Klienten zu kopieren. Eine solche Tätigkeit wäre in der Herkunftskultur des Klienten unter der Würde eines wichtigen Behördenvertreters. Also schließt der Klient daraus, dass er nicht einer solchen Person gegenübersitzt, sondern eher einem Lakaien – zumal es sich auch noch um eine Frau handelt. Entsprechend ändert er sein Verhalten und trumpft auf.

Status ist an Rollen gebunden. Die Relevanz von Status gilt in allen Kulturen – nur sind es unterschiedliche Rollen, die kulturelle Relevanz besitzen.

Rollen sind für Menschen hoch bedeutsam: Über sie gewinnen sie Anerkennung – sei es, dass jemand eine „gute Mutter", ein „ehrbares Familienoberhaupt" oder „gut im Job" ist. Wird diese Anerkennung versagt und die Geltung in Frage gestellt, ist dies daher mit Kränkung verbunden.

Vorstellungen von Fürsorge und Verantwortung: In westlichen modernen Gesellschaften spielt das Moment von Selbstverantwortung eine größere Rolle als in Kulturen, in denen man sich in familialen oder anderen Unterstützungssystemen aufgehoben weiß. Dies kann zum einen dazu führen, dass Klienten das ihnen vertraute Unterstützungssystem als Modell auch auf die Situation der Beratung übertragen und sich entsprechend in der Beratungs-„Landschaft" nicht zurecht finden und zum anderen dazu, dass sie ihren eigenen Anteil zur Bewältigung der Problemsituation geringer ansetzen als dies eine Beraterin erwartet. Dann besteht die Gefahr, dass die Beraterin Zurückhaltung des Klienten bei der Problembewältigung als Unwilligkeit oder mangelnde Kooperationsbereitschaft fehlinterpretiert.

Vorstellungen von Ehre und Ansehen: Das Ausmaß, in dem das „Haben" eines Problems die soziale Wertigkeit und Selbstwertigkeit eines Menschen tangiert, variiert zwischen Kulturen. Ist das Ausmaß hoch, spielt Scham eine erhebliche Rolle – ein Faktor, der sich erschwerend auf die Tätigkeit der Beraterin auswirkt, weil Scham zur Zurückhaltung oder Verfälschung von Informationen des Klienten führen kann (Kap. 9.4.1). Vorstellungen von Ehre und Ansehen können aber auch beim Zustandekommen des Problems maßgeblich sein – man muss gar nicht an die Fälle von Ehrenmord denken, um diese Problematik deutlich zu machen.

7.5.3 Das Verhältnis eines Menschen zu sich selbst

In jeder menschlichen Gemeinschaft haben die Mitglieder der Gemeinschaft eine Vorstellung von sich selbst, d. h. davon, wer sie sind. Diese Vorstellungen sind kulturell geprägt und unterscheiden sich im Ausmaß, in dem die Selbst-Bestimmung aus der Person selbst bzw. aus der Gemeinschaft erfolgt. In westlichen modernen Gesellschaften spielt die Vorstellung von Autonomie eine große Rolle – man versteht sich aus sich selbst heraus. Entsprechend ist Ausbildung von Autonomie, Erziehung zur Selbstständigkeit ein wichtiges Erziehungsziel. Das für Beratung so zentrale Prinzip der „Hilfe zur Selbsthilfe“ versteht sich aus diesem kulturellen Deutungsmuster – und nur aus diesem Deutungsmuster.

In anderen Kulturen ist das Selbstverständnis wesentlich stärker an die relevanten Anderen gebunden – an die Familie, den Betrieb, die Vorfahren. Das Bewusstsein, Teil eines größeren Ganzen zu sein, prägt das Selbstbewusstsein in einem stärkeren Maße. Vom Anderen abhängig zu sein bzw. sich von Anderen abhängig zu machen, ist innerhalb eines solchen kulturellen Rahmens keineswegs eine Schwäche der eigenen Persönlichkeit, sondern selbstverständliches Merkmal des Lebensvollzugs. Erst in einem westlich geprägten Deutungsrahmen erhält es den Charakter eines Makels: „So kann man sein Leben doch nicht gestalten!“. Das Prinzip „Hilfe zur Selbsthilfe“ stößt hier an seine Grenzen.

Mit der westlich geprägten Vorstellung von Autonomie ist nicht nur die Unabhängigkeit der eigenen Person von dem sozialen Kontext verbunden, sondern auch die Vorstellung von Wirkmächtigkeit: Jeder ist seines Glückes Schmied. Auch diese Vorstellung liegt dem Konzept von Beratung zugrunde: Man kann an seiner Situation etwas verändern. Aber auch diese Betonung eigener Wirkmächtigkeit ist kulturell gebunden. Ihr entgegen steht die Vorstellung, dass die eigene Existenz wesentlich von Kräften bestimmt ist, die nur mittelbar – durch Gebet, Opfer, Beschwörungen – beeinflusst werden können, nicht aber „Kraft eigenen Handelns“. So kann es eine Beraterin an den Rand ihres Handlungsvermögens bringen, wenn ein Klient ihr erklärt, dass sein zukünftiges Geschick in den Händen einer göttlichen Macht liegt und von ihm selbst nicht beeinflusst werden kann.

ZUSAMMENFASSUNG

Die Beziehung zwischen Beraterin und Klient ist geprägt von kulturellen Gewohnheiten, in deren Rahmen die Beratung erfolgt. Unterscheiden sich diese Gewohnheiten bei den Beteiligten, wie es in interkultureller Beratung der Fall ist, ist mit Fallstricken und Kurzschlüssen zu rechnen. Auf diese wurde in Bezug auf Kommunikationsgewohnheiten, Behörden- und Rollenwahrnehmung sowie kulturelle Werte aufmerksam gemacht und Möglichkeiten eines beziehungssensiblen Umgangs mit ihnen aufgezeigt.

8 „Sie sehen aus wie mein Vater" – Beratung als Bindungsbeziehung

Das Beratungsgespräch wurde anfangs bestimmt als Gespräch zwischen Beraterin und Klient. In Beratungssituationen begegnen sich aber nicht nur Menschen, die Rollen einnehmen, sondern hier treffen Personen mit ihren Erfahrungen, Bedürfnissen und Biografien aufeinander. Für Klienten sind diese Gesichtspunkte untrennbar mit ihrem Problem verbunden, so „unpersönlich" sie dieses vielleicht auch darstellen mögen; sie sind wesentlicher Teil der Beratungssituation und bestimmen diese in Ablauf und Ergebnis mit. Aber auch die Beraterin ist als Person in der Beratungssituation präsent. Selbst wenn sie sich vornimmt, die Situation ihrerseits möglichst „unpersönlich" zu behandeln, geht ihre Persönlichkeit in genau dieser Weise der Handhabung mit allen Implikationen einer defensiven Haltung in die Dynamik der Gesprächssituation mit ein. Eine solche Haltung mag der Beraterin aus einem Schutzbedürfnis gegenüber Klienten heraus dienlich sein – es ist jedoch nicht unwahrscheinlich, dass eine solche Haltung Klienten zurückstößt, die sich durch sie nicht hinreichend wahrgenommen fühlen, um sich auf die Beratung einlassen zu können.

BEISPIEL

Der Klient versucht, die Beraterin während der Problemerörterung mit seinem Fachwissen zu beeindrucken. Dies stellt für ihn sein lebensgeschichtlich „bewährtes" Muster dar, Anerkennung und Akzeptanz zu gewinnen. Die Beraterin jedoch erlebt diese Aktivitäten des Klienten aufgrund eigener Unsicherheit als Versuch, sie in ihrer Fachlichkeit zu diskreditieren, und verhält sich zunehmend ablehnender dem Klienten gegenüber. Der Klient erlebt sich dadurch als entwertet und „macht dicht".

Beide Beteiligte sind eben mit ihren Persönlichkeiten in der Beratungssituation präsent und entsprechend prägen sie mit besonders relevanten Anteilen ihrer Persönlichkeit das Beratungsgeschehen mit. Zunächst (Kap. 8.2) wird in aller Kürze die Bildung einer Persönlichkeit in ihrer Entwicklung dargestellt. In der Beratungssituation sind die Beteiligten auf der Ebene der Begegnung ihrer Persönlichkeiten mit den Erfahrungsmustern und Bedürfnissen, wie sie sich lebensgeschichtlich herausgebildet haben, miteinander verbunden. Dies macht die Bindungsbeziehung zwischen ihnen aus. Sie sind trotz und wegen ihrer Rollen persönlich miteinander verbunden. Genauer: Sie sind affektiv miteinander verbunden (Bowlby 2001). Diese Verbindung kann eine wechselseitig fördernde und die Autonomie des Klienten stärkende sein, in der er sich wahrgenommen und gehalten fühlt. Sie kann aber auch die Form einer wechselseitigen Verstrickung ausbilden, in der beide Beteiligten ihrer Autonomie und Souveränität beraubt sind und weitgehend auf der Grundlage unreflektierter Muster handeln. Produktive (Entwicklung) und blockierende Muster (Verstrickung) werden im Folgenden (Kap. 8.3) vorgestellt. Für die Beraterin stellt sich daher die Frage, wie sie diese Bindungsbeziehung unter dem Gesichtspunkt eines möglichst produktiven Beratungsgesprächs gestalten kann. Solche Gestaltungsmöglichkeiten werden im Anschluss (Kap. 8.4) skizziert.

8.1 Beratungsgeschichten, die das Leben schreibt: Im falschen Film

„Is schon erstaunlich, wie manche Klienten hier in der Beratung auftreten – tun so, als könnten sie den Chef raushängen lassen und mich rumkommandieren; und in was für einem Ton! Da denk ich mir dann: Junge, in was für einem Film bist Du denn? Du bist hier Klient in einer Beratung! Ich versuch dann natürlich, ruhig zu bleiben, Wertschätzung und Akzeptanz und so, aber innerlich koch ich da manchmal. Ich habs mal in der letzten Team-Supervision zum Thema gemacht und die Supervisorin meinte, es könnte „ein Testlauf“ des Klienten sein, etwas auszuprobieren, was er sich sonst nicht traut. Aber ich weiß nicht – das ist schon ne steile These.“

8.2 Erfahrungsorganisation als Grundlage individuellen Handelns in der Beratungssituation

Die Begegnung zwischen Beraterin und Klient vollzieht sich nicht nur auf der Ebene einer Rollenbeziehung, sondern auch auf einer Ebene des Zusammenspiels zweier Menschen in ihren Persönlichkeiten. Die Persönlichkeit ist das Ergebnis eines lebensgeschichtlichen Prozesses der Erfahrungsbildung, -verarbeitung und -reflexion. Zum Verständnis dieser Prozesse sollen die Erkenntnisse psychodynamischer Forschung herangezogen werden, die sich von Anfang ihrer Entwicklung durch Sigmund Freud an in besonderer Weise für die Entwicklung menschlicher Regungen und Bestrebungen, Bedürfnisse, Fantasien und Sehnsüchte interessiert. In neuerer Zeit hat diese Forschung durch ein verstärktes Interesse an interaktiven Prozessen im Sinne einer „relationalen Psychoanalyse" (Mitchell 2003) noch zusätzliche Relevanz für unsere Betrachtung gewonnen (Stern 2010, Benjamin 2004, Mitchell 2003). Dies gilt auch, wenn die klinischen Implikationen im Sinne psychotherapeutischer Arbeit sich von denen einer Beratungstätigkeit im Kontext Sozialer Arbeit natürlich unterscheiden.

Im Folgenden werden in aller Kürze wesentliche Prinzipien der Erfahrungsbildung skizziert (Kap. 8.2.1), es wird auf das Selbst bzw. die Identität als das dynamische Zentrum der Erfahrungsorganisation eingegangen (Kap. 8.2.2) und es werden die wichtigsten Quellen der Erfahrungsbildung in die Betrachtung miteinbezogen (Kap. 8.2.3).

8.2.1 Konstruktionsprinzipien der Erfahrungsorganisation

Persönlichkeiten bilden sich auf der Grundlage von Erfahrungen aus, die Menschen im Verlauf ihres Lebens machen, der kognitiv-emotionalen Verarbeitung dieser Erfahrungen und ihrer weitergehenden bewussten Reflexion im Kontext ihrer Identität und unbewussten Verdrängung. Solche Erfahrungen „gerinnen" sehr schnell zu *Mustern* der Erfahrungsbildung, einige von ihnen sind sehr stark *affektiv/emotional* besetzt und sie werden erworben in Prozessen zwischenmenschlicher Begegnung, als deren Bestandteile sie in Form von *Beziehungsschemata* gefasst und erinnert werden.

Muster der Erfahrungsbildung

Musterbildung gilt psychologisch als grundlegendes Prinzip menschlicher Erfahrungsbildung. Sie erfolgt über Abstraktion und Generalisierung. Piaget (1976) hat in seinen bahnbrechenden entwicklungspsychologischen Studien die Funktionsweise von Mustern bzw. Schemata im Zusammenspiel von Akkommodation und Assimilation gezeigt. Menschen entwickeln sich auf der Grundlage der offenbar angeborenen Fähigkeit der Musterbildung; sie dient zur Bewältigung insbesondere kognitiv komplexer und emotional bewegender Situationen und ermöglicht sicheres Handeln. Die Schnelligkeit und Routiniertheit, mit der Musterbildung erfolgt, lässt sich anhand eines kleinen Experiments demonstrieren.

Gegeben sind die folgenden vier Wörter:
Morgenstern
Abendstern
Zwergelstern
Blauelstern

Während die ersten beiden Wörter Lesern geläufig sind, geben die beiden letzten vielen Lesern Rätsel auf – diese Wörter kennen sie nicht. Genauer: Sie meinen sie nicht zu kennen, weil sie sie – mustergeleitet – für Ausdrücke für Sterne halten. Es handelt sich jedoch, und das macht dann Sinn, um Ausdrücke für Vogelarten: Blau-Elstern und Zwerg-Elstern. Leser, die über die Bedeutung der letzten beiden Wörter herumgerätselt haben, sind der Musterbildung „zum Opfer gefallen“, sie wurden auf eine falsche Fährte geführt: Schon durch das Lesen der ersten beiden Wörter hat sich das kognitive Muster „Hier geht es um *Sterne*“ herausgebildet. Wird dieses Muster nun auf die beiden weiteren Wörter angewendet, kommt man ins Stocken. Das Muster greift nicht, Blauel-Stern oder Zwergel-Stern sind nicht im Muster repräsentiert, oder anders: Aufgrund der Muster-Präsenz fällt es tendenziell schwer, die Wörter anders zu lesen, nämlich als Komposita von „Elstern“.

Die aktuelle Säuglingsforschung hat gezeigt, wie die Musterbildung und der darauf folgende Aufbauprozess komplexer Wahrnehmungsschemata beim Kleinkind zustande kommt (Stern 2004). Bowlby spricht von „Arbeitsmodellen“ (internal working models) (Bowlby 1975, 164), die die Aspekte der Wirklichkeit einschließlich des eigenen Selbst, die ein Kind erfahren hat, psychisch nachbilden (Bretherton 2016, 67f.). Beim Erwachsenen führt die Erfahrungsverarbeitung durch und über Muster und Konstruktionen zu einer Vielzahl von Schemata, mit denen eine Orientierung und Positionierung in der Welt erfolgt. Dazu gehören

- Einstellungen der Welt gegenüber, z. B. Gründlichkeit, Leichtsinn
- Strebungen, z. B. Autonomie, Geltung, Ordnung
- Erwartungshaltungen, z. B. Optimist, Pessimist
- Haltungen Anderen gegenüber, z. B. Bewunderung, Verachtung, Neugier, Misstrauen, Hilfsbereitschaft;
- sprachliche Typisierungen, z. B. im Beratungskontext: Dauergast, Querulant, hoffnungsloser Fall (Kap. 5.5);
- Haltungen sich selbst gegenüber, z. B. Schutz des eigenen Selbstwertgefühls

BEISPIEL

Ein Klient verhält sich zu Beginn des Beratungsgesprächs äußerst distanziert und misstrauisch. Erst im weiteren Verlauf des Gesprächs taut er auf und wird offener. Sein Verhalten ist von der Furcht vor dem Verlust seines Selbstwertgefühls bestimmt. Er macht den Beginn des Beratungsgesprächs zu einer Testphase, ob er sich gefahrlos auf die Beratung einlassen kann.

Muster, wiewohl affektiv-kognitive subjektive Konstruktionen, werden von dem jeweiligen Subjekt als sehr real und *„da draußen“* empfunden: „So ist es.“. Die menschliche Neigung zur Suche nach Bestätigung trägt zu diesem Gewissheitsgefühl bei. Dazu tragen auch sich-selbst-erfüllende Prophezeiungen bei, in denen Menschen muster-geleitet sich in einer Weise verhalten, durch die das, was aufgrund des Musters erwartet wurde, auch tatsächlich eintritt.

Affektladung

Muster dienen der Bewältigung von Erfahrungen. Lebensgeschichtlich besonders bedeutsam sind die Muster, in denen besondere positive oder negative Erfahrungen bewältigt werden; befriedigende und beglückende Erfahrungen oder bedrohliche, angst- und schmerzauslösende Erlebnisse. Beide Typen von Mustern haben für einen Menschen einen besonders hohen Stellenwert. Sie werden gegenüber emotional weniger starken Mustern bevorzugt aktiviert und sie werden aufgrund eines lebensgeschichtlich frühen „Gelingensversprechen“ aufrechterhalten — auch dann, wenn sie sich zur Bewältigung der realen Umgebungsherausforderungen später als nicht mehr funktionsfähig erweisen.

BEISPIEL

Einem Menschen war als Kind immer wieder missbilligend bedeutet worden, „zu laut“ zu sein. Das führte zur Musterbildung eines unauffälligen Auftretens und Verhaltens. Dieses Muster hat die Person auch im Erwachsenenalter in autoritär bestimmten Kontexten (analog zur Familiensituation) aktiviert, insbesondere an ihrem Arbeitsplatz, was zu erheblichen beruflichen Nachteilen führte.

In der Beratungssituation kann die Aktivierung solcher situativ unangemessenen Muster dazu führen, dass das Subjekt resistent gegenüber der aktuellen Situation wird — es wird gleichsam taub und blind gegenüber Signalen, die nicht ins Muster passen, oder es deutet diese Signale im Rahmen seines Musters.

BEISPIEL

Ein Klient erlebt die Beratungssituation aufgrund des institutionellen Charakters als furchteinflößend. In seiner Kindheit gelang es ihm, solche Situationen dadurch zu bewältigen, dass er sich möglichst unterwürfig und einsilbig verhielt. In der aktuellen Beratungssituation irritiert dieses Verhalten die Beraterin, die den Klienten (aufgrund eigener Konstruktionen) als antriebsarm und wenig motiviert erlebt und ihn zu Eigeninitiativen drängt, die den Klienten wiederum in noch stärkere Bedrängnis bringen.

Beziehungsschemata

Menschen machen einen Großteil ihrer Erfahrungen in Situationen der Begegnung mit anderen Menschen. Diese Situationen gehen entsprechend in die kognitive und affektive Erfahrungsbewältigung bzw. -verarbeitung als Beziehungsschemata mit ein und dadurch können sie auch als Beziehungsschemata wieder „erweckt“ bzw. aktiviert werden. Beziehungsschemata werden im prozeduralen Gedächtnis gespeichert – dies ist ein wesentlicher Gesichtspunkt für die Frage ihrer Veränderung.

> *„Wir wissen heute aus der neuesten neurobiologischen Gehirnforschung, dass frühe Erfahrungen der ersten Lebensjahre nicht verbal in Erinnerung, sondern nur über nonverbale Kommunikationskanäle dem Anderen vermittelt werden können. Denn sie stammen aus einer Frühzeit der Entwicklung, in der diese frühen Erfahrungen aufgrund der noch ungenügend entwickelten Gehirnstrukturen z.B. des Hippocampus gar nicht im deklarativen Gedächtnissystem als Erinnerungsspuren gespeichert sind und somit auch nicht als Erinnerungsbilder abgerufen werden können. Sie sind auch noch nicht symbolisiert und können nicht verbal ausgedrückt werden […]“ (Bettighofer 2016, 84).*

Während psychodynamische Theorien früher angenommen hatten, dass es Personen (sogenannte „Objekte“) sind, die mit affektiv besetzten Erfahrungen assoziiert werden (die Vater-Figur, die Mutter-Figur), sieht man die Bedeutung heutzutage in diesen Beziehungsschemata, die durch Auslöser wieder aktiviert werden. Eine prägnante Form eines solchen Beziehungsschemas stellt die sogenannte „Modell-Szene“ dar (Lichtenberg 2007, 125 ff.).

BEISPIEL

„Johns Eltern [...] arbeiteten unermüdlich in ihrem Betrieb in New York City. Des Vaters gewalttätige Wutausbrüche richteten sich vornehmlich gegen seine älteren Geschwister, besonders gegen seinen Bruder. Ansonsten war die Atmosphäre weitgehend formal und ohne Emotion, eigentlich „leblos". Die Sterilität der häuslichen Umwelt konnte in einer Modellszene [...] herausgearbeitet werden: Als kleiner Bub hatte er ein Reparaturgeschäft im Gang zu seinem Schlafzimmer eingerichtet. Er wartete sehnsüchtig über Stunden, daß jemand von seiner Familie stehen bleiben und sein Angebot nützen würde – in seinem verzweifelten Versuch, mit der Familie in Verbindung zu sein, und zwar über die Arbeit, die den höchsten Stellenwert in der Familie hatte. Der Versuch, die Anerkennung und Wichtigkeit zu bekommen, die er sich wünschte, scheiterte freilich." (Fosshage 1999, 55).

8.2.2 Das Selbstkonzept als dynamisches Zentrum der Erfahrungsorganisation

Aus der Gesamtheit von Erfahrungen, Erfahrungsbewältigung, -verdrängung und -reflexion und Reflexionsreflexion bildet sich lebensgeschichtlich die Identität eines Menschen, sein Selbst, heraus. Ohne genauer auf die reiche Literatur zum Selbst, insbesondere die Arbeiten des Philosophen Charles Taylor (z.B. 1994), einzugehen, kann gesagt werden, dass das Selbst, also das Verständnis, das ein Mensch von sich gebildet hat, das dynamische Zentrum seiner Erfahrungsorganisation darstellt. (Dies gilt unberührt von aktuellen Debatten um ein „fragmentiertes Selbst" oder sogenannte „Patchwork-Identitäten"). In dieser Wertigkeit ist das Selbst für Menschen ein extrem hohes Gut – es stellt den Menschen in seiner sozialen, symbolischen Existenz dar. Entsprechend dramatisch und bedrohlich werden Angriffe auf das Selbst oder Beschädigungen des Selbst von jedem Menschen erlebt und entsprechend heftig und dramatisch fallen Gegenreaktionen aus.

Zugleich ist das Selbst ein ausgesprochen komplexes und in sich widersprüchliches Gebilde. „Es gibt Menschen, die sind in sich nicht widersprüchlich", sagt ein chinesisches Sprichwort, und weiter: „Man nennt sie Leichen."

Neben dem Selbstbild gibt es als weitere Aspekte des Selbst das Wunschbild, es gibt Sehnsüchte, Ängste, Glaubenssätze/Maximen, Fantasien, Lebensthemen, die oben (Kap. 8.2.1) aufgeführten Schemata und vieles mehr, so auch die sogenannten „Lieblingsgefühle" (Kap. 9.3, Kap. 10.2).

8.2.3 Quellen der Erfahrungsorganisation

Primärquelle: Kindheit und Adoleszenz

Kein Zweifel, die Grundlagen unserer Zuwendung zur Welt und Bezogenheit werden in der Kindheit gelegt – wahrscheinlich zu einem erheblichen Teil in der frühen Kindheit. Die Säuglingsforschung zeigt, dass Menschen schon sehr früh ein Empfinden von Selbstwirksamkeit entwickeln (Stern 2004) und sich rudimentäre Beziehungsschemata herausbilden. Zwar wird die Vorstellung lebensbestimmender frühkindlicher Traumata heutzutage nur noch von wenigen Forschern aufrechterhalten, aber die Auffassung, dass die frühe Kindheit für die Entwicklung eines Menschen von hoher Bedeutung ist, ist heute aktueller denn je, nun aber auf die Kontinuität von Interaktionsmustern bezogen. Sich wiederholende Interaktionen lagern sich als affektiv getönte Erinnerungsspuren im prozeduralen Gedächtnis des Kleinkinds ab und bilden mit anderen Erinnerungsspuren komplexere Schemata aus, indem das Kind

> *„die immer gleichbleibenden invarianten Merkmale dieser Interaktion erkennt, sie abstrahiert und eine Vorstellung von ihrem typischen Ablauf ausbildet. Diese inneren Modelle, die kognitive und affektive Elemente sowie Handlungsentwürfe enthalten, helfen dem Kind, sich in seiner Umwelt zusehends besser zurechtzufinden, indem es aus dem bisher Erlebten eine Vorstellung davon bildet, was in einer spezifischen Situation zu erwarten ist […]" (Bettighofer 2016, 50f.).*

Als der für das Kind zentrale Gesichtspunkt, nach dem es die Schemabildung vollzieht, gilt,

> *„ob es angenommen wird oder nicht, ob es geliebt oder zurückgewiesen wird und ob es sich in seinen Erfahrungen bestätigt fühlt. […] Das Selbsterleben ist also ein Abbild von intersubjektiven Beziehungserfahrungen." (Bettighofer 2016, 53).*

Angst, Scham-, Schmerz- und Schuldgefühle vermag das Kind erst relativ spät bewusst in die Gesamtheit seiner Beziehungsschemata zu integrieren. Erfahrungen, die früher erfolgten, werden abgespalten oder verdrängt und durch Selbstidealisierungen kompensiert (ausführlicher z. B. Bettighofer 2016, 50 ff.). In der Adoleszenz mit ihren alterstypischen Ablösetendenzen aus dem Familiensystem kommt es zu einer zweiten wesentlichen Phase der Entwicklung kognitiv/affektiver Interaktionsmuster, die um das Entwicklungsthema der Autonomie und der selbstgewählten Bindungen zentriert sind. Die etablierten Interaktionsschemata stehen auf dem Prüfstand – können mit ihnen die neuen

Entwicklungsherausforderungen (Positionierung in der Peergroup, erste sexuelle Erfahrungen) bewältigt werden? Werden sie den Herausforderungen angepasst oder wird an ihnen – regressiv – festgehalten und der soziale Raum, in dem sich der Jugendliche bewegt, entsprechend gestaltet?

Sekundärquellen

Die in Kindheit und Adoleszenz entwickelten Beziehungsschemata bilden die Basis für die Bewältigung der interaktiven Herausforderungen des Erwachsenenlebens, d. h.

- des Knüpfens von Partnerbeziehungen
- der Positionierung in der Arbeitswelt
- der Schaffung einer eigenen Familie
- der Verortung in einem passenden sozialen Kontext bzw. Milieu.

In allen diesen Bereichen stellt sich die Frage der Situationsangemessenheit der etablierten Beziehungsschemata aufs Neue – erfolgt die Partnerwahl am Modell der eigenen Mutter- bzw. Vaterbindung orientiert? Reproduzieren sich (ggf. gegen die eigene Absicht) Bewältigungsmuster aus der Familienerfahrung in der Beziehungs- und Rollengestaltung in der selbst gegründeten Familie? Kommt es in der Begegnung mit dem Vorgesetzten zu einer Neuauflage des Vater-Sohn-Beziehungsgschemas? Ist der Aufbau des Freundeskreises durch nicht-erfüllte Bedürfnisse der Kindheit nach Anerkennung und Geltung geprägt? etc.

8.3 Das interaktive Zusammenspiel von Erfahrungsorganisationen: Bindung und Verstrickung in der Beratungssituation

In der Beratungssituation begegnen sich Beraterin und Klient somit auch auf einer Ebene, die durch ihre sedimentierten Beziehungsschemata bestimmt ist. Diese Begegnung entfaltet auf dieser Ebene eine eigene Dynamik, die sich der Kontrolle der Beteiligten leicht entzieht, da das Handeln auf dieser Ebene nur teilweise bewusst erfolgt. Diese Dynamik ist jedoch nicht nur von den Erfahrungsorganisationen der Beteiligten allein bestimmt, sondern zudem von der Struktur der Beratungssituation. Durch diesen Typ gesellschaftlicher Situation werden bestimmte Affekte der Beteiligten relevant gesetzt bzw. präferiert (vgl. Kap. 9.2). Das ist die affektive Grundstruktur der Situation. Die Beratungssituation weist speziell eine affektive Grundstruktur auf, die durch Anlass/Thema einerseits und Institutionalität andererseits bestimmt ist: Der Anlass bzw. das Thema ist eine Krisen- und Notsituation eines der Beteiligten, verbunden mit dem Ersuchen um Hilfe – Hilfsbedürftigkeit und Hoffnung auf Unterstützung. Damit sind auf Seiten des Klienten Affekte wie Unsicherheit, Angst, Hoffnung, ein erhöhtes Bedürfnis nach Bindung (Bowlby 2001, 160) und eine Idealisierung der Beraterin (als Kompensation von Ohnmachtsgefühlen und Selbstzweifeln (Grimmer 2006, 64)) gesetzt und auf Seiten der Beraterin Versagensangst, Grandiosität. Durch die Institutionalität der Beratungssituation sind Affekte um Zwang, Macht und Gewalt gesetzt, wie z. B. Angst, Widerstand. Zu dieser durch die Beratungssituation festgelegte Affektstruktur kommt die spontane Affektkonstellation durch die jeweiligen Erfahrungsorganisationen der konkret Beteiligten hinzu.

Durch diese Konstellation kommt es im Verhalten der Beteiligten zu einem Zusammenspiel, durch das die Beteiligten aneinander gebunden werden. (In Kapitel 10 wird es auch um Interaktions-„Spiele“ gehen; diese sind jedoch von Lustmomenten bestimmt, während es hier um Zusammenspiele aus Bedürftigkeit geht.)

Der Ausdruck „Bindung“ wird hier zunächst ganz vortheoretisch im Sinne des allgemeinen Sprachgebrauchs benutzt. Darüber hinaus kann „Bindung“ aber durchaus auch im Sinne der Bindungstheorie (Bowlby 2001) als eine stabilisierende Rahmung – ein „holding environment“ – verstanden werden.

Die affektive Bindung, die durch das interaktive Zusammenspiel der Erfahrungsorganisationen von Beraterin und Klient im Rahmen eines Beratungsgesprächs zustande kommt, ist in zweifacher Hinsicht relevant für den Auftrag der Beraterin zur produktiven Beratungsgestaltung: zum einen kann durch diese Bindung das Beratungsgeschehen eine stabile affektive Grundlage von Sicherheit, Verlässlichkeit und Vertrauen erhalten, zum anderen geht es in der Beratung stets auch um die Autonomie des Klienten. Diese zu fördern ist unter dem Prinzip „Hilfe zur Selbsthilfe“ Bestandteil des Auftrags an die Beraterin. Die Bindungsbeziehung birgt das Potenzial einer solchen Förderung – die Beziehung kann sich entwickeln und entfalten.

Die Bindung kann allerdings auch in Form einer Verstrickung erfolgen – in diesem Fall führt die Dynamik zu Hemmung, Stagnation und Blockade im Beratungsverlauf.

8.3.1 Muster der Bindungsentfaltung

Die affektive Bindung der Beteiligten birgt Potenziale zur Weiterentwicklung und -entfaltung von Beziehungsschemata. Im Folgenden werden zwei Ansätze vorgestellt, die sich mit der Frage des (unerkannten) Potenzials von Bindungen zur Förderung der Autonomie des Klienten und zur produktiven Ausgestaltung des Beratungsgesprächs auseinandersetzen:

- Das Beratungsgespräch als Testlauf
- Die Kreditierung

Das Beratungsgespräch als Testlauf

Auf ein besonderes Potenzial hat eine Forschergruppe unter Leitung des Psychotherapeuten Joseph Weiss aufmerksam gemacht (als deutsche Übersicht Albani et al. 1999). Klienten, so die Überzeugung dieser Forschergruppe, sind in Situationen der Hilfe und Unterstützung zwar wesentlich von dem Bedürfnis nach Sicherheit und Schutz bestimmt – daher ist die Herstellung einer von Sicherheit geprägten Atmosphäre eine wichtige Aufgabe der Beraterin. Klienten betrachten die Beratungssituation aber außerdem als Gelegenheit, die Geltung ihrer nicht lebensförderlichen, aber gewohnten Beziehungsschemata auszutesten, wenn die Randbedingung einer sicheren Atmosphäre gegeben ist. Unbewusst, so die Autoren, sind Klienten von der Absicht geleitet, solche Muster zu verändern und sich die mit ihnen verbundenen Überzeugungen korrigieren zu lassen. Der Klient „[…] will seine hinderlichen Überzeugungen widerlegen, um angemessenere und wünschenswertere Beziehungsgschemata zu erreichen." (Oberhoff 2006, 79). Der Klient „[…] ist insgeheim damit beschäftigt, ein Beziehungsproblem zu meistern." (Oberhoff 2006, 79). (Darum geht es auch in dem Einführungsbeispiel aus Kap. 8.1).

Klingt dies vielleicht zunächst als „steile These", so ist diese doch inzwischen vielfach bestätigt worden (Literatur in Albani et al. 1999).

Die Beraterin besteht den Test, wenn sie die Beziehungsangebote in einer Weise aufgreift, die es dem Klienten ermöglicht, seine geläufigen Beziehungsschemata in Richtung erhöhte Autonomie und Kontrolle weiterzuentwickeln, daher der Name dieses Ansatzes „*control mastery*".

BEISPIEL

Das Verhalten des Klienten der Beraterin gegenüber ist von der ihn prägenden Maxime „Ich kann doch keine Ansprüche stellen" gekennzeichnet. Die Beraterin verhält sich wiederum in einer Weise, die es dem Klienten ermöglicht, zu erleben, dass ihm die Möglichkeit eröffnet wird, Ansprüche zu stellen. Dies kann auf kognitivem Wege erfolgen, indem die Beraterin den Klienten ausdrücklich auffordert, Ansprüche zu stellen, oder die Erlaubnis ausspricht, dies tun zu dürfen. Es kann aber auch – wirksamer – dadurch erfolgen, dass die Beraterin in ihrem Verhalten diese Möglichkeit vollzieht, d.h. den Klienten in ein Beziehungsgschema einbindet, das ihm Handlungsmöglichkeiten einräumt, die er sich bis dato nicht gestattet hatte.

Diese Tests können zwei verschiedene Formen annehmen — als Übertragungsexperiment und als Rollenumkehrexperiment.

Beim Übertragungsexperiment verhält sich der Klient der Beraterin gegenüber, wie er sich auch sonst in seinen geläufigen Schemata verhält. Unbewusst testet er in der Situation aus, ob sich für ihn die Möglichkeit eröffnet, diese Schemata unter dem Gesichtspunkt größerer Autonomie weiterzuentwickeln. Bewegt sich die Beraterin innerhalb der von ihm inszenierten Szene, ist der Test misslungen — der Klient erlebt die Reproduktion seines geläufigen Schemas. Eröffnet die Beraterin durch ihr Verhalten dem Klienten die Möglichkeit zu einem veränderten, Autonomie fördernden Auftreten, ist das Experiment geglückt. Die Beraterin hat, vielleicht ohne es zu ahnen, zu einem Autonomiegewinn des Klienten beigetragen.

Beim Rollenumkehrexperiment prüft der Klient, wie sich die Beraterin verhält, wenn er sie so behandelt, wie er selbst in seinen dominanten Beziehungsschemata behandelt wird. Für die Beraterin sind Indikatoren, dass eine solche Testphase gerade läuft, wenn sie sich enttäuscht, insuffizient oder entwertet fühlt.

Kreditierung

Eine andere Weise, wie auf der Basis eines gelingenden interaktiven Zusammenspiels die Beziehung zwischen Beraterin und Klient entfaltet werden kann, ist die „Kreditierung“ (Grimmer 2006). Auch hier geht es um die Frage, ob der Klient sich soweit verändern kann, zukünftig sein Leben autonomer zu gestalten; es geht also um die Entwicklungsmöglichkeiten des Klienten.

Die Kreditierung als Beziehungsmodus ist dadurch ausgezeichnet, dass die Beraterin verbal und nonverbal dem Klienten signalisiert, dass sie ihm zutraut, sein Leben zukünftig besser zu meistern. Grimmer schreibt, auf die therapeutische Beziehung bezogen:

> *„Die Erwartungen des Therapeuten bezüglich der Entwicklungsmöglichkeiten seines Patienten entstehen unwillkürlich. Der Therapeut kann sie nicht einfach machen, sie sind das Produkt ihrer Beziehungsdynamik. Ob der Therapeut dem Patienten Kredit für die gemeinsame Arbeit gibt und wie hoch der Kredit ist, basiert nicht ausschließlich auf einer freien Entscheidung des*

Therapeuten, sondern ist das Resultat eines Aushandlungsprozesses. Der Patient präsentiert sich dem Therapeuten in einer bestimmten Weise, die er wiederum auf seine Art versteht und bewertet. Daraus entstehen dann eine kreditierende, eine Kredit verweigernde oder eine diskreditierende Haltung." (Grimmer 2006, 72).

Eine alltagsweltlich geläufige Weise der Kreditierung ist die verbale Ermutigung, etwa: „Das kriegst Du schon hin", „nur Mut", „das wird schon". Alltagsweltlich geläufig ist allerdings auch der sich öfter einstellende Beschwichtigungsverdacht oder der Floskelcharakter. Grimmer favorisiert einen anderen Ansatz:

„Der Kredit, den der Therapeut einem Patienten in der gemeinsamen Arbeit gibt, muss sich impliziter und indirekter in der Beziehungsgestaltung des Therapeuten zeigen. Die verbale Äußerung ist das eine, die Art und Weise, wie sich der Kredit des Therapeuten dem Patienten in seinem täglichen Beziehungshandeln zeigt, etwas anderes." (Grimmer 2006, 74).

Möglichkeiten einer solchen Beziehungsgestaltung sieht Grimmer v.a. in der Weise, wie eine Beraterin mit der Problemdarstellung des Klienten umgeht (sogenannte „Positionierung"). Problemdarstellungen haben in aller Regel den Charakter einer Geschichte (Kap. 4.2.2), die typischerweise mit einer „Coda" schließt, einer Quintessenz oder einer „Moral", z.B. „... und so bin ich mal wieder reingelegt worden", „dem hab ichs gegeben", „Die Menschen sind eben schlecht", „Gutheit ist Dummheit" etc. Diese Coda verleiht der Geschichte bzw. Problemdarstellung einen Aufforderungscharakter in dem Sinne, dass der Zuhörer (die Beraterin) sich zu der Schilderung verhalten soll (Anteil nehmen, zustimmen, sich solidarisieren, ...), also eine Rolle einnehmen soll. Damit sind Problemschilderungen auch implizite Beziehungsangebote. In der Art und Weise, wie die Beraterin auf ein solches Beziehungsangebot eingeht, verstärkt sie entweder das für den Klienten geläufige – und unvorteilhafte – Beziehungsschema oder sie verändert (erweitert, modifiziert, ergänzt) das Beziehungsschema.

BEISPIEL

Ein Klient schildert eine für ihn problematische Situation. Dabei stilisiert er sich selbst (was häufig vorkommt) als hilfloses Opfer der Verhaltensweisen eines Anderen, der als „Täter" stilisiert wird. Damit ist für die Beraterin die implizite Aufforderung verbunden: „Solidarisiere dich mit mir, verurteile den Täter." Die Beraterin folgt dieser Aufforderung jedoch nicht, sondern „ [...] trägt eine neue Sichtweise an [ihn] heran, indem [sie ihm] eine alternative Fremd- und Selbstpositionierung in der infrage stehenden Beziehungsepisode anbietet. Dadurch kann eine produktive Spannung zwischen [seiner] alten und [ihrer] neuen Sichtweise entstehen.“ (Grimmer 2006, 81 f.).

Die Beraterin mutet dem Klienten ein anderes Verständnis seiner Beziehungen zu – und sie traut ihm zu, sich mit diesem neuen Verständnis produktiv auseinanderzusetzen. Darin besteht die Kreditierung. Allerdings setzt eine solche Herstellung von Dissens eine belastbare, tragfähige Beziehung voraus – wie es bei anderen Zumutungen ja auch der Fall ist (nach Grimmer 2006, 81).

8.3.2 Muster der Bindungsverstrickung

In Fällen von Verstrickung sind die Beziehungsschemata von Beraterin und Klient in einer Weise miteinander verwoben, die die Autonomie und Beziehungsoffenheit beider beeinträchtigt. Der klassische Fall ist das Muster von „Übertragung – Gegenübertragung“. In diesem Muster agiert einer der Beteiligten auf der Grundlage eines früh erworbenen Beziehungsmusters, z. B. dem der Interaktion mit seinem Vater, das durch väterliche Drohung und eigene Unterwerfung bestimmt ist. Dieses Reaktionsmuster der Unterwerfung hatte sich frühkindlich bewährt und verspricht Sicherheit in bedrohlichen, ungewissen Situationen. Bei der Übertragung agiert der Klient in diesem Muster, er „sieht“ die Beraterin also, als wäre sie sein Vater. Vielleicht hatte die Beraterin durch eine bestimmte Handlung, Geste oder Äußerung, ohne es zu ahnen, Anlass für die Aktualisierung, d. h. die Übertragung, geboten. Im Falle der Gegenübertragung springt die Beraterin unbewusst auf dieses Muster mit einem korrespondierenden Reaktionsmuster, der Gegenübertragung, an.

> *„Unbewusst sind beide bestrebt, durch ihre Begegnung ihr inneres Gleichgewicht nicht über ein erträgliches Maß hinaus stören zu lassen, und versuchen, sie so zu gestalten, dass ihr Wohlbefinden und ihre Selbstachtung möglichst wenig verunsichert werden. Die affektive Selbstregulierung ist mit der interaktiven Regulierung des Umgangs miteinander engstens verknüpft […]“ (Bettighofer 2016, 69).*

Ein anderer bekannter Fall ist das Passungsverhältnis zweier Biografien, das zu sogenannten „Kollusionen“ in Paarbeziehungen führt (Willi 1988). Da dieser Fall aber auf lang andauernde Paarbeziehungen bezogen ist, wird hier nicht weiter darauf eingegangen.

Klick-Surr-Mechanismus

Unter „Klick-Surr-Mechanismus" versteht der US-amerikanische Psychologe Cialdini den Umstand, dass Menschen auf bestimmte Signale gleichsam konditioniert („Klick") mit dem Abspulen („Surr") eines bestimmten Handlungsprogramms reagieren (Cialdini 2002). Solche Konstellationen sind durch folgende Merkmale gekennzeichnet:

- das Signal besitzt eine so dominante Qualität, dass andere Signale oder Merkmale der Wahrnehmungsumgebung für den reagierenden Menschen keine Rolle spielen
- das Reaktionshandlungsprogramm läuft unwillkürlich ab, d.h. gegebenenfalls auch gegen den bewussten Willen des Handelnden
- das Reaktionsprogramm umfasst Verhaltensweisen und emotionale Reaktionen

BEISPIEL

Zur Beratung kommt ein Klient, dessen Gesicht durch zwei markante buschige Augenbrauen gekennzeichnet ist. Dieses Merkmal löst bei der Beraterin (warum auch immer) eine Schreckensreaktion aus („Klick"), in deren Folge sie das Beratungsgespräch aus einer Haltung durchführt, die durch Furcht und Distanz gekennzeichnet ist, und sich bemüht, es so schnell wie irgend möglich zu Ende zu bringen. Der – nichtsahnende – Klient fühlt sich abgewimmelt.

Szenische Inszenierung

Bei szenischen Inszenierungen handelt es sich um „kleine Dramen", die Klient und Beraterin miteinander spielen. Die szenische Inszenierung beginnt – wie jedes Drama – mit dem „Auftritt" eines der Beteiligten. Gelingt es ihm, durch den Auftritt sein Gegenüber, z.B. durch die Aktivierung eines Lieblingsgefühls, aus der Reserve zu locken und zum Mitspielen zu verführen, wird dieses in die Inszenierung miteinbezogen bzw. „eingebaut". Die so eingeleitete Szene übt durch ihre dramatischen Momente – Gestik, Stimmklang, Blickbewegung und eine charakteristische Selbststilisierung einen Reiz aus, dem sich das Gegenüber in Fällen gelingender Inszenierung nicht entziehen kann. Die Inszenierung von Hilflosigkeit ist ein bekanntes Beispiel. Ein häufig beschriebener Fall ist auch die „projektive Identifizierung". Hierbei verhält sich der Klient in einem Beziehungsschema, das er aufgrund von Erfahrungen in anderem Zusammenhang entwickelt hat und in dem er eine belastende Rolle innehat. In der Beratungssituation, insbesondere wenn sie durch gewährendes und entgegenkommendes Verhalten der Beraterin gekennzeichnet ist, dreht der Klient im Rahmen seines Beziehungsschemas „den Spieß um“ und nimmt die Position des „Unterdrückers“ ein und identifiziert die Beraterin mit seiner eigenen Position in diesem Beziehungsschema. Die Beraterin erfährt die schmerzhafte Entwertung, unter der der Klient leidet. (Dies kann sie zum Thema machen, s. u.).

Arrangement

Arrangements sind gemeinsam hergestellte Konstruktionen, die es beiden Beteiligten, Beraterin und Klient, erlauben, schwierige Themen oder belastende Handlungen aus dem Beratungsgespräch auszusparen bzw. zu vermeiden. Es findet ein stillschweigendes Einvernehmen darüber statt.

BEISPIEL

Eine Forschergruppe um den Soziologen Stefan Wolff hat in einer Studie „Gekonnte Strenge“ untersucht, wie Beraterinnen in der Arbeitsvermittlung mit Fällen von Fehlverhalten von Arbeitssuchenden umgehen (Karl et al. 2011). Lege artis müsste solches Fehlverhalten durch die Beraterin durch Entzug von Leistungen sanktioniert werden. Dies würde aber bei kontinuierlichen Betreuungsprozessen das Risiko einer Verschlechterung der Beziehung zwischen Beraterin und Klient bergen. Beraterinnen vermeiden daher Sanktionierungen. Sie können aber auch nicht stillschweigend zur Tagesordnung übergehen. Stattdessen treffen sie mit ihren Klienten ein Arrangement, in dem sie mit Sanktionen „beim nächsten Mal“ drohen und die Klienten sich reuemütig zeigen.

Die US-amerikanischen Soziologen Glaser und Strauss haben bei einer Untersuchung von Krebsstationen festgestellt, dass bei unheilbar krebserkrankten Patienten alle Beteiligten, Patienten, Angehörige, Personal, an der Fiktion baldiger Genesung der Patienten festhielten und entsprechend kommunizierten, obwohl allen Beteiligten die Aussichtslosigkeit der Situation der Patienten bewusst war (Glaser/Strauss 1974).

Rosenberg stellte bei der Untersuchung der Beratung von HIV/AIDS-infizierten Ratsuchenden fest:
„Da auch der Abhängige oft dazu tendiert, die Auseinandersetzung mit der HIV/AIDS-Thematik zu meiden, wird in einer Art stillschweigender – und oft auch unbewusster – Vereinbarung zwischen Klient und Berater so

getan, als existiere die Todesdrohung durch AIDS überhaupt nicht und sei die Abhängigkeitsproblematik das einzige Thema." (Rosenberg 1991, 103).

Arrangements können dadurch zustande kommen, dass ein bestimmter thematischer Aspekt von einem der Beteiligten zwar testweise erwähnt wird, dieser Aspekt aber vom Anderen nicht aufgegriffen wird, sodass er stillschweigend „in der Versenkung verschwindet", oder dadurch, dass die Thematisierungsbedürftigkeit eines Aspekts von einem der Beteiligten in Frage gestellt wird, was vom Anderen bekräftigt wird. Es handelt sich um Einladungen zum gemeinsamen Vermeiden. In Arrangements gehen Beraterin und Klient gleichsam augenzwinkernd eine Art Komplizenschaft ein.

8.4 Gestaltungsmöglichkeiten der Bindungsbeziehung durch die Beraterin

8.4.1 Reflexion eigener Konstruktionen

Um in der Beratungssituation souverän handeln zu können und dem Klienten eine tragfähige Beziehung anbieten und diese aufrecht erhalten zu können, ist es für die Beraterin förderlich, die eigenen gesprächsleitenden Konstruktionen zu kennen, über ihre Lieblingsgefühle Bescheid zu wissen, zu wissen, worüber sie verführbar ist und ihre wunden Punkte zu kennen, kurz: ihre Selbsterkenntnis zu erweitern. Dies kann durch Eigenreflexion erfolgen, besser aber noch über kollegialen Austausch und Supervision (Kap. 12), weil in diesen Formaten eigene blinde Flecken deutlicher zum Thema gemacht werden können. Darüber hinaus: Selbst erfahrene Psychotherapeuten sind nicht davor gefeit, unbeabsichtigt in Verstrickungen verwickelt zu werden – es empfiehlt sich daher eine milde Haltung, wenn es der Beraterin „wieder einmal passiert" ist.

8.4.2 Zuhörhaltung: Fördernde Responsivität

Das Konzept der fördernden Responsivität ist von dem US-amerikanischen Psychoanalytiker James Fosshage entwickelt worden (Fosshage 1999). Geleitet von der Einsicht, dass Beziehungsschemata nicht über das deklarative Gedächtnis angesprochen werden können, sondern im prozeduralen Gedächtnis „abgelegt" sind, fordert Fosshage, dass eine förderliche Zuhörhaltung über das empathische Verstehen des Gefühlszustandes des Klienten hinausgehen muss und um ein „Zuhören aus der Position des [...] bedeutungsvollen Anderen“ (Fosshage 1999, 59) ergänzt werden muss. In der empathischen Haltung widmet sich die Beraterin den Gefühlen des Klienten in Bezug auf ein berichtetes Geschehen im Rahmen der Problemerörterung, damit fördert sie die Selbst-Stabilität des Klienten – er fühlt sich wahrgenommen, ernst genommen, gewertschätzt. In der Haltung des bedeutungsvollen Anderen widmet sich die Beraterin der Beziehungskonstellation mit dem Klienten im Hier-und-Jetzt der Beratungssituation. Sie erlebt den Klienten zum Beispiel „[...] verführerisch, kontrollierend, humorvoll oder gefühlvoll“ (Fosshage 1999, 59). Diese Hörhaltung verschafft der Beraterin Informationen dazu, wie der Klient Beziehungen gestaltet. Im Hinblick auf die therapeutische Situation schreibt Fosshage:

> *„[...] wenn man ausschließlich im empathischen Modus der Beobachtung bleibt, [...] kann es [...] geschehen, daß der Patient behindert wird, Informationen zu bekommen, die er brauchen würde, um seine Beziehungserfahrungen zu verstehen“ (Fosshage 1999, 62).*

Die Beraterin kann solche Informationen dazu nutzen, um die aktuelle Beziehung so umzugestalten, dass das Repertoire an Beziehungsschemata des Klienten erweitert wird und er sich dadurch in anderer Weise erleben kann, z.B. selbstwirksam, anerkannt, wahrgenommen und anderes mehr.

ZUSAMMENFASSUNG

Die Beziehung zwischen Beraterin und Klient ist stets auch geprägt von den lebensgeschichtlich zustandekommenden Beziehungserfahrungen und -mustern beider Beteiligter. Es wurde erläutert, wie diese Muster zustandekommen. Sie können in der Beratungssituation zu Bindung und produktiver Entwicklung (Testlauf, Kreditierung) oder zu Verstrickungen mit Stagnation und Lähmung führen (Klick-Surr-Mechanismus, Szenische Inszenierung, Arrangement). Möglichkeiten der Beraterin, produktive Bindungsmuster zu initiieren, wurden vorgestellt (Reflexion, fördernde Responsivität).

9 „Mir ist das so peinlich“ – Beratung als emotionale Beziehung

Berufliche Tätigkeit ist in der Regel zweckbestimmt und damit rational definiert. Auch Fachberatung ist durch ihren Zweck bestimmt – die Entwicklung einer Lösung für ein Problem. Aber Emotionen spielen für die Durchführung von Beratung gleichwohl eine wesentliche Rolle. Es ist daher wichtig, Emotionen nicht als Störungen oder private Verirrungen, die nichts mit der Sache zu tun haben, zu betrachten, sondern die Rolle von Emotionen und ihre Bedeutung genau zu verstehen, um angemessen professionell handeln zu können. Die Harvard-Verhandlungsforscher Stone, Patton und Heen (1999) haben dies einmal auf die prägnante Formel gebracht:

„Have your feelings or they will have you.“ (Stone et al. 1999, 85 ff.)

In diesem Kapitel wird nach einem einschlägigen Erlebnisbericht die Bedeutung von Emotionen für das Beratungsgeschehen erläutert. Mit den Rollen der Beraterin und des Ratsuchenden sind jeweils rollentypische Gefühle verbunden. Diese werden zunächst für die Beraterin erläutert und es wird gezeigt, in welche Gesprächsschwierigkeiten die Beraterin durch sie geraten kann und wie man ein Beratungsgespräch souverän mit ihnen meistern kann. Danach werden die typischen Gefühle von Ratsuchenden vorgestellt und auch hier gezeigt, welche Möglichkeiten des produktiven Umgangs mit diesen die Beraterin hat.

9.1 Beratungsgeschichten, die das Leben schreibt: die bleierne Wolke

„Was mir am meisten zusetzt, ist, wenn Kunden so mutlos sind. Wenn die erzählen, was sie alles schon versucht haben, und alles hat nicht geklappt oder ist dann doch wieder schief gegangen, und wenn die dann so dasitzen und dieser Blick, dann ist das so, als läge eine bleierne Wolke über uns und ich lass mich dann blöderweise von dieser Mutlosigkeit anstecken; die zieht mich so runter und ich werde dann wie gelähmt.“

9.2 Die Bedeutung von Gefühlen für die Beratungsbeziehung

Wenn man Beratung als reine Vermittlung von Fachwissen einer Expertin an einen Ratsuchenden verstehen würde, hätten Gefühle in diesem Gesprächsformat nichts zu suchen. Gleichwohl sind Gefühle in Beratungsgesprächen präsent und dies sogar in intensiver Weise und durch das ganze Geschehen hindurch. Dass Gefühle für den Ratsuchenden eine Rolle spielen, leuchtet unmittelbar ein: Er befindet sich in einem Zustand des Unvermögens – er *weiß* etwas *nicht*, *kann* etwas *nicht*, *hat* etwas *nicht*, und dieser Mangelzustand ist mit Peinlichkeit und Scham verbunden. Gleichzeitig ist die Beseitigung dieses Mangelzustands für ihn ein dringliches Anliegen und mit einem entsprechenden Druck verbunden. Außerdem setzt er Hoffnungen in das Beratungsgespräch. Aber auch die Beraterin bringt Gefühle mit in die Gesprächssituation – und dies zwingend; würde sie ihre Beratungstätigkeit ohne Gefühle verrichten (was nur in einem Gedankenexperiment vorstellbar wäre), wäre sie nicht von einem Automaten zu unterscheiden. Ihre Hilfsbereitschaft, ihr Arbeitseifer, ihr Engagement, ihre Zugewandtheit sind zwingende Rollenerfordernisse ihrer Beratungstätigkeit. Zugleich setzen institutionelle Zwänge und Arbeitsbelastung sie unter Druck, sie erlebt ihre Arbeit als Routine, die mit Langeweile verbunden ist oder sie fühlt eine „innere Leere“ angesichts einer Sysiphus-Tätigkeit.

Die Arbeit einer Beraterin reiht sich damit ein in die Riege sogenannter „Gefühlsarbeiter“, d. h. jener arbeitenden Menschen, für deren Tätigkeit Gefühle eine ganz besondere Rolle spielen. Die US-amerikanische Soziologin Arlie Hochschild (1990) hat solche Tätigkeiten untersucht (Kap. 2) (auch anschaulich Rafaeli und Sutton 1987). Es gibt also eine emotionale Ebene, auf der Beraterin und Klient miteinander interagieren. Diese emotionale Ebene ist für das Geschehen in Beratungsgesprächen gleich dreifach von entscheidender Bedeutung: Erstens wird auf dieser Ebene die Grundlage für das Verstehen und Verständnis der Beratungsinhalte gelegt. Die Forschung zum Zuhören zeigt: Was man hört, wird wesentlich durch die emotionale Einstellung geprägt, aus der heraus man zuhört. In einem Zustand der Wut höre ich meinem Gegenüber vielleicht überhaupt nicht mehr zu, sondern bin nur „in mir“; in einem Zustand der Verzweiflung ist meine Hörhaltung durch so etwas wie: „Ja, das sagen Sie so…“ geprägt, bei der z. B. die Nützlichkeit eines Ratschlags nicht wahrgenommen werden kann. Die emotionale Haltung bildet gleichsam den Boden, auf den eine inhaltliche Aussage fällt – und dort je nachdem Früchte trägt oder verkümmert. Zweitens sind Emotionen in hohem Maße mit dem Selbstwertgefühl von Menschen verknüpft. Das Ignorieren von Emotionen wird daher von Menschen in starkem Maße als persönliche Zurückweisung empfunden. Daher ist eine Aufforderung wie „Nun bleiben Sie mal sachlich“, mit der eine Beraterin versuchen will, aufkommende Wogen in einem Gespräch zu glätten, ein klassischer Fall von Verschlimmbesserung. Drittens erzeugen Emotionen eines Gesprächsbeteiligten korrespondierende Resonanzen beim Anderen, die ihrerseits Resonanzen beim Gegenüber hervorrufen. So entsteht ein emotionales Klima, „gelöste Stimmung“, „dicke Luft“, „hitzige Stimmung“, „bleierne Stille“, „euphorische Stimmung“, „eisiges Klima“, etc., was wiederum das Gesprächsgeschehen prägt.

9.3 Das Affektprofil der Beraterin

Wir neigen im Allgemeinen dazu, Gefühle für etwas zutiefst Persönliches zu halten, für Qualitäten, die in besonderer Weise uns in unserer jeweiligen Individualität ausmachen. Aber nicht nur Individuen haben „ihre“ Gefühle, auch soziale Rollen sind mit einem Gefühlshaushalt ausgestattet, der für sie spezifisch ist – und zwar unabhängig von der Persönlichkeit, die eine solche soziale Rolle einnimmt. Dies gilt auch für die soziale Rolle der Beraterin.

Der Gefühlshaushalt der Beraterin – man spricht auch von „Affektprofil“ – speist sich wesentlich aus der Zwecksetzung ihrer Tätigkeit und deren institutioneller Einbettung. So ist z. B.

- aufgrund der Zwecksetzung, Hilfe zu leisten, die emotionale Haltung der Hilfsbereitschaft Bestandteil des Affektprofils,
- mit dem Arbeitscharakter (Kap. 2) und dem Leistungsanspruch, der mit ihrer Tätigkeit verbunden ist, ist die Angst, zu versagen, verbunden,
- aus dem Anspruch, über fundiertes Wissen zu verfügen (Kap. 4), ist Unsicherheit, das Richtige zu raten, verbunden,
- der institutionelle Status (Kap. 5) wiederum kann Machtgefühle erzeugen, usw.

Wer eine Beraterrolle einnimmt, muss sich auch mit deren Affektprofil auseinandersetzen, d. h. ein gutes Verhältnis zu den einzelnen Momenten des Affektprofils gewinnen.

Hier können Fragen zur Selbstexploration der Beraterin helfen:

- Wie verführbar bin ich, meine hierarchische Position gegenüber dem Ratsuchenden aufgrund meiner persönlichen Machtfantasien auszuspielen?
- Wie furchtbar wäre es für mein Selbstwertgefühl, auf eine Sachfrage eines Klienten keine fundierte Antwort zu wissen?
- Wie wichtig ist es für mein Wohlbefinden, einem Ratsuchenden wirklich helfen zu können?

Zu den wichtigsten typischen Gefühlen einer Beraterin gehören:

- Unsicherheit in fachlichen Dingen
- Hilfsbereitschaft
- Überlegenheitsgefühl / Machtgefühl
- Misstrauen / Täuschungsverdacht

Die einzelnen Momente des Affektprofils der Beraterin werden weiter unten ausführlich erläutert. Über dieses Affektprofil hinaus sind für einen Menschen, der die Beraterrolle einnimmt, natürlich auch die Gefühle präsent, die ihn in seiner individuellen Persönlichkeit prägen. Unter Gesichtspunkten der Gesprächsgestaltung ist hier eine Gruppe von Gefühlen von besonderer Bedeutung, die sogenannten „Lieblingsgefühle“. Lieblingsgefühle sind emotionale Lagen, die wir in sozialer Interaktion besonders intensiv anstreben, für die wir gleichsam „alles tun würden“, um sie zu erzeugen. Diese Lieblingsgefühle können sehr unterschiedlich sein, sie können verbunden sein mit Situationswahrnehmungen wie z. B.:

- „Ich habe Recht“
- „Ich bin attraktiv“
- „Ich kann helfen“
- „Ich bin der Erste / Schnellste / Beste / Klügste“
- „Ich gehöre dazu“

Lieblingsgefühle sind Gefühle, nach deren Erfüllung Menschen sich besonders sehnen. Entsprechend bereit sind Menschen auch, sich auf Bedingungen einzulassen, wenn diese nur mit einem entsprechenden Erfüllungsversprechen verbunden sind; mit anderen Worten: Menschen sind über ihre Lieblingsgefühle manipulierbar.

BEISPIEL

Im Büro:
A.: Kannst du mir vielleicht diesen Fall abnehmen?
B.: Sorry, ich habe selbst bis über die Ohren zu tun.
A: Ja weißt du, ich frage gerade dich, weil keiner hier sich besser mit einem solchen Fall auskennt.
B.: Hm, naja, stimmt schon – also gut, gib mal her.

Auch hier sind Fragen zur Selbstexploration nützlich:

- Welche Lieblingsgefühle können Sie bei sich selbst entdecken?
- Welche davon können für Ihre Tätigkeit als Beraterin eine Rolle spielen?
- Wie könnten sich diese zu Ihrem Nachteil auswirken?

Im Folgenden soll auf das Affektprofil der Beraterin im Einzelnen eingegangen werden.

9.3.1 Unsicherheit in fachlichen Dingen

Das Gefühl in der Beratungssituation

Die Beraterin bekommt im Gespräch das Gefühl, fachlich nicht kompetent zu sein, nicht genau Bescheid zu wissen, auf eine Frage keine fundierte Antwort zu wissen, zu „schwimmen".

Dieses Gefühl hat seine Quelle in den Aspekten der Professionalität und Asymmetrie (Kap. 4, Kap. 5). Aufgrund dieser Merkmale kann an die Rolle der Beraterin der Anspruch gestellt werden (von ihrem Gegenüber, aber auch von ihr selbst), „es doch wissen zu müssen".

Während es in Alltagsberatungen kein Problem für eine Ratgeberin darstellt, eine spezifische Frage des Ratsuchenden nicht beantworten zu können („na so viel Ahnung habe ich nun auch nicht"), ist im professionellen Kontext Nicht-Wissen eine Status-Bedrohung und erzeugt entsprechend Unsicherheit.

Das Wissen über ein Fachgebiet hat jedoch keine natürlichen Grenzen – es kann stets erweitert, vertieft oder in seiner Gültigkeit in Frage gestellt werden. Daher ist stets mit dem „Risiko" des Nicht-Wissens zu rechnen und einer entsprechenden Unsicherheit. Das Gefühl der Unsicherheit ist sicher bei Berufsanfängerinnen besonders präsent.

Eine besondere Tücke von Unsicherheit besteht darin, dass man glaubt, das Gegenüber würde die eigene Unsicherheit erkennen. Es ist dem Effekt beim Lügen ähnlich, wo man auch zu spüren meint, dass der Andere einen „durchschaut". So wird das Gefühl der Unsicherheit noch verstärkt durch das unbehagliche Gefühl, dass man „ertappt" ist („So wie ich hier herumstottere, merkt der bestimmt, dass ich keine Ahnung habe.").

Verführung für die Beraterin

Aufgrund der Statusbedrohung durch Nicht-Wissen ist die Neigung bei der Beraterin, dieses zu überspielen, groß. Es muss aber nicht eigens betont werden, dass die Mitteilung möglicherweise nichtzutreffender Informationen ein professionelles „no-go" ist.

Oft ist auch zu beobachten, dass Beraterinnen, wenn sie unsicher werden, versuchen, ihren Klienten „abzuwimmeln", z. B. durch eine allzu rasche Beendigung des Gesprächs („So, ich glaube, jetzt ist alles geklärt …"). Dahinter steckt der (verständliche) Wunsch, die vermeintliche Quelle ihrer Unsicherheit, den Klienten, loszuwerden – und damit das Gefühl der Unsicherheit selbst eben auch. Die Erfahrung lehrt allerdings auch, dass solche Versuche sich oft als nicht zielführend erweisen, weil Klienten den Charakter solcher Versuche allzu leicht erkennen und mit (verständlichem) Widerstand reagieren („Ich glaube, Sie wollen mich loswerden").

Professioneller Umgang der Beraterin mit dem Gefühl

Souveräner ist es, die Kniffiichkeit der Frage oder die fachliche Herausforderung, die mit einem Anliegen verbunden ist, anzuerkennen und zu würdigen und die eigene Sorgfalt in der Bearbeitung herauszustreichen:

- „Da haben Sie mir aber eine harte Nuss aufgegeben. Da muss ich mich erst mal schlau machen."
- „Das ist mal eine Frage außerhalb der Routine. Bevor ich Ihnen etwas Falsches sage,…"
- „Ein schwieriger Fall. Ich würde mich gerne mit meiner Kollegin abstimmen, bevor ich …"

Eine solche Würdigung des Anliegens ist zugleich auch eine Würdigung des Klienten und trägt damit zur Kooperationsbasis des Beratungsgesprächs (Kap. 3) bei.

9.3.2 Hilfsbereitschaft

Das Gefühl in der Beratungssituation

Die Beraterin bemüht sich nach allen (professionell definierten) Kräften, den Klienten bei dessen Bewältigung seines Problems zu unterstützen und lässt sich auch von Fehlschlägen, zurückgewiesenen Vorschlägen und auftretenden Schwierigkeiten nicht entmutigen.

Die Haltung der Hilfsbereitschaft korrespondiert auf der emotionalen Ebene der Beraterin mit dem institutionellen Auftrag der Beratung – meist formuliert als Hilfe zur Selbsthilfe. Aus dieser emotionalen Haltung speist sich die psychische Energie, die die Beraterin benötigt, um ihre Tätigkeit professionell angemessen durchführen zu können (notwendige Bedingung, nicht hinreichende). Ohne diese Haltung bzw. diese Motivation kann eine Beratung nicht gelingen. Gleichzeitig stößt diese Hilfsbereitschaft an Grenzen. Diese Grenzen sind zum einen institutionell gesetzt (Kap. 5), zum anderen aber auch durch den Klienten, dann nämlich, wenn er die Anstrengungen der Beraterin zurückweist oder in anderer Weise nicht würdigt, was wiederum zu verstärkten Lösungsanstrengungen der Beraterin führt. Werden auch diese nicht honoriert, führt dies typischerweise zu Enttäuschungsgefühlen auf Seiten der Beraterin („Jetzt hab ich ihm so gute Hinweise gegeben und er winkt einfach nur ab."). Jede Hilfeleistung hat den Charakter einer Gabe und ist daher mit einer Dankbarkeitserwartung verknüpft. Bleibt diese Dankbarkeit aus, führt dies zu Enttäuschung und nachfolgend zu Verurteilungsreaktionen und entsprechenden Typisierungen („Er ist undankbar!").

Verführung für die Beraterin

Für die Beraterin besteht eine Verführung darin, sich von den Enttäuschungsgefühlen leiten zu lassen und das Beratungsgespräch aus einer Haltung persönlicher Gekränktheit weiterzuführen. Damit aber würde sie ihre professionelle Rolle aufgeben.

Die andere Verführung besteht darin, sich von den ablehnenden Reaktionen des Klienten herausgefordert zu fühlen, doch noch eine Lösung zu finden, die der Klient akzeptiert („Es muss sich doch was finden lassen."). Die Beraterin kann dadurch in ein sogenanntes Ja-Aber-Spiel geraten – ein Spiel, das sie verlieren wird. Das Ja-Aber-Spiel wird in Kap. 10 erläutert.

Professioneller Umgang der Beraterin mit dem Gefühl

Grundlage eines professionellen Umgangs ist die Einsicht der Beraterin, dass ihre Hilfsmöglichkeiten für den Klienten begrenzt sind. Dies schützt vor persönlicher Überforderung. Aus einer solchen Haltung heraus kann sie dem Klienten mitteilen: „Mehr kann ich für Sie nicht tun." Damit kann sie auch der Verstrickung in ein Ja-Aber-Spiel vorbeugen: „Ich stelle fest, dass keiner meiner Ratschläge von Ihnen akzeptiert wird. Offensichtlich bin ich für Sie nicht die richtige Adresse. Sie sollten sich an eine andere Stelle wenden."

9.3.3 Überlegenheitsgefühl/Machtgefühl

Das Gefühl in der Beratungssituation

Die Beraterin hat das Gefühl, dem Klienten überlegen zu sein, „höher zu stehen“ und lässt das den Klienten auch spüren. Sie unterbricht ihn in unhöflicher Weise, weist ihn zurecht und kanzelt ihn „von oben herab“. Dieses Gefühl liegt sehr nahe, denn zum einen befindet sich der Klient in einer Notlage und ist in dieser von der Beraterin abhängig („Er will ja schließlich was von mir.“). Allein schon diese Abhängigkeit kann ein Machtgefühl bei der Beraterin auslösen. Hinzu kommt, dass das Beratungsgespräch in einem institutionellen Kontext stattfindet und die Beraterin diese, „ihre“, Institution im Beratungsgespräch verkörpert. Sie „ist“ in diesem Moment die Institution mit allen ihren Insignien (Stempel, Formulare), Attributen (Büroeinrichtung, Titel), und Handlungsoptionen („Erteilen“ eines Ratschlags, „Gewähren“ einer Unterstützung, „Verweisen“ an eine andere Abteilung).

Verführung für die Beraterin

Die Verführung, sich die Institutionsmacht anzueignen und gegenüber dem Klienten auszuspielen, ist erheblich, insbesondere bei Beraterinnen, die aufgrund ihrer Persönlichkeitsstruktur eine Affinität zu diesem Gefühl haben. Ihre Überlegenheit dem Klienten gegenüber demonstrativ zu zeigen, könnte jedoch die Kooperationsbasis gefährden, entweder weil der Klient „auf stur schaltet“ oder so eingeschüchtert wird, dass seine Fähigkeit zu einer angemessenen Falldarstellung (Kap. 4.2.2) beeinträchtigt wird. Die Verführung, die Machtkarte auszuspielen, ist stark in Fällen eigener Unsicherheit – Ersetzen von Erklärungskompetenz durch Arroganz („Das brauche ich Ihnen nicht zu erklären.“) und in Fällen aggressiv auftretender Klienten – Abwehr von Aggression durch Ausspielen des institutionellen Status („Was erlauben Sie sich mir gegenüber.“).

Professioneller Umgang der Beraterin mit dem Gefühl

Der interaktive Umgang mit ihrem Machtgefühl ist für die Beraterin eine erhebliche Herausforderung und bedarf einer gekonnten Balance. Sich als machtlos darzustellen, würde ihrer Rolle, ihrem Auftrag und ihren Handlungsoptionen nicht gerecht. Man mag es ja kaum glauben, aber in der Literatur zu Beratung findet sich auch die Vorstellung, dass Berater und Klient sich als „Kameraden“ begegnen (Bernter/Johnsson 1997).

9.3.4 Misstrauen/Täuschungsverdacht

In der Beraterin keimt der Verdacht auf, dass der Klient falsche Angaben zur Sache macht, sich Leistungen erschleichen will und die Beraterin hintergehen will.

Ziel eines Beratungsgesprächs ist die Entwicklung einer Lösung für das Problem des Klienten. Zu diesem Zweck bedarf es einer genauen Sachstandsdarstellung und damit einer Prüfung von Angaben des Klienten bzw. des Antragstellers. Im Zuge einer solchen Prüfung kann die Beraterin den Eindruck gewinnen, dass Angaben des Klienten nicht den Tatsachen entsprechen. Bei der Beraterin bildet sich der Verdacht, dass sie vom Klienten getäuscht wird – sie wird misstrauisch.

Ein Täuschungsverdacht entfaltet eine besondere Dynamik, weil er – einmal etabliert – sich über seinen eigentlichen Anlass hinaus auf alle Gegenstände des Gesprächs ausbreiten kann. Verdacht ist gefräßig. Gleichzeitig ist Täuschungsverdacht erheblich, denn er attackiert das Selbstverständnis beider Beteiligten: die Beraterin trifft es in ihrem professionellen Selbstverständnis („Ich lasse mich doch nicht verarschen“), den Klienten trifft es in seinem Selbstverständnis, weil der Verdacht seine Auftrichtigkeit und Integrität in Frage stellt.

Aktivitäten der Glaubwürdigkeitsprüfung sind daher ausgesprochen heikel. Sie können leicht auf Seiten des Klienten Wut und Empörung auslösen, durch die die Kooperationsbeziehung erheblich beeinträchtigt wird.

Verführung für die Beraterin

Die Beraterin kann sich durch ihren Verdacht in ihrem professionellen Selbstwertgefühl – ihrer Ehre – getroffen fühlen, die Angelegenheit „persönlich nehmen“ und in der Folge das Beratungsgespräch auf der Basis einer Mischung aus Misstrauen und Empörung weiterführen – einem Gefühlsmix also, der der Entwicklung einer produktiven Bearbeitung des Problems nicht förderlich ist.

Professioneller Umgang der Beraterin mit dem Gefühl

Eine Lösungsoption für die Beraterin, mit dem Täuschungsverdacht klug umzugehen, besteht darin, das Misstrauen von ihrer Person zu lösen und institutionellen Verfahren zuzuschreiben, also z. B. den Routinecharakter von Überprüfungsaktivitäten als institutionell vorgesehenes Verfahren hervorzuheben.

9.4 Das Affektprofil des Klienten

Ein Mensch leidet unter einem Problem. Er sucht eine Beratungseinrichtung auf, von der er sich Lösungen seines Problems verspricht.

Sobald er mit der Institution in Kontakt kommt, übernimmt er eine soziale Rolle – die Rolle des Klienten. So wie die Beraterin „Mensch im Rollenkostüm“ ist, gilt dies auch für ihr Gegenüber. Auch für die Rolle des Klienten lassen sich eine Reihe von Emotionen benennen, die für diese Rolle typisch sind – für die Rolle, nicht für einen oder gar jeden Menschen, der einer Beraterin im Beratungsgespräch begegnet.

Zu den wichtigsten typischen Gefühlen von Klienten gehören:

- Scham
- Wut / Ärger
- Verzweiflung
- Resignation / Hoffnungslosigkeit
- Hoffnung
- Enttäuschung
- Erleichterung

Einige der Gefühle sind mit dem Problem als solchem verbunden (z. B. Scham, Verzweiflung) – sie bringt der Klient gleichsam mit, andere sind im Verlauf der „Karriere“ bisheriger Lösungsversuche außerhalb und innerhalb der Institution hinzugekommen (z. B. Hoffnungslosigkeit, Wut), manche sind der Beratungssituation selbst geschuldet (Hoffnung, Enttäuschung).

Für die Beraterin ist es für eine professionelle Gesprächsgestaltung von entscheidender Bedeutung, dass sie mit den Gefühlen des Klienten angemessen umgeht. Zunächst sei noch einmal wiederholt, dass eine Haltung „Das hier ist Fachberatung, da haben Gefühle keine Rolle zu spielen“, völlig kontraproduktiv ist. Jeder Ratsuchende, der eine Beratungsinstitution aufsucht, leidet in irgendeiner Weise unter seinem Problem. Es beschäftigt ihn, treibt ihn um, macht ihm Sorgen, hindert ihn in seiner Lebensgestaltung – er ist in Not. Es ist nicht die Sachfrage, die ihn umtreibt, es ist der emotionale Impuls, der seiner Frage zugrunde liegt.

Ein angemessener Umgang der Beraterin mit den Gefühlen des Klienten bedeutet nun nicht, dass eine Fachberatung zur Psychotherapie mutieren soll. Es bedeutet vielmehr, in einer Weise mit den Gefühlen des Klienten umzugehen, dass die Kooperationsbasis, auf der das Beratungsgespräch vollzogen werden kann, aufrechterhalten bzw. gefestigt wird.

Mit jedem dieser Gefühle ist allerdings für die Beraterin auch eine Verführung verbunden, in nicht-produktiver Weise auf das jeweilige Gefühl des Klienten zu reagieren. Auch diese Verführung wird in den Blick genommen. Auf eine allgemeine Verführung soll schon an dieser Stelle eingegangen werden: die Verführung, dem Klienten sein Gefühl auszureden: „Regen Sie sich nicht so auf", „Wir wollen hier keinen Ärger", „Das muss Ihnen nicht peinlich sein", „Das schaffen Sie schon". Hinter solchem Reden steht der Wunsch der Beraterin, das Gefühl des Klienten möge gleichsam per Zauberhand verschwinden und die Beraterin nicht weiter belasten. Jedoch erweisen sich solche Versuche allzu oft als kontraproduktiv, weil sie beim Klienten zu der Empfindung führen, nicht wahrgenommen und nicht ernst genommen zu werden – eine Empfindung, die wiederum die Kooperationsbasis beeinträchtigt.

Im Folgenden werden einige der o. a. für Klienten typischen Gefühle im Einzelnen dargestellt und ausgeführt, wie sich das jeweilige Gefühl auf das Gesprächsverhalten des Klienten auswirkt. Dann wird erörtert, wie die Beraterin sich vor Fehlreaktionen (Verführung) schützen kann und in professioneller und konstruktiver Weise mit dem jeweiligen Gefühl umgehen kann.

9.4.1 Scham

Das Gefühl in der Beratungssituation

Der Klient druckst herum, erläutert sein Problem nur zögerlich, spricht leise, ringt seine Hände, weicht dem Blick der Beraterin aus und sitzt sich windend da. Er versucht, sich klein zu machen: Er schämt sich.

Das Gefühl der Scham ist (in unserer Kultur) gleichsam intrinsisch damit verbunden, dass jemand ein Problem hat.

„Ein Problem zu haben" bedeutet, in irgendeiner Weise ein Defizit zu haben – etwas nicht zu wissen, nicht zu haben, nicht zu können, nicht zu dürfen. Probleme sind als Mangelzustand definiert, und dieser Mangelzustand ist dem „Problemträger" zugeschrieben – er ist sein Defekt. Er hat – prägnant gesagt – gegenüber dem gesellschaftlichen Auftrag, normal zu sein, versagt. Daher ist jedes Haben eines Problems mit Scham verbunden. Das Ausmaß dieses Schamgefühls variiert im Beratungsspektrum ganz erheblich von „Ich habe mal eine kleine Frage" bis hin zu „Ich bin nicht fähig, …". Ein prägnanter Fall ist der der Schuldnerberatung. „Schulden haben" gilt in unserer Kultur als ein erhebliches Defizit. „Er kann nicht mit Geld umgehen", ist eine sehr diskreditierende Beurteilung eines Menschen. Aber auch andere Mangelzustände oder Defizite sind gesellschaftlich stigmatisiert und können dementsprechend schamauslösend sein – keine Arbeit zu haben, ein verhaltensauffälliges Kind zu haben, in der Ehe gescheitert zu sein, alkoholabhängig zu sein, geistig oder körperlich behindert zu sein, HIV-infiziert zu sein etc. (Hilgers 1996)

Das Gefühl der Scham kann den Klienten dazu verleiten, seine Problemsituation in einer Weise darzustellen, dass sie für ihn möglichst wenig schamvoll erscheint. Das Schamgefühl blockiert den Klienten in einer den Tatsachen angemessenen Schilderung seines Problems. In extremen Fällen kann ein Klient so von seinem Schamgefühl überwältigt sein, dass er überhaupt nichts herausbringt.

Hier liegt für die Beraterin die Schwierigkeit: Auf der Grundlage einer geschönten oder unvollständigen Problemschilderung kann sie nicht ihrem Beratungsauftrag angemessen nachkommen, nämlich eine problemangemessene Lösung zu entwickeln.

Ein Beispiel aus der EDV-Beratung (Help-Desk):
Ein Mitarbeiter (M) ruft beim Help-Desk (H) an:
M: Mein Drucker geht nicht. Was kann ich machen?
H: Was haben Sie denn als letztes an Ihrem Rechner gemacht?
M: Ich? Nix, gar nix!

Verführung für die Beraterin

Eine kontraproduktive Verführung liegt für die Beraterin darin, die Problemschilderung des Klienten als Vorlage für die Bestätigung eigener Wertmaßstäbe zu funktionalisieren (z. B. „Wie kann man nur so viel Schulden machen, dem Alkohol verfallen, seine Kinder verprügeln, regelmäßig unpünktlich zur Arbeit kommen, ungeschützten Sex haben“ etc.) und mit Verachtung auf den Klienten zu reagieren. (Die vielbeschworene „bedingungslose positive Zuwendung“ ist in manchem Einzelfall gar nicht so einfach zu realisieren, wenn der Beraterin das Problem oder der Klient gar sehr „gegen den Strich“ geht.) Es ist damit zu rechnen, dass der Klient auf diese Verachtung entweder noch stärker verstummt oder in den Widerstand geht, z. B. sein Verhalten rechtfertigt. Auf der Grundlage einer solchen Rechtfertigung kann dann das Gespräch zu einer Debatte um legitime Beweggründe des Handelns werden, Beweggründe, die nur aus Gründen der Gesichtswahrung erfunden werden, nun aber den Status eines gewichtigen Themas erhalten.

Es mag dem Klienten gut tun, sich von der Beraterin wertschätzend angenommen zu fühlen. Seinem Gefühl, sich für den Umstand, der ihn in die Beratung geführt hat, schämen zu müssen, wird dies nicht abhelfen.

Professioneller Umgang der Beraterin mit dem Gefühl

Scham entsteht aufgrund des Abweichens von einer gesellschaftlichen Norm. Hier kann die Beraterin ansetzen und dem Klienten deutlich machen, dass er „nicht der einzige ist", der mit diesem, seinem, Problem zu ihr kommt. Wird dem Klienten vor Augen geführt, dass er „in guter Gesellschaft" ist, wird zwar nicht das Moment der Normabweichung, aber immerhin das des individuellen Versagens von ihm genommen. „Sie sind heute der fünfte mit diesem Problem.", „Mit diesem Problem sind Sie nicht allein.", „Was glauben Sie, wie viele …". Solche Aktivitäten der Normalisierung können dazu beitragen, dass der Klient den Gesichtspunkt persönlichen Defizits neu bewertet und auf dieser Grundlage ein realitätsangemesseneres Verhältnis zu seinem Problem bekommt und emotional entlastet wird.

9.4.2 Resignation

Das Gefühl in der Beratungssituation

Der Klient hat die Hoffnung darauf, dass sein Problem gelöst werden könnte, aufgegeben. Er befindet sich in einem Zustand der Mut- und Antriebslosigkeit und dieser Zustand ist deutlich sichtbar: Der Klient sitzt zusammengesunken auf seinem Stuhl, er ist niedergeschlagen, seine Stimme ist leise und monoton, sein Blick fahrig, seine Schilderung von Ausweglosigkeit und Bitterkeit geprägt. Institutionelle Beratung ist in den meisten Fällen nicht die erste Anlaufstelle, die ein Klient zur Lösung seines Problems aufsucht. Er wird zunächst in seinem persönlichen Umfeld nach Rat gesucht haben, bei Bekannten, bei Semi-Experten, im Internet, in Ratgebern in Buchform usw. Erst wenn all diese Anstrengungen keine Verbesserung seiner Situation erbracht haben, wird er sich an eine einschlägige Institution als letzten Ausweg wenden. Wenn er zur Beratung kommt, dann unter dem Eindruck von Fehlschlägen der Lösungssuche. Dies kann zu einer ambivalenten Haltung führen: zum einen zu übersteigerten Erfolgserwartungen (s. u.), zum anderen zu einer resignativen Haltung: „Mir ist nicht zu helfen."

Mit Resignation ist insbesondere bei „Dauerkunden" zu rechnen, z. B. in Fällen von Langzeitarbeitslosigkeit, bei denen Lösungsanstrengungen nicht zum gewünschten Resultat geführt haben. Bei diesen Klienten emulgiert ihr Problem in eine Geschichte von Fehlschlägen mit erheblichen Folgen für das eigene Selbstwertgefühl („Ich kriegs nicht hin.") und den eigenen Lebensentwurf: Der Klient richtet sich in seinem Problem-Zusammenhang ein. (Der Klient wandelt sich vom Klienten zum Klagenden oder zum Besucher. Diese Unterscheidung stammt von der US-amerikanischen Psychotherapeutin Insoo Kim Berg 1992). Das Sich-Einrichten-in-seinem-Problem wird kommunikativ flankiert durch die Entwicklung einer Hörhaltung, die durch Abwehren („Das sagen Sie so.") und Abwinken („Jaja") gekennzeichnet ist. In extremen Fällen kann dann sogar schon die Vorstellung, sein Problem ließe sich auflösen, zu Angstreaktionen führen.

Verführung für die Beraterin

Für die Beraterin sind mit der resignativen Grundstimmung eines Klienten unterschiedliche Verführungen verbunden, die je nach ihrer Persönlichkeitsstruktur unterschiedlich sein werden:

Fällt es der Beraterin persönlich schwer, Situationen der Unveränderbarkeit auszuhalten, wird sie dazu neigen, die Problematik der Lebenssituation des Klienten herunterzuspielen und übertriebenen Optimismus zu verbreiten („Das wird schon wieder"). Der Klient wird sich dadurch in seiner Situation verkannt und nicht ernstgenommen fühlen.

Die — entgegengesetzte — Verführung besteht darin, sich von der resignativen Stimmung des Klienten und der negativen Überzeugungskraft seiner Schilderung anstecken zu lassen. Dies kann dazu führen, dass die Beraterin kognitiv blockiert wird und dadurch an der Entwicklung von Lösungsmöglichkeiten gehindert wird. (Darum geht es auch in dem Einführungsbeispiel bei Kap. 9.1)

Professioneller Umgang der Beraterin mit dem Gefühl

Für die Beraterin besteht die Herausforderung im Umgang mit Resignation darin, die Problematik der Lösungsanstrengung in ihrer Gewichtigkeit zu würdigen und ihr Handeln auf einer realitätsangemessenen Basis zu fundieren. Dazu hat sie — insbesondere, wenn sie eine lösungsorientierte Zusatzausbildung hat — einige Optionen:

Sie kann sich auf die bisher vorgenommenen Lösungsanstrengungen des Klienten beziehen und diese als Beweis seiner Initiative und Stärke deutlich machen und sie kann die Zielsetzung, die der Klient verfolgt hat, mit diesem zusammen unter dem Gesichtspunkt betrachten, ob sie realistisch ist. Ggf. handelt es sich um ein sogenanntes „Sehnsuchtsziel", das sie zusammen mit dem Klienten würdigen kann, sodass der Klient sich davon verabschieden kann, um sich dann der Erarbeitung einer realistischen Zielsetzung zuzuwenden.

Sie kann bei der Schilderung des Klienten auf Episoden achten, in denen es nicht zu Fehlschlägen in seinen Anstrengungen gekommen ist oder nach solchen „Ausnahmen" fragen, um dann entsprechend dem lösungsorientierten Ansatz (Kap. 11) das Potenzial solcher Ausnahmen herauszuarbeiten.

Sie kann ggf. selbst als Modell dienen, aus dem heraus der Klient neue Hoffnungen schöpfen kann (Schäfter 2010, 113 ff).

9.4.3 Verzweiflung

Der Klient befindet sich in einem aufgelösten Zustand. Er ist in der Problemschilderung zu einer zusammenhängenden Darstellung nicht in der Lage, er betont die Dramatik seiner Situation mit drastischen Worten („Es ist alles furchtbar.", „Ich weiß nicht ein noch aus."). Er macht neue Formulierungsversuche, seine Stimme klingt gepresst und erregt, seine Stimme versagt immer wieder tränenerstickt, in seiner Körperhaltung dreht und windet er sich, ohne von der Stelle zu kommen, sein Blick ist flehentlich-bittend. Die Perspektive des Klienten ist verengt auf den sogenannten Tunnel-Blick.

Jeder Klient wendet sich aus einer Notlage heraus an die Beratungsinstitution. Nicht in jedem Fall ist diese Notlage erheblich, aber in vielen Fällen eben doch existentiell, wenn die materielle und soziale Grundlage des Klienten durch sein Problem erschüttert oder in Frage gestellt ist, wenn Ereignisse stattgefunden haben, die den Lebensentwurf des Klienten zerstört haben (Tod eines Angehörigen, Scheidung, Kündigung). In solchen Fällen geraten Klienten in seelische Krisen, die ihren Ausdruck in Verzweiflung finden.

Verführung für die Beraterin

Die Verzweiflung eines Klienten kann der Beraterin im wahrsten Sinne des Wortes „zu nahe gehen", d.h. Bereiche ihrer Persönlichkeit berühren, die sie mit ihrer Rolle als Beraterin als nicht vereinbar empfindet. Sie kann dies als Bedrohung ihrer Rollenausführung erleben, auf dieses Bedrohungsgefühl mit Abwehr des Klienten in seinem Zustand reagieren und Sicherheiten suchen, z.B. in der Durchführung eines routinemäßigen Vorgehens. Es versteht sich, dass ein solches Vorgehen kontraproduktiv ist, denn über die Zurückweisung des Klienten hinaus ist dieser ja aufgrund seines emotionalen Zustands zu einer Mitarbeit auf Routinebasis gerade nicht in der Lage.

Professioneller Umgang der Beraterin mit dem Gefühl

Der Beraterin muss es in solchen Fällen darum gehen, den Klienten zu beruhigen und ihm dazu verhelfen, seine Problemsituation kohärent und nachvollziehbar zu schildern – sozusagen aus einem Nervenbündel einen Klienten zu machen.

Dazu ist die Würdigung seines emotionalen Zustands zunächst das Mittel der Wahl, verbunden mit dem beruhigenden ausdrücklichen Angebot von Hilfe und Unterstützung. Hinzu kommen Aufforderungen, die dem Klienten Sicherheit und Struktur verschaffen, etwa in der Aufforderung „Erzählen Sie mal von Anfang an.“ Das Darstellungsformat der Erzählung ist dem Klienten alltagsweltlich vertraut (Kap. 4.2.2) und die Aufforderung „von Anfang an“ bietet dem Klienten eine Ordnungsstuktur an.

9.4.4 Wut / Verärgerung

Dem Klienten ist der Kragen geplatzt. Er beginnt die Beraterin und die Institution zu beschimpfen und verleiht seiner Wut über eine schleppende Bearbeitung seines Falles / einer langen Wartezeit / einer unangemessenen Behandlung / einer Verweisung in der Institution „von Pontius zu Pilatus“ etc. lauthals Ausdruck. Er redet sich in Rage, reagiert nicht auf Beschwichtigungen der Beraterin („So beruhigen Sie sich doch“), schlägt mit der Faust auf den Tisch und blickt die Beraterin drohend an.

Mit wütenden Klienten ist zu rechnen aufgrund der institutionellen Einbettung des Beratungsgesprächs in einen behördlichen Ablauf mit unterschiedlichen Zuständigkeiten und Prozeduren der Fall-Abarbeitung. Im Gefühl der Wut bzw. der Verärgerung findet das grundsätzliche Spannungsverhältnis zwischen Fall und Person (Kap. 2.3.1) wohl seinen prägnantesten Ausdruck.

Wie bei einigen anderen Gefühlslagen auch geht es bei Wut und Ärger darum, dass der Klient wieder „beratungstauglich“ gemacht werden muss. Bei Wut und Ärger ist ein Klient wesentlich bei sich – und nicht im Gespräch oder einer Beraterin zugewandt. Wut und Ärger sind mit einem hohen Selbstbewusstsein verbunden (Izard 1981). Wut, besonders in starkem Ausmaß, versetzt einen Menschen in einen Gefühlsrausch, in dem er primär die Energie des eigenen Gefühls erlebt und sich selbst als machtvoll – zuhören tut man in diesem Zustand eher weniger. „Sachlich“ ist man in einem solchen Zustand ebenfalls nicht. Also muss es darum gehen, den Klienten in einen solchen sachbezogenen Zustand zu versetzen.

Verführung für die Beraterin

Dies gelingt allerdings nicht, indem man den Klienten aufordert, sachlich zu sein. Es ist zwar sehr verständlich, dass die emotionale Energie des Klienten von der Beraterin als Aggression wahrgenommen wird und in der Folge Angst auslöst und sie den angstinduzierten Impuls verspürt, die emotionale Energie abzuwehren. Jedoch erweist sich eine solche Aufforderung in aller Regel als Rohrkrepierer, weil sich der Klient in seiner Befindlichkeit nicht wahrgenommen fühlt, sodass sich seine Wut noch verstärkt.

Auch die zweite typische Weise, auf Aggression zu reagieren, der Gegenangriff, ist nicht zweckdienlich; er birgt das Risiko, dass dadurch eine Eskalation von Angriff und Gegenangriff ausgelöst wird, die die Gefühlslage des Klienten und seine Gesprächshaltung verstärkt und damit vom Beratungsauftrag wegführt.

Professioneller Umgang der Beraterin mit dem Gefühl

Es hilft für einen souveränen Umgang mit einem wütenden Klienten, wenn die Beraterin sich klarmacht, dass nicht sie als Person Zielobjekt der Wut des Klienten ist, sondern die Institution, für die die Beraterin in diesem Moment steht. Diese gedankliche Differenzierung kann verhindern, dass die Beraterin sich als Person angegriffen fühlt, und ihr damit zu einem klaren Kopf und souveränen Umgang verhelfen.

Wie bei allen anderen Gefühlen des Klienten gilt auch hier, dass es zunächst darauf ankommt, dem Klienten deutlich zu machen, dass die Beraterin seine Gefühlslage wahrnimmt.

Was die Würdigung der Gefühlslage des Klienten angeht, so steht die Beraterin hier vor einer besonderen Herausforderung aufgrund ihrer Zugehörigkeit zu der Institution, über die der Klient sich ärgert. Aufgund von Loyalitätsverpflichtungen kann die Würdigung der Gefühlslage daher nicht in Gestalt einer Zustimmung oder gar Bekräftigung erfolgen („Da haben Sie aber auch wirklich Recht. Das ist eine Unverschämtheit/Zumutung/Schikane etc.“) Die Würdigung des Ärgers kann sich aber das Spannungsverhältnis von Fall und Person zu Nutze machen und die Ansprüche, die mit beiden verbunden sind, in ihrer Unterschiedlichkeit deutlich machen: „Sie sind ja wirklich sehr verärgert. Ich kann verstehen, dass Sie sich eine schnellere Bearbeitung gewünscht hätten. Das wäre mir an Ihrer Stelle als Klientin auch so gegangen. Wir haben zur Zeit leider ein großes Fallaufkommen. Sorgfältige Bearbeitung ist uns wichtig. Das ist ja auch in Ihrem Interesse. Also wie ist der gegenwärtige Bearbeitungsstand?“

Schematisch:

- Wahrnehmung
- Würdigung
- Erklärung
- Hinweis auf Interesse
- Überführung in Problem-Darstellung

Klar ist allerdings auch, dass in Fällen besonders drastischer Beschimpfung die Beraterin deutlich zeigen muss, wo die „rote Linie“ ist und sowohl ihr eigenes Ansehen wie auch das der Institution wahren.

ZUSAMMENFASSUNG

Die Beziehung zwischen Beraterin und Klient ist durch Emotionen geprägt. Neben biographisch bestimmten Emotionen gibt es auch Gefühle, die für die Rolle der Beraterin (Unsicherheit, Hilfsbereitschaft, Machtgefühl, Misstrauen) wie auch für die des Klienten charakteristisch sind (Scham, Wut, Verzweiflung, Hoffnungslosigkeit). Diese rollentypischen Emotionen wurden erläutert; dabei wurde insbesondere darauf eingegangen, welche Verführungen für die Beraterin jeweils mit ihnen verbunden sind und wie stattdessen ein professioneller Umgang mit ihnen aussehen kann.

10 „Haben Sie überhaupt Kinder?“ – Beziehungsspiele in der Beratung

Beratungsgespräche sind dadurch definiert, dass ein Ratsuchender sich an eine Beraterin wendet aus dem Interesse oder der Not heraus, eine Lösung für sein Problem zu finden. Für diesen Zweck steht die Beraterin zur Verfügung. Durch diese Zweckbestimmung erscheint Beratung bestimmt. Jedoch haben Menschen auch ihre „hidden agenda“ und können auf dieser Grundlage ihr Spiel miteinander treiben.

10.1 Beratungsgeschichten, die das Leben schreibt: Vorgeführt

„Ich kam mir so vorgeführt vor, so auf dem falschen Fuß erwischt. Erst lief das Gespräch ganz gut, bis der Klient mich mittendrin, als ich ihm einen Lösungsvorschlag machte, unterbrach und mich fragte, wie lange ich das hier schon mache. Ich sei ja noch sehr jung und hätte sicher gerade meine Ausbildung fertig. Naja, das stimmte ja auch, also hab ich ihm das bestätigt. Dann gings los: Dann hätte ich ja gar keine Erfahrung, um ihn kompetent beraten zu können. Ich hab ihm dann von meinen Praktika erzählt. Er hat nur abgewunken, ließ nichts gelten und ritt weiter auf meinen fehlenden Erfahrungen rum. Als ich gemerkt habe, was hier läuft, wars schon zu spät. Mit allem, was ich sagte, fühlte er sich nur bestätigt. Irgendwann sagte er huldvoll, ich könne es ja mal versuchen und lächelte mich mitleidig an. Bescheuert, aber das passiert mir nicht nochmal.“

10.2 Beziehungsspiele in der Beratungskommunikation

10.2.1 „Spiele“?

Unter „Spielen“ werden in diesem Zusammenhang doppelbödige Interaktionen verstanden. Auf der einen Ebene handelt es sich um eine normale Sequenz im Interaktionsverlauf, auf einer zweiten Ebene jedoch ist diese dadurch geprägt, dass einer der Beteiligten die Interaktion in Gang setzt mit dem Ziel, den anderen Beteiligten im Verlauf der Interaktion zur Aufgabe des eigenen Handlungsziels zu bewegen, ihn gleichsam „matt zu setzen“. Ein solches Beziehungsspiel endet mit der (häufig impliziten) Feststellung von Gewinner und Verlierer. Solche Spiele weisen typischerweise einen wiederkehrenden Ablauf auf.

BEISPIEL

In einem Beratungsgespräch beginnt der Klient während der Ausführungen der Beraterin selbst zu reden. Die Beraterin versucht, sich nicht aus dem Konzept bringen zu lassen und redet weiter, der Klient ebenso. Die Lautstärke beider erhöht sich, die Intensität des Sprechens ebenso. Endlich bricht die Beraterin entmutigt ab. Der Klient beendet daraufhin seinen Satz und lehnt sich befriedigt zurück: er hat das Machtspiel gewonnen.

Die Verwendung des Ausdrucks „Spiel“ in diesem Zusammenhang mag auf den ersten Blick irritieren – Spiele werden zunächst nicht mit ernsthafter beruflicher Tätigkeit in Zusammenhang gebracht, wie es Beratung ja in der Tat ist, sondern mit Freizeit und Vergnügen. Und doch ist die Verwendung des Ausdrucks begründet, u. a. dadurch, dass auch bei Spielen im hier gemeinten Sinne der Lustfaktor im Vordergrund steht – zumindest für denjenigen, der das Spiel initiiert. Und auch ein zweites Moment von Spielen im herkömmlichen Sinne ist gegeben: Es gibt – wie in jedem Spiel – Gewinner und Verlierer. Schließlich gilt die angesprochene Doppelbödigkeit für jedes Spiel: Beim Schachspiel werden – auf der einen Ebene – Holzfiguren bewegt. Auf der anderen Ebene haben diese Bewegungen der Figuren eine „spielerische“ Bedeutung. So ist es bei Beziehungsspielen auch: Die Ereignisse in einem Beziehungsspiel haben neben ihrer oberflächlichen Bedeutung noch eine hintergründige Bedeutung in einem Spiel. Vertreter der Transaktionsanalyse, die sich sehr für solche Spiele interessieren, sprechen von „sozialer Transaktion“ im Gegensatz zu „psychologischer Transaktion“ (Hagehülsmann/Hagehülsmann 2007).

Solche Spiele wurden zum ersten Mal 1964 systematisch erfasst und dargestellt in dem Buch „Spiele der Erwachsenen" des US-amerikanischen Psychiaters Eric Berne (deutsch 1970). Dieses Buch ist bis heute ein Klassiker geblieben, auch wegen der witzigen Darstellungsweise des Autors. „Spiele" – in dem hier verwendeten Sinne – so stellt man leicht fest, sind ein üblicher Bestandteil des kommunikativen Alltags, sowohl im privaten wie auch im beruflichen Bereich. In den privaten Bereich gehört das Machtspiel zwischen Paaren, ob die Zahnpastatube nun aufgerollt oder glattgestrichen gehört, im beruflichen Bereich ist es vielleicht das Machtspiel „Bitte um Gesprächstermin". Unter dem Begriff „Mikropolitik" gibt es eine Vielzahl von Studien zu Spielen im beruflichen Kontext (z. B. Neuberger 1995, Neuberger 1992, Küpper / Ortmann 1992).

Diese kurze Charakterisierung von Beziehungsspielen mag für eine erste Klärung genügen. Es gibt in der arbeitspsychologischen und psychotherapeutischen Literatur weitergehende – und kontroverse – Begriffsbestimmungen. Wer sich hierfür interessiert, sei auf die Literatur verwiesen (z. B. Neuberger 1995, Hagehülsmann / Hagehülsmann 2007).

10.2.2 Die Natur von Beziehungsspielen

Beziehungsspiele sind – wie jedes andere Spiel auch – gesteuert und getrieben von Lust und Vergnügen. Nicht die Lösung eines Problems oder ein anderer, sachlich orientierter Zweck ist das Ziel in solchen Spielen, sondern der persönliche Lustgewinn. Der höchste Lustgewinn für einen der Beteiligten ist erreicht, wenn es ihm gelingt, den Anderen zur Aufgabe zu bewegen, seine Niederlage einzugestehen, ihn matt zu setzen, ihn vorzuführen.

Man kann sich fragen, was Menschen in Beratungssituationen dazu bewegt, solche Spiele zu initiieren, die in keiner Weise der – offiziellen – Zwecksetzung von Beratung, Hilfe zur Selbsthilfe oder Beitrag zur Lösung eines Problems, entsprechen. In der Tat treten Beziehungsspiele besonders dann häufig auf, wenn der Klient den eigentlichen Zweck der Beratung aus den Augen verloren hat und er für sich nicht primär die Lösung seines Problems anstrebt. Dies ist z. B. in Zwangsberatungen der Fall, in denen er nicht als Klient, sondern als sogenannter „Besucher" auftritt, oder auch in Fällen, in denen er eine Lösung seines Problems nicht mehr für realistisch hält, z. B. als Langzeitarbeitsloser in der Arbeitsvermittlung, nach dem Motto: Wenn es hier sowieso nichts bringt, will ich wenigstens meinen Spaß haben. Beziehungsspiele versprechen einem Klienten einen Sekundärgewinn, sie versprechen Ego-Gewinn durch Beschädigung der Beraterin, sei es, dass sie beschämt (Einwandspiel), degradiert (Statusspiel), unterworfen oder beherrscht wird (Machtspiel).

Welches Spiel genau Menschen initiieren, hängt von ihrem Bedürfnisprofil ab, speziell davon, welche Bedürfnisse in ihrer Lebensgeschichte und ihrem Lebensentwurf unerfüllt geblieben sind. Insofern kann man sagen, dass Menschen durch Beziehungsspiele „ein altes Drama zu einem besseren Ende bringen“ wollen (Hagehülsmann / Hagehülsmann 2007, 165).

Solche Spiele funktionieren allerdings nur dann, wenn die Beraterin sich auf die einlässt und mitspielt, wenn sie also „anbeißt“. Die Chancen, dies zu tun, stehen nicht schlecht, und zwar aufgrund ihrer Rolle als Beraterin. Diese Rolle ist mit besonderen Verführbarkeiten verknüpft, die sie anfällig dafür macht, sich auf Beziehungsspiele einzulassen. Diese Verführbarkeiten und die damit assoziierten Spiele werden im Folgenden (Kap. 10.3) erläutert. Hat die Beraterin „angebissen“, kann sie leicht zum Spielball des Klienten werden. Der Spielverlauf wird dann gesteuert von einer Art Erpressung nach dem Motto: „Wenn du eine (gute / echte / …) Beraterin sein willst, musst du auch…“. Das Spielende ist erreicht, wenn die Beraterin aufgibt, klein beigibt, einen Rollenmangel eingesteht, o. ä. Dann kann der Klient seinen Ego-Gewinn einkassieren.

Der Ablauf in einer Übersicht:

- Einladen
- Anbeißen
- Erpressen
- Kassieren

Bislang wurde nur vom Klienten als Initiant von Beziehungsspielen gesprochen. Das gibt ein unvollständiges Bild, denn auch die Beraterin kann zur Initiantin eines Beziehungsspiels werden, entweder weil sie den Zweck des Beratungsgesprächs aus den Augen verloren hat oder bestimmte persönliche Bedürfnisse die Ausübung ihrer professionellen Rolle blockieren und sie die Beratungssituation zur Plattform für das Ausagieren ihrer Lieblingsgefühle nutzt. Darauf wird ebenfalls im Folgenden (Kap. 10.4) genauer eingegangen.

Manche Beziehungsspiele erhalten einen zusätzlichen Reiz durch einen Rollenwechsel im Verlauf des Spiels. So kann z. B. im Einwandspiel („ja aber“, s. u.) der Klient, der bis dahin jeden Lösungsvorschlag der Beraterin zurückgewiesen bzw. entwertet hat („bringt nix“), nach dem — beschämenden — Eingeständnis der Beraterin, nicht weiter zu wissen, durch einen Rollenwechsel „noch einen drauflegen“ und die Rolle eines Ratgebers übernehmen: „Ich könnte mein Problem dadurch lösen, dass ich X mache. Daran haben Sie gar nicht gedacht.“

Ziel dieses Kapitels ist es, die Beraterin zu sensibilisieren für Verführungen, sich auf Beziehungsspiele einzulassen, denen sie aufgrund ihrer Rolle ausgesetzt ist.

10.2.3 Die Beraterin als Spielverderberin

Beziehungsspiele beeinträchtigen die Beraterin in der Ausführung ihrer professionellen Rolle, sei es, dass sie sich durch eine Einladung des Klienten zu einem solchen Spiel verführen lässt, sei es, dass sie selbst ein Beziehungsspiel initiiert und damit ihre professionelle Rolle verlässt. Über diesen Gesichtspunkt der Professionalität hinaus ist eine Beraterin auch persönlich gut beraten, sich nicht auf ein Beziehungsspiel einzulassen, weil das hohe Risiko besteht, am Ende als Verliererin dazustehen mit einem Gefühl der Beschämung, des Versagens, der Entmachtung und einer entsprechenden Minderung ihres Selbstwertgefühls.

Was also kann die Beraterin tun? Zum einen geht es darum, die Teilnahme an Beziehungsspielen zu vermeiden, und zum zweiten darum, Möglichkeiten zu nutzen, aus Beziehungsspielen auszusteigen, wenn man doch einmal in ein solches hineingeraten ist, und zum dritten, es erst gar nicht zu Beziehungsspielen kommen zu lassen.

Beziehungsspiele vermeiden: Zur Vermeidung von Beziehungsspielen verhilft zum einen das Wissen um solche Spiele, deswegen dieser Text, zum zweiten die Kenntnis eigener Verführbarkeiten, die durch Coaching und Supervision (Kap. 12) vertieft werden kann, und zum dritten eine stabile Rollensicherheit durch reflektierte Erfahrungen, angesichts derer Einladungen zu Beziehungsspielen geradezu „abperlen".

Aus Beziehungsspielen aussteigen: Es ist eine Tücke von Beziehungsspielen, dass sie nicht als solche markiert daherkommen, sondern dass die Einladungen verdeckt in unauffälligen Aktivitäten implementiert werden. Es kann etwas dauern, bis der Beraterin dämmert, „was hier gerade läuft". Erhärtet sich bei der Beraterin die Vermutung, sich auf ein Spiel eingelassen zu haben, besteht für sie eine Möglichkeit zum Ausstieg darin, das Geschehen metakommunikativ transparent zu machen, z. B. im Falle des Einwandspiels (s. u.) festzustellen: „Ich habe den Eindruck, dass ich ganz viele Lösungsvorschläge mache, und Sie wollen gar keine hören." (Beispiel aus Hagehülsmann / Hagehülsmann 2007, 175).

Eine andere Möglichkeit besteht darin, dem Klienten deutlich zu machen, dass das aktuelle Geschehen den Beratungserfolg beeinträchtigt, z. B. im Fall des Machtspiels festzustellen: „Wenn Sie mich laufend unterbrechen, kann ich Ihnen keinen Lösungsvorschlag entwickeln. Um einen solchen haben Sie mich aber doch gebeten."

Da Spiele Unterhaltungswert haben, ist es auch möglich, dem Geschehen diesen Wert zu nehmen dadurch, dass man sich als schlechter Spieler erweist und den Spielzügen des Klienten nichts entgegensetzt, also z. B. ihn nach jedem Zug bestätigt. Dadurch nimmt man dem Spiel seinen Reiz und der Andere verliert schnell die Lust daran.

Schließlich gibt es die Möglichkeit, im wahrsten Sinne des Wortes aus dem Beziehungsspiel „auszusteigen“ und sich anderen Dingen zu widmen: Akten sortieren, aus dem Fenster starren, Bleistifte spitzen, in jedem Fall dem Klienten den Spielpartner zu entziehen, sodass seine Spielzüge ins Leere laufen und er die Lust verliert.

Beziehungsspielen vorbeugen: Ein Klient initiiert ein Beziehungsspiel in der Regel dann, wenn er kein Interesse am eigentlichen Zweck der Beratung hat oder dieses Interesse verloren hat. Im Umkehrschluss bedeutet dies, dass man Beziehungsspielen vorbeugen kann, indem man das Interesse des Klienten am eigentlichen Zweck der Beratung aufrechterhält oder wieder weckt.

10.3 Vom Klienten initiierte Beziehungsspiele

Klienten initiieren Beziehungsspiele, wenn sie den eigentlichen Zweck des Beratungsgesprächs aus den Augen verloren haben oder er ihnen nicht ersichtlich ist (Zwangsberatung) oder sie die Hoffnung auf eine Lösung aufgegeben haben. Sie nutzen die Beratungssituation dann als „Spielfeld“, um durch das initiierte Spiel Sekundärbedürfnisse zu befriedigen: Unterhaltung, Vergnügen, Lust sowie tiefer liegende Bedürfnisse, z. B. Respekt, Anerkennung, Einfluss – dies durch Entwertung, Degradierung, Entmachtung der Beraterin.

Beraterinnen sind aufgrund ihrer Rolle anfällig für Beziehungsspiele, die mit Rolleneigenschaften „spielen“. Sie sind darüber hinaus aufgrund ihrer eigenen Persönlichkeitsstruktur anfällig für Spiele, die sich ihre Lieblingsgefühle zunutze machen (hilfsbereit zu sein, kompetent zu sein, Macht zu haben).

In diesem Abschnitt werden Beziehungsspiele vorgestellt, die sich Rolleneigenschaften der Beraterin zunutze machen. Was die individuellen Lieblingsgefühle angeht, so sei auf die einschlägige Literatur zur Transaktionsanalyse verwiesen (z. B. Hagehülsmann/Hagehülsmann 2007).

Ziel dieses Abschnitts ist es, die Beraterin davor zu schützen, sich auf Beziehungsspiele einzulassen und ihr darüber hinaus spielspezifische Anregungen zum Ausstieg aus einem solchen Beziehungsspiel zu geben.

10.3.1 „Ja aber" – das Einwandspiel

Das „ja-aber-Spiel" ist der Klassiker der Untersuchung von Beziehungsspielen. Mit der Beobachtung dieses Spiels, schreibt Eric Berne, begann für ihn das systematische Studium von Beziehungsspielen. Lassen wir ihn bei der Beschreibung dieses Spiels selbst zu Wort kommen (er nennt die Beteiligten, um die Analogie zum Schachspiel deutlich zu machen, stets „Schwarz" und „Weiß".):

> *„Der agierende Urheber stellt ein Problem zur Diskussion. Die anderen Mitspieler präsentieren verschiedene Lösungsvorschläge, von denen jeder mit den Worten beginnt: „Warum nicht ...?" Auf jede dieser Fragen hat Weiss einen Einwand: „Ja aber ...". Ein guter Spieler ist in der Lage, die Vorschläge der anderen mit seinen Einwänden auf unbegrenzte Zeit hinaus zu parieren; schließlich geben alle das Spiel auf und Weiss gewinnt. In vielen Situationen muss sich Frau Weiss mit mindestens einem Dutzend von Lösungsvorschlägen auseinandersetzen, bis es ihr gelingt, jenes betretene Schweigen heraufzubeschwören, das das Signal für ihren Sieg ist (...)." (Berne 1970, 152)*

Es versteht sich, dass Beratungssituationen geradezu prädestiniert für dieses Spiel sind. Deutlich wird auch die zu Beginn dieses Kapitels angesprochene Doppelbödigkeit der Interaktion. Die Sequenz erscheint zunächst als völlig normale Phase der Lösungsentwicklung eines Beratungsgesprächs: die Beraterin macht Lösungsvorschläge, der Klient zieht sie in Erwägung. Erst später (oder am Ende) erkennt die Beraterin, was wirklich „los war", dass sie nämlich in ein Beziehungsspiel verwickelt war.

Das Spiel kann andocken an dem zentralen Handlungsauftrag, der mit der Rolle der Beraterin verbunden ist, der Entwicklung von Lösungsvorschlägen. Das von Berne erwähnte „betretene Schweigen" ist das Eingeständnis der Beraterin, nicht weiter zu wissen und damit ihrem Rollenauftrag nicht weiter nachkommen zu können, kurz: versagt zu haben – ein Umstand, der auf der emotionalen Ebene mit Beschämung verbunden ist.

Der Lustgewinn für den Klienten ist erheblich: Schon während des Spielverlaufs hatte er das Vergnügen, die Beraterin „sich abstrampeln" zu lassen, und am Ende des Spiels kann er ihr Eingeständnis, versagt zu haben, genießen. Eine Steigerung des Lustgewinns kann dann noch durch einen Rollenwechsel am Ende des Spiels erfolgen, wie oben (Kap. 10.2.2) erläutert.

10.3.2 Wer gibt zuerst nach? – Das Machtspiel

Ziel eines durch den Klienten initiierten Machtspiels ist es, dass die Beraterin „klein beigibt“. Dies verschafft dem Klienten Befriedigung. Der Klient kann für Machtspiele das Moment der Verfügbarkeit (Kap. 2.3.1) ausnutzen. Er muss dieses Moment so weit ausdehnen, dass er auf Widerstand der Beraterin stößt, erst dann gewinnt das Spiel seinen Reiz. Machtspiele können stillschweigend verbissen ablaufen wie in dem Beispiel des Kampfs um das Rederecht (Kap. 10.2.1); sie können aber auch explizit mit Verweis des Klienten auf Berater-Verfügbarkeit erfolgen („Wenn Sie mir wirklich helfen wollen, müssen Sie auch mir weiter zuhören / mir Ihre Handynummer geben / mir morgen einen Termin geben / folgendes für mich erledigen“ etc.).

Die Verführbarkeit für die Beraterin, anzubeißen, liegt in der hohen Wertigkeit von Verfügbarkeit für ihr Handeln. Die Verführbarkeit, mitzuspielen, besteht für die Beraterin darüber hinaus dann, wenn für sie „Macht“ ein kritisches Thema in der Interaktion ist, wenn sie sich nicht souverän fühlt, wenn sie sich ihrer selbst nicht sicher fühlt. Dann nämlich läuft sie Gefahr, dass sie solche Situationen als Gelegenheit sieht, sich ihrer selbst als machtvoll zu vergewissern. Damit jedoch verliert sie ihren professionellen Auftrag aus den Augen und dann bewegen sich beide Beteiligten nur noch auf der Spielebene.

Ausbremsen kann eine Beraterin das Machtspiel, wenn sie aus dem Geschehen „aussteigt“ und ihre Bedingungen für ein erfolgreiches Beratungsgespräch diktiert. Wirksam ist dies besonders dann, wenn man dazu das Einverständnis des Klienten einholt, weil Selbstverpflichtungen Bindekraft haben (Cialdini 2002), z. B.: „Ich muss Sie hier mal unterbrechen. Legen Sie Wert darauf, dass wir hier zu einem guten Ergebnis kommen?“ – „Ja natürlich.“ – „Dann möchte ich Ihnen erläutern, wie ich mir das vorstelle, ohne von Ihnen unterbrochen zu werden“.

10.3.3 „Sind Sie überhaupt ...?“ – das Statusspiel

Gegenstand dieses Beziehungsspiels ist die Qualifikation der Beraterin. Das Statusspiel setzt an bei Eigenschaften der Beraterrolle und / oder persönlichen Eigenschaften der jeweiligen Beraterin. Ziel ist es, die Beraterin zum Eingeständnis eines Mangels an Berater-Eigenschaften und / oder persönlichen Eigenschaften zu bewegen, die zuvor als entscheidend für ein gutes Beratungsgespräch postuliert worden waren, und sie in diesem Sinne vorzuführen. Die Triumpfformel am Ende des Spiels lautet: „Sehen Sie, Sie können also gar nicht ...“. (Darum geht es auch in dem Einführungsbeispiel in Kap. 10.1)

BEISPIEL

Ein Beratungsgespräch in der Arbeitsvermittlung: Der Klient bemerkt im Verlauf des Gesprächs resigniert: „Naja, wer auf einem unkündbaren Posten sitzt, kann auch kein wirkliches Verständnis für Unsereins haben." Die Beraterin: „Doch, doch, ich kann mir schon vorstellen, was in Ihnen vorgeht." – „Das glauben Sie nur." – Naja, ich versuchs jedenfalls." – „Waren Sie schon mal arbeitslos?" – „Nein, das nicht, aber meine Schwester war auch schon mal arbeitslos." – „Das kann man nicht vergleichen." – „Also ich finde schon..." – „Wer diese Erfahrung noch nicht am eigenen Leib gemacht hat, ist hier fehl am Platz." (alternativ zum letzten Zug: ein achselzuckendes, vielsagendes „Tja...").

Das Statusspiel kann an einer Vielzahl von Eigenschaften der Beraterin ansetzen:

- dem Alter: „Sie sind so jung! Ohne Lebenserfahrung kann man nicht...".
- dem Geschlecht: „Sie als Frau können gar nicht...".
- der Erfahrung: „Sie kommen doch gerade erst von der Hochschule...".
- der Herkunft: „Sie als Schwäbin können natürlich gar nicht verstehen, dass man Schulden machen kann."

In jedem Fall ist das Spiel so angelegt, dass der Klient ein bestimmtes Merkmal der Beraterin als relevant für den Beratungserfolg setzt, von dem er weiß oder sieht oder vermuten kann, dass die Beraterin es nicht erfüllt.

Die Verführbarkeit für die Beraterin liegt darin, dass sie an dem Anspruch, kompetent das Beratungsgespräch führen zu können (den Klienten verstehen zu können/sich in seine Situation versetzen zu können/sein Leid mitfühlen zu können) „anbeißt". Die Falle, in die sie dann gerät, liegt darin, dass sie die Relevanzsetzung des Klienten übernimmt und sich dann am daraus folgenden Mangel abarbeitet.

Ausbremsen kann die Beraterin ein Statusspiel dadurch, dass sie ihre institutionelle Einbindung aktiviert. Sie kann, was ihren Status als Beraterin angeht, schlicht darauf verweisen, dass ihr dieser Status kraft institutioneller Macht verliehen worden ist und damit jede weitere Diskussion sinnlos ist.

10.4 Von der Beraterin initiierte Beziehungsspiele

Auch die Beraterin ist nicht davor gefeit, ihre professionelle Haltung aus den Augen zu verlieren und sich zur Einleitung eines Beziehungsspiels verleiten zu lassen. Auch sie mag unerfüllte Bedürfnisse haben, die sie in Gestalt eines Spiels zu befriedigen versucht. Die Verführung für die Beraterin, ein Spiel zu initiieren, ist besonders groß dann, wenn ein solches Bedürfnis an ein Merkmal ihrer Rolle gleichsam „andocken“ kann und sie ein solches Spiel spielt im Bewusstsein, „einfach nur ihren Job zu machen“.

Zwei solcher Spiele sollen im Folgenden vorgestellt werden.

10.4.1 Der undankbare Klient – das Enttäuschungsspiel

Wie bereits oben erwähnt, entstehen durch die Beraterin initiierte Spiele in der Regel unter Bedingungen hoher Arbeitsfrustration unter Zuhilfenahme negativ geprägter Klienteneinstellungen (Kap. 5.5). Ist mit befriedigenden Arbeitsergebnissen nicht zu rechnen, dienen Spiele der Beraterin zur Ersatzbefriedigung. Eines dieser Spiele ist das Enttäuschungsspiel.

Dieses Spiel setzt am zentralen Gesichtspunkt des Beratungsgeschehens an: dem Auftrag der Beraterin zur Leistung von Hilfe und Unterstützung. Die Erfüllung dieses Auftrags erfordert von der Beraterin ein hohes Engagement, das über einen „Dienst nach Vorschrift“ weit hinausgehen muss. Gleichzeitig ist dieses Engagement stets ein riskantes, weil die Beraterin das Ergebnis ihres Handelns, die Wirksamkeit einer vorgeschlagenen Maßnahme, die angemessene Umsetzung eines Ratschlags durch den Klienten in seiner Lebenswelt, nicht unter eigener Kontrolle hat. Es ist somit immer möglich, dass der angestrebte Erfolg sich nicht einstellt. Hat die Beraterin ihre Maßnahme mit hohem Engagement und entsprechenden Erfolgshoffnungen verbunden, ist die Enttäuschung dann groß. Erfolgt dies in einem positiv geprägten Kontext, wird die Beraterin mit der Enttäuschung professionell-distanziert umgehen können oder ihre Enttäuschung supervisorisch aufarbeiten. Im Falle des Enttäuschungsspiels ist dies anders: Diesem Spiel unterliegt

> *„ein verdecktes Motiv, das für den Ausgang der Unternehmung wichtiger ist als das berufliche Können. Dieses Motiv basiert auf der Annahme, die Menschen seien undankbar und im großen Ganzen enttäuschend.“ (Berne 1970, 194) –*

ein Motiv, das Bestandteil der Klienteneinstellung in der Arbeitskultur der Beraterin sein kann (Kap. 5).

10.4.2 „Jetzt hab ich Dich, Du Schweinehund“

Dieses Beziehungsspiel bietet sich für Beraterinnen an, die ihrem Frust über ihren Klienten oder Klienten generell oder über ihre Tätigkeit generell ein Ventil geben wollen. Es läuft so ab, dass die Beraterin ihren Klienten mit einer Tätigkeit beschäftigt, von der sie weiß, dass er sie nur unvollkommen ausführen wird oder kann, z. B. ein Formular ausfüllen, einen Antrag formgerecht stellen, Unterlagen beibringen. Gegebenenfalls weist sie selbst in Randbemerkungen darauf hin, dass Sorgfalt bei der Ausführung der Tätigkeit nicht erforderlich ist. Wenn der Klient das – unvollkommene – Resultat seiner Tätigkeit dann der Beraterin präsentiert, stürzt diese sich auf die zutage getretenen Mängel und weist den Klienten vehement als unaufmerksam, schludrig, unverantwortlich, nachlässig etc. zurecht. Der Lustgewinn der Beraterin liegt in der Erzeugung von Schuldgefühlen und Beschämung beim Klienten, dem Ausagieren von (ggf. lang aufgestauten) Wutgefühlen und der Selbstbestätigung, eine aufmerksame und wachsame Hüterin gesellschaftlicher Ressourcen zu sein.

Eric Berne, von dem auch der Titel dieses Spiels stammt, charakterisiert die verdeckten Botschaften am Ende dieses Spiels wie folgt:

„Ich habe dich die ganze Zeit beobachtet, und ich habe gehofft, du würdest dir etwas zuschulden kommen lassen." – „Diesmal hast du mich erwischt." – „Und ob! Ich bin entschlossen, meine ganze Wut an dir auszulassen." (Berne 1970, 108, vereinfachte Darstellung).

10.5 Spiele zu Dritt: Ritterspiele

Die bisherigen Beziehungsspiele waren auf die Zweierkonstellation Beraterin-Klient bezogen. Es gibt darüber hinaus auch Beziehungsspiele für drei Mitspieler. Ein solches Spiel-zu-dritt kann z. B. dann erfolgen, wenn der Klient in Begleitung seiner Partnerin zur Beratung erscheint, ein Jugendlicher in Begleitung eines Elternteils oder ein Senior in Begleitung eines Angehörigen. Ein Spiel-zu-dritt, das eine besondere Affinität zur Beratungssituation hat, ist das Ritter-Drache-Jungfrau-Spiel, in der Literatur häufig auch als Verfolger-Opfer-Retter-Spiel bezeichnet (erstmals 1968 bei Karpman, deutsche Darstellung z. B. in Hagehülsmann/Hagehülsmann 2007).

Die typische Ausgangsposition ist die, dass Klient und Begleitung die Jungfrau- und Drachenrolle einnehmen, die Begleitung als Drache z. B. dem Klienten als Jungfrau heftige Vorwürfe wegen eines Fehlverhaltens macht („Wie konntest Du auch nur …!"). Es sei dahingestellt, ob diese Rollenkonstellation ein übliches Beziehungsmuster zwischen den beiden Beteiligten ist oder ob sie diese Konstellation eigens für die Beraterin in Szene setzen. Diese Konstellation verführt jedenfalls die Beraterin dazu, die komplementäre Ritter-Rolle einzunehmen und dem bedrängten Klienten beizustehen. Dem Hilfeimpuls wird sich noch ein zusätzlicher Impuls hinzugesellen, wenn die Beraterin sich der Idee wertschätzender Akzeptanz des Klienten (s. Kap. 11) verpflichtet fühlt.

Für dieses Ritterspiel ist in der Folge ein Rollenwechsel konstitutiv. So wechselt z. B. der Klient aus der Rolle der bedrängten Jungfrau in die des Drachen und faucht die Beraterin an, sich gefälligst nicht einzumischen. Verwirrt genug über diesen Wechsel erlebt die Beraterin zudem, dass sie nun – ungebetenen – Beistand durch die Begleitperson erhält, die sich zum Ritter aufschwingt und dass sie somit in zweifacher Weise zur verfolgten, schutzbedürftigen Jungfrau gemacht wird – eine Rolle, die mit ihrem Selbstverständnis als professionelle Beraterin nicht vereinbar sein dürfte. Sollte sie sich nun dagegen wehren und den Beistand der Begleitung oder die Attacke des Klienten oder beides zurückweisen, wird sie erleben, dass diese beiden sich kurzerhand in Jungfrau und Ritter verwandeln, sich damit gegen sie stellen und ihr die Rolle des Drachen zuweisen, eine Rolle, die mit ihrem professionellen Selbstverständnis wiederum nicht vereinbar sein wird. Die Beraterin wird Opfer eines Verwirrspiels. Darin liegt der Lustgewinn für die anderen beiden Beteiligten.

Alternativ zum geschilderten Verlauf kann das Spiel auch erfolgen, wenn die Begleitung des Klienten ständig für diesen spricht, bis die Beraterin sie bittet, sich zurückzuhalten. Dies nimmt der Klient zum Anlass, als Ritter der Begleitung Schutz und Beistand gegen die Verfolgung der Beraterin zu gewähren („Das hast Du gut gemacht. Du kannst das viel besser ausdrücken als ich.“). Mit Unbehagen in die Rolle des Drachen gedrängt, erlebt die Beraterin dann vielleicht, wie die Begleitung sich auf ihre Seite schlägt und sie unterstützt („Die Dame hat ganz recht. Du kannst nicht immer alles bei mir abladen.“). Derart in die Rolle der Schutzbedürftigen gedrängt, ereilt die Beraterin schon ein Hilferuf zur Rettung des Klienten: „Schauen Sie nur, so macht sie das immer mit mir!“ etc.

ZUSAMMENFASSUNG

Beraterin und Klient können sich gegenseitig in sog. Beziehungsspiele verwickeln, die nicht zu einem produktiven Beratungsergebnis führen, aber aus Motiven des Lustgewinns initiiert werden. Aufgrund ihrer Rolle ist die Beraterin anfällig für einige solcher Spiele. Diese Spiele wurden erläutert und Vorschläge gemacht, wie die Beraterin ihnen ausweichen und sich damit als beratungsförderliche Spielverderberin erweisen kann.

11 „Was sagt denn Ihre Frau dazu?" Beratung als konzeptionell-orientierte Beziehung

„Ein Großteil der Beratungs-Literatur beschäftigt sich in erster Linie mit Beratungsmethoden und Beratungstechniken" stellt Frank Nestmann, einer der Herausgeber des „Handbuchs der Beratung", fest (Nestmann 2014a, 783) und auch John McLeod stellt in seiner „Einführung in Beratung" fest, „[...] die meisten Beratungslehrbücher orientieren sich in ihrer Gliederung an einzelnen Theoretikern [...] oder sie befassen sich mit einer bestimmten therapeutisch-beraterischen Schule" (McLeod 2004, 269).

Eine solche Theorie- und Methodendominanz liegt in der Tat nahe, denn Theorien sind schriftliche *Texte* und besitzen von daher eine natürliche Affinität zu *Büchern*. Mit anderen Worten: Theorien lassen sich leichter schriftlich darstellen als Praxis.

In diesem Buch steht die Gestaltung der Beratungsbeziehung durch die Beraterin im Mittelpunkt. Beratungstheorien spielen daher hier nur insofern eine Rolle, wie sie für das kommunikative Handeln der Beraterin von Bedeutung sind.

Um dies zu klären, werden zunächst Forschungsergebnisse zur Relevanz theoretischer Orientierungen für das Handeln von Beraterinnen und dessen Erfolg betrachtet (Kap. 11.2.1). Obgleich eine solche Relevanz entgegen ihrer Dominanz in Lehrbüchern aus guten Gründen relativiert werden kann, gibt es durchaus sinnvolle Gründe für eine Beraterin, sich in ihrer Beratungstätigkeit an einem bestimmten Beratungskonzept zu orientieren. Diese Gründe haben allerdings nicht so sehr mit der Stichhaltigkeit oder praktischen Überzeugung einer Theorie zu tun, sondern mehr mit pragmatischen Gesichtspunkten ihrer Rolle als Beraterin. Einige dieser Gründe werden im Folgenden (Kap. 11.3) dargelegt. Eine konzeptionelle Orientierung kann allerdings auch zur Verschleierung und Rationalisierung dienen und insofern einer Professionalisierung der Beraterin entgegenwirken. Auch darauf wird eingegangen.

11.1 Beratungsgeschichten, die das Leben schreibt: die systemische Weiterbildung und das plötzliche Ende einer Beratung

„Da war diese Klientin, die wegen Schulproblemen ihres Sohnes in die Beratung kam. Schon während ihrer Problemschilderung wurde mir schnell klar, dass es da eine Funktionalität des Problems für das Familiensystem geben musste – hab ja schließlich meine systemische Weiterbildung. Ich hab dann auch gleich die Familiensituation exploriert. Als ich auf ihren Mann zu sprechen kam, wurde sie ganz reserviert. Ist dann mit der Sprache rausgerückt: Ihr Mann dürfe von den Schulproblemen nichts wissen. Na, dann war mir klar: ein klassisches systemisches Problem! Der Mann muss mit in die Beratung, und der Junge natürlich auch! Als ich ihr dies vorschlug, ging der Vorhang runter. So schnell hat sich noch nie eine Klientin bei mir verabschiedet.“

11.2 Geht es auch ohne…? Die Rolle der Theorie in der Beratungspraxis

11.2.1 Die Autonomie der Praxis

Wie versteht ein Beratungspraktiker, in diesem Fall der Leiter einer psychologischen Beratungsstelle, die Rolle theoretischer Konzepte für sein beraterisches Handeln? Lassen wir ihn zu Wort kommen:

„Eine triviale, hinsichtlich ihrer Bedeutung aber unterschätzte These […] lautet: Die Praxis entwickelt und strukturiert sich vollkommen autonom. Das betrifft die unmittelbare Fallarbeit, die Fallreflexion in regelgeleiteten Verfahren kommunikativer Verständigung (Falldokumentation und -besprechung, interne und externe Supervision, Projektbegleitung, Fallreflexion auf Fachtagungen usw.) sowie die Weiterentwicklung von Theorie. Ein Blick auf die Geschichte der Projekt-, Konzept- und Theoriebildung, speziell der folgenreichen Innovationen, zeigt unschwer, dass diese sich weitgehend abseits des offi-

ziellen akademischen Theoriebildungs- und Forschungsbetriebs entwickelt haben. Mittels einer noch aus der ex-post-Perspektive schwer beschreibbaren Mischung aus Intuition, Improvisation und Reflexion reagierte man auf sich wandelnde Bedarfslagen, neue sozialpolitische Anforderungen, zeitgeistige Strömungen oder einfach auf Unzufriedenheiten mit den bisher üblichen Formen beruflichen Handelns. Selbstverständlich hat die Praxis dabei in loser und unsystematischer Form Jahrhunderte lang angesammeltes Wissen aus vielen Disziplinen, von philosophischen bis zu klinischen, benutzt. Solche Wissensbestände bilden Reflexionskontexte für das Handeln neben vielen anderen Erfahrungsquellen, mögen sie dem schlichten Alltag, den Märchen und Mythen oder der Romanliteratur entstammen." (Schrödter 2014, 812f.).

Es fehlt nicht an Versuchen, so Schrödter weiter, das Handlungsfeld Beratung für

„[…] eine akademische Disziplin, ihre Theorien und Methoden zu monopolisieren. Mal war es die klinische Psychologie, dann die Sozialpädagogik oder Sozialarbeit, schließlich bestimmte Therapieverfahren, und so weiter." (Schrödter 2014, 813).

Schrödter weist aber zu Recht darauf hin, dass deren Bezugsgröße das Wissenschaftssystem mit seinen spezifischen Standards ist – und nicht das Handlungsfeld Beratung selbst. Es ist von daher zu verstehen, dass viele theoriegeleitete Beiträge Praktikern (welt-)fremd erscheinen.

11.2.2 Die Entdeckung „unspezifischer Faktoren"

Theorien und die aus ihnen hervorgehenden Schulen leben von der Abgrenzung gegen andere Theorien und der eigenen Profilierung. Dies folgt der Logik von Wissenschaft und Forschung und gilt auch (von einigen Versuchen der Integration abgesehen) für Konzepte von Beratung. Einige Forscher jedoch gingen einen anderen Weg.

Statt sich an Grabenkriegen zwischen einzelnen Schulen gegeneinander zu beteiligen und die jeweiligen vermeintlichen Vorzüge ins Feld zu führen, richteten sie ihre Aufmerksamkeit auf die gemeinsamen Merkmale der unterschiedlichen Orientierungen – die sogenannte *common-factor*-Forschung. Dabei machten sie bereits in den 1960er Jahren die Entdeckung, dass die Wirksamkeit der einzelnen Ansätze offenbar wenig mit deren Besonderheit zu tun hat.

Stattdessen gibt es offenbar Merkmale, die allen Ansätzen gemeinsam sind, die ausschlaggebend für das Gelingen einer Beratung sind (Frank 1997):

- die besondere Qualität der Beziehung zwischen Beraterin und Klient als unterstützende Arbeitsbeziehung
- der spezifische Ort der Beratung „jenseits“ des Alltagslebens als „Stätte der Heilung“ (Nestmann 2014a, 790)
- „[...] die Versorgung des Klienten mit Erklärungen, mit deren Hilfe er seine Probleme verstehen kann“ (McLeod 2004, 246)
- Teilnahme an heilenden Ritualen (Pfab 2018)

Diese Ergebnisse wurden in der Folgezeit immer wieder bestätigt und durch weitere ergänzt. Der Psychotherapieforscher Grawe hat folgende Faktoren ermittelt (nach Nestmann 2014a, 791):

- Ressourcenaktivierung: das Gewicht des Problems relativieren, Mut vermitteln
- Problemaktualisierung: das Problem im Hier-und-Jetzt der Beratungssituation aufzeigen
- Einsicht: das Problem verständig einordnen und erklären
- aktive Hilfe: Lösungen entwickeln und einüben

Nestmann hebt die Besonderheit der Beziehung zwischen Beraterin und Klient für das Gelingen von Beratung hervor:

> *„Die Beziehung zwischen BeraterInnen und KlientInnen ist die wichtigste Dimension einer jeden Beratungskonstellation. Im Vergleich zu den verschiedensten untersuchten Beratungsmethoden, Charakteristika von BeraterInnen und BeratungsklientInnen, Beratungsprozeduren und -settings etc. war es lediglich die Beratungsbeziehung, die sich in der Beratungsforschung durchgängig als entscheidende Wirkungsgröße eines erfolgreichen Beratungsprozesses erwiesen hat. Der Erfolg jeglicher Beratungsbemühung ist abhängig von der Berater-Klient-Beziehung, die im Beratungsprozess aufgebaut wird.“ (Nestmann 2014a, 791).*

Nestmann identifiziert die Beratungsbeziehung allerdings mit den drei Kernvariablen von Rogers – eine Verkürzung, die, wie dieses Buch zeigt, der Realität von Beratung nicht gerecht wird.

Wird durch Studien zu Beratungs- und Therapieerfolg der Stellenwert konzeptioneller Orientierungen relativiert, geht McLeod sogar noch einen Schritt weiter: Er verweist auf Studien einer Forschergruppe um den US-amerikanischen Psychologen Strupp, die in „einer sorgfältig angelegten kontrollierten Studie […] nachweisen [konnten], dass nicht ausgebildete Berater genauso effektiv sein können wie gut ausgebildete Berater“ (McLeod 2004, 248).

11.3 Die Funktion für die Beraterin: Sinn und Unsinn konzeptioneller Orientierung

Offensichtlich benötigt eine Beraterin nicht zwingend eine Orientierung an einer der immer wieder ins Feld geführten Theorien (z. B. „die ‚Großen Drei‘“ (McLeod 2004, 251)), um gute Arbeit leisten zu können. Thiersch weist darauf hin: „Beratung neigt generell zum Methodeneklektizismus […] – und soziale Beratung besonders.“ (Thiersch 2014a, 705). Gleichwohl kann eine solche Orientierung, richtig verstanden, sinnvoll sein und gute Dienste leisten. Diese Dienste können sein:

- **Handlungssicherheit gewinnen („So geht das also“)**: Insbesondere Beraterinnen mit noch wenig Berufserfahrung kann eine konzeptionelle Orientierung das Gefühl vermitteln, auf einer sicheren Basis handeln zu können, und ein Deutungsraster liefern, um das Geschehen in einem Beratungsgespräch einordnen zu können. Aus der Psychotherapieforschung sind entsprechende Befunde bekannt. Mit zunehmender Berufserfahrung gewinnen Beraterinnen ihre Handlungssicherheit dann mehr aus ihren Erfahrungen und deren Verarbeitung (z. B. in Supervision), und die konzeptionelle Orientierung tritt in den Hintergrund.
- **Selbstbewusstsein stärken („Ich weiß jetzt, was ich tue“):** Findet sich eine Beraterin mit ihrem beraterischen Selbstverständnis in einem der Beratungskonzepte in besonders stimmiger Weise wieder, kann dies zu einer konzeptionell ausgearbeiteten und damit kohärenten Fassung ihres Selbstverständnisses als Beraterin führen. Die Beraterin kann die sprachliche Elaboriertheit der Theorie für sich nutzen. Hinzu kommt:

  „Die von außen kommende Infragestellung des Profils Sozialer Beratung trifft auf ein oft sehr zögerliches Selbstbewusstsein der PraktikerInnen, begründet auch in der Konkurrenz zu und im Vergleich mit den oft fester strukturierten und distanzierter agierenden Therapieformen […].“ (Thiersch 2014a, 707),

was zur Identifikation mit diesen führt.

- **Zugehörigkeit markieren („Ich arbeite auch nach …. So wie ihr.“):** Jedes Beratungskonzept erzeugt eine ideelle oder reale Gemeinschaft von Anhängern, die sich an diesem Konzept orientieren und sich ihm verpflichtet fühlen. Dadurch kann professionelle Zugehörigkeit erzeugt werden mit entsprechenden Bindungseffekten für die Beraterin (gemeinsame Sprache sprechen, Grundannahmen teilen, Vorverständigung besitzen).

- **Profilierung erzeugen („Ich dagegen arbeite nach ... Das ist viel besser/effektiver/humanistischer/nachhaltiger etc. als ...“):** Neben dem Bindungseffekt kann eine konzeptionelle Orientierung auch Abgrenzungsfunktion erfüllen und damit zur eigenen Profilierung in Rivalitäts- und Konkurrenzbeziehungen, etwa zu Kolleginnen, beitragen, insbesondere wenn die eigene Orientierung aktuell einen hohen Marktwert besitzt.
- **Status erhöhen („Ich arbeite nach .... Davon hast Du keine Ahnung“):** Diese Funktion kann gegenüber Klienten genutzt werden, denen gegenüber durch Angabe einer konzeptionellen Orientierung die Legitimität des eigenen Handelns erhöht werden soll sowie die eigene funktionale Autorität. (Darum geht es auch in dem Einführungsbeispiel in Kap. 11.1) Eine konzeptionelle Orientierung liefert gleichsam die Lizenz zum Beraten (neben der institutionellen Einbindung). Hier wirkt die Magie des Namens: Das Etikett eines Beratungskonzepts wirkt status-erhöhend gegenüber einer „no-name“-Beratungstätigkeit.

Unsinnig, weil de-professionalisierend, wird eine konzeptionelle Orientierung allerdings dann, wenn sie die Tätigkeit einer Beraterin verschleiert oder rationalisiert.

> *„Der Intimität der beraterischen Interaktion korrespondiert eine gewisse Scheu hinsichtlich des öffentlichen Gesprächs über sie. Teilweise kontrastiert die Art, praktisch zu arbeiten, die offiziell benutzten Etiketten – Etikettierungen wie klientenzentriert, systemisch, gestalttherapeutisch, usw. [...] Eine Art intellektuelles Doppelleben prägt die Berufstätigkeit von BeraterInnen; je nach Kontext variiert die benutzte Sprache und Denkweise. Dabei spielen fachliche, gesellschaftliche und politische Prozesse ineinander, was dazu (ver-)führt, zur Beschreibung beraterischen Handelns marktgängiges Vokabular zu verwenden. Wie eine BeraterIn wirklich arbeitet, welchen Überzeugungen und Werten, fachlichen und wissenschaftlichen Sprachspielen er/sie sich verpflichtet fühlt, lässt sich höchstens unter einer Sonderbedingung wie der des ungezwungenen ExpertInnen-Interviews aufspüren.“ (Schrödter 2014, 822).*

Auch der Therapeut Bettighofer sieht die Problematik einer legitimierenden statt einer erhellenden Funktion konzeptioneller Orientierungen, z.B. in der Gegenübertragung (Kap. 8), und rühmt daher

„[...] die ehrliche Bereitschaft, den pseudoobjektiven Charakter von behandlungstechnischen Konstrukten und Parametern zu erkennen und sie auch in ihrer Funktion im Rahmen der Gegenübertragung zu sehen. Dadurch werden diese Konstrukte nicht falsch und unbrauchbar. Aber es wird deutlich, dass ihr Ursprung in einer lebendigen Interaktion liegt, aus der ein Teil herausgelöst, damit dekontextualisiert und abstrahiert und zum Begriff verfestigt wurde. Der Begriff bekommt dadurch einen substantiellen Charakter, die Qualität eines Dinges, während seine Herkunft aus einer dynamischen, interaktionellen Situation völlig verloren geht. So entsteht der trügerische Eindruck, man könnte mit ihm arbeiten wie mit einem beliebigen Handwerkszeug." (Bettighofer 2016, 72).

11.4 Die Beratungsbeziehung unter konzeptioneller Orientierung

11.4.1 Der Status der Beziehung in verschiedenen Beratungskonzepten

„Die Beziehung zwischen Berater und Klient wird [...] durch die Realisierung bestimmter Beratungsmethoden im Beratungsprozess entscheidend mitgeprägt",

erklärt einer der Herausgeber des „Handbuchs der Beratung" (Nestmann 2014a, 795). Dies klingt plausibel. Leider gibt die Literatur zu den Ansätzen und Methoden jedoch wenig Aufschluss über die besondere Weise der Beratungsbeziehung einzelner Beratungsansätze. Dies liegt vor allem daran, dass die Literatur beraterinnen- bzw. therapeutinnen-fixiert ist statt beziehungsorientiert. Dem Verhalten der Beraterin bzw. Therapeutin wird in der Tat großer Raum in den Darstellungen der Ansätze gegeben, nicht aber der Beziehung und dem interaktiven Zusammenspiel zwischen Beraterin und Klient.

„Damit erfolgte eine Anpassung an das technologische Verständnis von Psychotherapie, das den Therapeuten als Hauptakteur der Veränderung sieht und die therapeutische Veränderungsmöglichkeit des Klienten ‚aus dem Wissen des Psychotherapeuten um die psychologischen Eigenschaften und Prozesse beim Klienten und aus dem Wissen um dessen Beeinflussbarkeit durch spezifische Eingriffe und Behandlungsprozeduren' ableitet (Tscheulin 1992, 14)." (Auckenthaler 2008, 1198).

Dies liegt auch daran, dass der Klient in Konzept- und Methodendarstellungen den Status einer Un-Person erhält, was seine interaktive Beteiligung angeht. Als *Gegenstand* der Beratung, als Fall, taucht er zwar überall auf, wenig aber als Interaktionsteilnehmer – und wenn, dann entweder als Akteur, der (in gelingender Kommunikation) auf alle Interventionen „passend" im Sinne des Ansatzes reagiert, oder als Akteur, getrieben von „Widerstand". In beiden Fällen erfolgt die Klientencharakterisierung aber stets aus Sicht der konzeptionellen Orientierung. So sind offene, aber entscheidende, Fragen, 1) wie der Klient das, was die Beraterin tut, versteht, etwa wenn der Klient eine systemisch begründete Intervention der Irritation als zynische-distanzierte Herablassung der Beraterin empfindet, und 2) wie er sich selbst als Interaktionsteilnehmer versteht – und korrespondierend dazu – wie er sich gegenüber der Beraterin verhält.

(Ein Beispiel einer alternativen Betrachtungsweise, in der der Klient gleichwertig gewichtiger Akteur ist, findet sich im Kapitel 10 zur Spiel-Beziehung.)

Eine Betrachtung konzeptioneller Ansätze für Beratung unter Beziehungsgesichtspunkten – und darum kann es in diesem Buch nur gehen – kann sich entsprechend nur auf wenige Hinweise stützen und ist auf eigene Schlussfolgerungen aus Darstellungen der Beratungskonzepte angewiesen.

11.4.2 Die Beratungsbeziehung bei verschiedenen Beratungskonzepten

Im Folgenden wird für einige Konzepte, die gegenwärtig auf dem „Markt der Beratung" (McLeod 2004, 250f.) hoch gehandelt werden, versucht, Beziehungscharakteristika herauszuarbeiten. Aufgrund des Mangels einschlägiger Literatur zum Thema sollen Beziehungscharakteristika aus den Grundzügen, Ziel- und Aufgabenbeschreibungen der jeweiligen Ansätze abgeleitet werden. Eine genaue, empirisch fundierte, Charakterisierung konzeptspezifischer Interaktionsbeziehung bleibt ein Desiderat der Forschung.

Diese „Therapien mit Markennamen" (McLeod 2004, 251) werden im Folgenden unter dem Gesichtspunkt des jeweiligen zentralen Fokus benannt. Für einige von ihnen gibt es in der Literatur auch andere Bezeichnungen; dies gilt insbesondere für das kongruenzorientierte Konzept, für das auch die Bezeichnungen „klientenzentrierte Beratung" oder „gesprächspsychotherapeutische Beratung" geläufig sind.

Es versteht sich angesichts der enormen Literatur zu den Ansätzen und ihren vielfältigen Variationen, dass die folgende Darstellung nur skizzenhaft sein kann. Sie soll der Beraterin vor allem Orientierungen dafür geben, zu prüfen, ob diese Ansätze sich für ihr eigenes Handeln im Rahmen der Institution, in der sie tätig ist, als vielversprechend erweisen könnten und eine eigene Vertiefung in den einen oder anderen Ansatz sich für sie lohnen könnte.

Die Beratungsbeziehung bei Lösungsorientierung

Im Mittelpunkt dieses Konzepts steht, dem Klienten zur Findung positiver Ziele für sich bzw. sein Leben zu verhelfen. Die Betrachtung der Probleme des Klienten wird dagegen in den Hintergrund gestellt, weil, so die Überzeugung, eine Problembetrachtung den Klienten kognitiv und emotional blockiert (Tunnel-Blick) und ihn daran hindert, neue Perspektiven für sich zu entwickeln.

> *„Letztlich ist damit sogar eine Problembearbeitung möglich, ohne dass der Berater das Problem als solches überhaupt kennt. Wirklich genau wissen muss er dagegen, wie die Lösungspotentiale aussehen, um damit dann den Klienten zu Lösungsszenarien einladen zu können“* (Bamberger 2014, 739).

Die Aufgabe für die Beraterin besteht darin,

- den Fokus auf diejenigen Lebensbereiche zu lenken, die der Klient zu seiner Zufriedenheit gestalten kann bzw. die sich bereits seit der letzten Sitzung verbessert haben
- ihn anzuregen, für problematische Lebensbereiche neue Zielsetzungen (Visionen) zu finden
- ihn anzuleiten, diese Visionen in eine für ihn erreichbare Fassung umzuformulieren
- die Potentiale und Ressourcen des Klienten für die Zielerreichung zu ermitteln
- auf dieser Grundlage mit dem Klienten Hausaufgaben zu vereinbaren

Die Beraterin kann sich in ihrem Vorgehen an bestimmten Frageformaten orientieren, mit denen sie dem Klienten zu einer ziel-affinen Haltung verhelfen kann – dazu gehören hypothetische Fragen (u. a. die sogenannte „Wunderfrage“), und „Ausnahmefragen“(„Ausnahmen sind unbewusst funktionierende Lösungen“ (Bamberger 2014, 741)) und Ressourcenfragen.

Die Beziehung zwischen Beraterin und Klient ist aufgrund der Fragen durch einen explorativen und direktiven Charakter bestimmt („wer fragt, führt“) und zum anderen durch einen ermutigenden und bestärkenden Charakter. Bamberger hebt insbesondere die Bedeutung von Komplimenten hervor.

Die Beratungsbeziehung bei systemischer Orientierung

Die Grundüberzeugung des systemischen Ansatzes besagt, dass das Problemverhalten eines Klienten durch die Funktion dieses Verhaltens im Bezugssystem des Klienten bestimmt wird. Wie auch immer das Verhalten ursprünglich entstanden ist – es wird, so die Annahme, durch das System aufrechterhalten und „genährt“. Das Verhalten, so leidvoll es für den Klienten auch sein mag, hat einen systemischen Sinn. Es erhält eine Funktion im System und diese Funktionalität ist wichtig für die Aufrechterhaltung der System-Stabilität. Dies wird oft auch so formuliert, dass gefragt wird: „Was ist der Nutzen dieses Problemverhaltens für das System?“

Gegenstand beraterischer Arbeit ist entsprechend nicht „das Problem des Klienten“, sondern „das Problem in seinem systemischen Zusammenhang“, also im Bezugssystem des Klienten (seine Familie, sein Arbeitsteam).

Das übergeordnete Ziel sieht der systemische Ansatz laut Stierlin (2008) darin, Autonomie und Eigenverantwortung des Klienten zu fördern. McLeod formuliert: „Das Ziel des systemischen Therapeuten besteht daher darin, Veränderungen auf einer systemischen Ebene zu fördern.“ (McLeod 2004, 162).

Die Aufgaben der Beraterin bestehen darin,

- das Problemverhalten in seiner gegenwärtigen systemischen Funktion zu erkennen, zu benennen und zu würdigen,
- Umdeutungen des Problemverhaltens im systemischen Zusammenhang zu entwickeln,
- Veränderungsvorschläge zu entwickeln und dem Klienten als „Hausaufgabe“ zu erteilen (Stierlin 2008, 1218 f.).

Die Beziehung zwischen Beraterin und Klient ist in diesem Konzept dadurch bestimmt, dass das Problem „außerhalb“ des Klienten liegend gesehen wird, nämlich im problem-aufrechterhaltenden System, und entsprechend beide Beteiligte in eine Kooperationsbeziehung (Allianz) dem System gegenüber treten können. Fragen haben in diesem Konzept einen hohen Stellenwert. Stierlin sieht die Funktion von Fragen in ihrem Anregungscharakter. Durch sie können alternative Sichtweisen eingeführt werden, sie eröffnen neue Perspektiven und können „einen Anflug von Rätselhaftigkeit und Provokation haben, da gerade diese Kombination ‚anbindend‘ zu wirken vermag“ (Stierlin 2001, 251). Da der Klient gleichzeitig Teil des Systems ist, ist gegenüber Änderungsversuchen mit Widerstand zu rechnen. Die Qualität der Beziehung hängt daher

> *„davon ab, ob und wie es [der Beraterin] gelingt, Widerstände schon im Ansatz aufzulösen beziehungsweise auch und gerade in Widerständen ein Kooperationsangebot zu sehen" (Stierlin 2008, 1215).*

Dies gilt insbesondere gegenüber der systemischen Idee, Systemveränderungen durch Irritationen herbeiführen zu wollen. Im Hinblick auf die Hausaufgaben, die die Beraterin dem Klienten aufgibt, steht die Beziehung in einem Spannungsverhältnis von unterstützendem Zutrauen auf der einen Seite (Kap. 8.3) und einem direktiven Verschreiben auf der anderen Seite.

Die Beratungsbeziehung bei kognitiver Orientierung

Die Grundannahme dieses Konzepts lautet, dass das Erleben und Verhalten von Menschen durch kognitive Bewertungen und Schlussfolgerungen geprägt wird.

> *„Ein zentrales Ziel kognitiv-verhaltenstherapeutischer Arbeit besteht häufig darin, diejenigen Überzeugungen, die zu selbstschädigenden Verhaltensweisen führen, durch andere Überzeugungen zu ersetzen, die eher mit Selbstbejahung und konstruktivem Problemlöseverhalten verknüpft sind." (McLeod 2004, 113).*

Hierzu gehören „automatische Gedanken", irrationale Überzeugungen, eine Art „krummes Denken", Glaubenssätze, die nicht realitätsangemessen sind, Katastrophendenken und andere kognitive Verzerrungen (Übergeneralisierung, Schwarz-Weiß-Denken).

Die Aufgabe für die Beraterin besteht darin, solche Bewertungen und Schlussfolgerungen zu identifizieren und durch andere zu ersetzen.

Die Beratungs-Beziehung hat zum einen explorierenden Charakter – die Beraterin richtet ihre Aufmerksamkeit durch Zuhören und Fragen auf die Entdeckung problematischer Klienten-Überzeugungen. Zum anderen ist sie dadurch gekennzeichnet, dass die Beraterin den Klienten ermutigt, mit alternativen Überzeugungen zu experimentieren. Die Beziehung hat außerdem selektiv-verstehenden Charakter – nicht die ganze Person des Klienten ist Gegenstand des Verstehens, sondern seine Denkmuster. Diese strikte Orientierung bestimmt auch das Vorgehen der Beraterin. „Diese Beziehung wird oft als eher pädagogisch beschrieben: Sie ähnelt […] der Beziehung zwischen Lehrer und Schüler." (McLeod 2004, 119).

Die Beratungsbeziehung bei Ressourcenorientierung

Die Grundannahme dieses Ansatzes lautet: Menschliches Wohlbefinden beruht wesentlich auf der Verfügbarkeit von Ressourcen – Gegenständen, Lebensumständen, Fähigkeiten und Einstellungen und Mittel der Lebensgestaltung (Geld, Ansehen, Vertrauen) (Nestmann 2014b, 726 f.).

> *„Eine ressourcenorientierte Beratung richtet ihr Augenmerk ‚auf den vollen Teil eines halbgefüllten Glases‘ und bildet bewusst einen Gegenpol zu den vorherrschenden Defizit- und Risikoorientierungen klinisch-psychotherapeutischer Klientenbilder.“ (Nestmann 2014b, 730).*

Eine Ressourcenperspektive fokussiert nicht auf Fehler im Denken (die Beratungsbeziehung bei kognitiver Orientierung) oder auf Inkongruenzen im Selbstbild (die Beratungsbeziehung bei Kongruenzorientierung) oder den Nutzen der Klienten-Situation für sein Bezugssystem (die Beratungsbeziehung bei systemischer Orientierung), sondern zielt auf die Suche, Sicherung und Entfaltung klienten-stärkender Faktoren und Umstände. Vorrangig geht es darum, (noch) vorhandene Ressourcen des Klienten zu sichern und Verlustspiralen (wie z. B. bei Verlust des Arbeitsplatzes) vorzubeugen. Darüber hinaus geht es darum, das Ressourcenpotential des Klienten zu erweitern.

> *„Wo liegen potentiell ausgleichende, bewältigungsförderliche, kompensative, Gegengewicht schaffende Ressourcen neben diagnostizierten Defiziten und Fehlern? Wo stecken in Risiken, Belastungen, Krisen und Verlusten selbst bisher nicht erkannte Ressourcen von Menschen und von ihren sozialen, institutionellen und ökologischen Umwelten?“ (Nestmann 2014b, 731).*

Es bedarf einer besonderen Aufmerksamkeit der Beraterin auf mögliche Ressourcen des Klienten und eine entsprechende Wachheit seinen Schilderungen gegenüber, die gleichsam unter dem Gesichtspunkt möglicher Ressourcen „gescannt“ werden. Die Arbeit der Beraterin besteht darin, identifizierte Ressourcen dem Klienten in ihrer fördernden Wirkung zu verdeutlichen oder mögliche Ressourcen mit ihm zusammen nutzbar und passfähig zu seiner Situation zu machen.

Die Beratungsbeziehung im ressourcenorientierten Ansatz ist wesentlich durch das Moment der aktiven Unterstützung des Klienten durch die Beraterin gekennzeichnet. Dazu gehört das Explorieren von Ressourcen, das Herausarbeiten ihres förderlichen Charakters, Überzeugungsarbeit und Ermutigung.

Die Beratungsbeziehung bei Kongruenzorientierung

Das gesprächspsychotherapeutische Beratungskonzept unterscheidet sich von den anderen dargestellten Konzepten dadurch, dass in ihm der Beziehung zwischen Beraterin und Klient selbst heilende Wirkung zugeschrieben wird – und sie nicht „nur" als Randbedingung des jeweiligen Konzepts gilt.

Die Grundannahme des Ansatzes ist, dass das Verhalten eines Menschen das Ergebnis der Beziehung des Menschen zu sich selbst ist.

Das Ziel der Beratung besteht darin, dass der Klient sich zu sich selbst in ein angemessenes Verhältnis setzt, d.h. die Kongruenz mit sich selbst zu erhöhen.

> *„Das bedeutet, dass der Klient [...] sich selbst und andere realistischer und exakter wahrnimmt, dass er weniger defensiv, psychisch ausgeglichener und weniger ‚verletzlich' ist, weniger Spannungen erlebt, persönliche Konstrukte als variabel empfindet, dass er seine Probleme besser lösen kann, mehr Eigenverantwortung übernimmt, mehr Selbstvertrauen hat und sich selbst besser wertschätzen kann" (Auckenthaler 2008, 1197).*

Im Fokus dieses Konzepts steht also nicht das Problem, sondern das Erleben des Klienten (Auckenthaler 2008, 1204). Auckenthaler arbeitet in ihrer Darstellung des Konzeptes die zentrale Bedeutung der Beziehung als interaktives Moment deutlich heraus. Sie stellt entsprechend den Begriff der „Präsenz" in den Mittelpunkt ihrer Darstellung. Präsenz meint,

> *„dass der Therapeut in allem, was er sagt oder tut, als Person sichtbar und erfahrbar wird, dass er sich also auf eine ‚reale' Beziehung zum Klienten – anders ausgedrückt: auf eine ‚Begegnung' mit dem Klienten – einlässt" (Auckenthaler 2008, 1205).*

Diese „reale Beziehung" ermögliche dem Klienten eine Korrektur von emotionalen Erfahrungen, was wiederum zu einer Erhöhung seiner Kongruenz führt. Im Rahmen dieser „realen Beziehung" sind die sechs Bedingungen zu verstehen, von denen drei in Veröffentlichungen immer wieder als sogenannte „Kernbedingungen" genannt werden (Empathie, Akzeptanz, Kongruenz), während, so Auckenthaler, die anderen drei (psychologischer Kontakt, Klientenhaltung in der Beziehung, Leidensdruck) „lange Zeit fast vergessen gewesen" sind (Auckenthaler 2008, 1198) – und somit auch ihr Status als „interaktionelle Bedingungen" (Auckenthaler 2008, 1198). In Konsequenz wurden sie bezeichnenderweise einseitig als „Therapeuten"-Variablen gekennzeichnet. Auckentahler lenkt dagegen den Fokus auf das

„Zusammenspiel […] auf das, was der Therapeut zur Selbstentwicklung des Klienten beitragen kann und soll, und das, was dem Klienten selbst abverlangt bzw. zugetraut wird" (Auckenthaler 2008, 1198)

– selbst hier also taucht der Klient nur in einer Passiv-Formulierung auf.

ZUSAMMENFASSUNG

Sofern die Beraterin sich in ihrem Handeln an einem Beratungs-Konzept orientiert, wird auch dies die Beziehung zwischen ihr und ihrem Klienten prägen. Zwingend ist eine solche Orientierung nicht. Sinn und Unsinn einer solchen Orientierung wurden erläutert und die unterschiedlichen Vorstellungen gängiger Beratungskonzepte zum Thema Beziehungsgestaltung wurden vorgestellt.

12 Supervision und Coaching als Reflexionsraum komplexer Beratungstätigkeit

Beraterische Tätigkeit ist eine hoch anspruchsvolle Arbeit, die die Beraterin in vielfältiger Weise in den Begegnungen mit ihren Klienten und ihren Kolleginnen befriedigt und erfüllt, aber in vielen Fällen auch fachlich herausfordert, häufig emotional bewegt und belastet, die in ihrem Anspruch stets ambitioniert ist. Und die Zusammenarbeit mit den Kolleginnen ist gelegentlich frustrierend und enttäuschend.

Supervision und Coaching bieten einen Reflexionsraum, in dem die Beraterin – allein oder mit Kolleginnen zusammen – solche Aspekte ihrer Tätigkeit gedanklich und emotional aufarbeiten kann. In Supervision und Coaching wird die Beraterin auf der Rollenebene selbst zur Klientin – was im Supervisionsprozess geschieht, unterscheidet sich allerdings sehr deutlich von dem Geschehen in einer Fachberatung.

Einiges von dem, was in den vorangegangenen Kapiteln erörtert worden ist, ist allerdings auch hier – bei der Beratung der Beraterin – relevant; dies betrifft z. B. die Frage der Problemkontur bzw. der „Qualität der Informationen" (McLeod 2004, 473) und die Frage der Beziehungsqualität zwischen den Beteiligten.

12.1 Was ist Supervision und Coaching?

Supervision wie auch Coaching ist eine Form beraterischer Interaktion, die an der Schnittstelle zwischen organisatorischen, insbesondere betrieblichen Systemen einerseits und individuellen Strukturen andererseits ansetzt mit dem Ziel, Menschen für dort auftretende Probleme Lösungen zu ermöglichen und sie in ihrem Potential beruflicher Selbstgestaltung zu fördern (Pfab / Pfab 2018, 435). Das Konzept beruht auf dem Grundgedanken der Reflexion von Arbeitssituationen. Reflexion ermöglicht Menschen, ihre Arbeitssituation nachzuerleben, in erweiterter Perspektive zu betrachten, eine kritische Distanz zu ihr zu entwickeln und sie dadurch zu beeinflussen, aber auch die Grenzen einer solchen Beeinflussung zu erkennen. Reflexion stellt einen spezifischen, angemessenen Zugang zur Betrachtung von Beratungsaktivitäten dar. Reflexion soll es der Beraterin ermöglichen, für sie stimmige Lösungen von Arbeitsproblemen zu finden. Diese Reflexion einer Beraterin über Momente ihrer Arbeitssituation anzuregen ist die Expertise der Supervisorin bzw. des Coach. Diese ist Expertin für die Gestaltung reflexiver Prozesse.

Im Folgenden wird nur noch von Supervision gesprochen. Die Unterschiede zwischen Supervision und Coaching sind weitgehend historischer Natur. Supervision ist die im Bereich sozialer Arbeit gängige Bezeichnung.

12.2 Themen und Funktion von Supervision

Für Beraterinnen in der sozialen Arbeit bietet Supervision einen Reflexionsraum für ihre Tätigkeit.

Themen in der Supervision sind z.B. Fallreflexion (Fallsupervision), d.h. Reflexion über:

- den Verlauf einer Beratungssitzung (z.B. Eskalation eines Streits)
- einen Klienten (z.B. dominantes, Angst auslösendes Auftreten)
- eigene Vorgehensweise (z.B. missbrauchte Hilfsbereitschaft)
- die Beziehung zwischen Beraterin und Klient (z.B. Verwicklung in ein ja-aber-Spiel)
- Gefühle, die die Beraterin im Prozess begleitet haben (z.B. zunehmende Verunsicherung).

Darüber hinaus können Themen sein:

- Zusammenarbeit im Beratungsteam
- Beziehung des Teams zur Leitungsebene, anderen Einheiten der Institution und politischen Gremien

Die Funktion von Supervision besteht darin:

- Beraterinnen von emotional belastenden Erlebnissen in ihrer Tätigkeit zu entlasten und damit Burn-Out vorzubeugen
- Beraterinnen auf Übertragungen (Kap. 8), Verstrickungen (z.B. in Beziehungsspiele) oder Identifikationen der Problemlage mit eigenen Problemen aufmerksam zu machen und sie bei entsprechenden Klärungen zu unterstützen
- Beraterinnen zu stärken und ihre persönlichen Ressourcen zu aktivieren (Empowerment)
- Beraterinnen in Fällen, in denen diese sich in der Betrachtung eines Falles auf eine Sichtweise fixiert haben, Perspektivenerweiterungen oder -veränderungen zu ermöglichen

- Beraterinnen in der Reflexion ihrer Rolle und der Entwicklung eines stimmigen Selbstverständnisses anzuregen und in ihrer Entwicklung zu unterstützen
- Beraterinnen bei der Entwicklung einer produktiven Zusammenarbeit und der Schaffung eines stimmigen Arbeitsklimas unterstützend zu begleiten (Fragen der Team-Kommunikation)
- Beraterinnen in Fragen der organisatorischen Einbindung ihrer Tätigkeit dabei zu unterstützen, die je besondere Weise ihrer Einbindung zu erkennen, ihre eigenen Gestaltungsmöglichkeiten auszuloten und ihre Grenzen zu erkennen (Fragen der vertikalen Kommunikation, Umgang mit Führung)

Insgesamt trägt Supervision damit zu einer erhöhten Professionalität der Beraterin und damit zur Qualitätsverbesserung ihrer Arbeit bei und beugt negativem Stressempfinden vor.

Eine weitere Funktion erfüllt Supervision im Rahmen der Ausbildung von Beraterinnen. Hier spielen Fragen der Fachlichkeit und der Anleitung eine wesentlichere Rolle.

12.3 Geschichtliche Entwicklung der Supervision

Supervision als Kommunikationsformat hat eine wechselvolle Geschichte hinter sich. Es ist instruktiv, Supervision aus ihrer Geschichte heraus zu verstehen, weil dadurch die unterschiedlichen und auch widersprüchlichen Facetten dieses Formats deutlich werden (Siller 2010).

Supervision begann – wie das Wort (überwachen) auch schon andeutet – zu Beginn des 20. Jahrhunderts als Kontrollaktivität des Handelns von Mitarbeitern durch ihre Vorgesetzten, speziell im sozialen Bereich als Kontrolle ehrenamtlicher Helfer durch ausgebildete Kräfte. Sie war als Kontrollaktivität in den regulären Arbeitsablauf in hierarchisch geprägten Organisationen eingebunden. Nach dem 2. Weltkrieg setzte sich immer mehr durch, diese Kontrollfunktion von der Rolle der Vorgesetzten zu trennen und von externen Kräften durchführen zu lassen. Damit wurde Supervision aus dem Arbeitsvollzug herausgelöst und zu einer separaten Aktivität. Das Format Supervision in der heute verstandenen Weise war damit geboren. Durch die Beauftragung externer Experten und im Zuge gesellschaftlicher Reformen (Humanisierung der Arbeitswelt) trat der Aspekt der Kontrolle in den Hintergrund und Supervision orientierte sich primär an sozialstaatlich geprägten Wertmaßstäben. Die Passfähigkeit von Supervision in diesem politischen Kontext führte zu einer Erweiterung der Tätigkeitsfelder, zu einer Diversifizierung der Formen (Kap. 12.4) und einer weiteren Autonomisierung als eigenständiges Beratungsformat. Diese Tendenzen hatten im Selbstverständnis von Supervision eine Loslösung von der sozialstaatlichen und wohlfahrtsstaatlichen Orientierung zur Folge – Supervision fand jetzt auch in anderen Anwendungsfeldern statt – und führte zu der Suche nach einem geeigneten Orientierungsdiskurs, der diese Erweiterung abdeckte. Dieser wurde im Theorie-Diskurs der Psychotherapie gesehen. Die politische emanzipatorische Orientierung geriet damit zugunsten einer therapeutischen Orientierung in den Hintergrund. In dieser Phase der Entwicklung fanden nun zeitgleich massive Veränderungen in der Arbeitswelt, auch in der Sozialfürsorge statt (Deregulierung, Ökonomisierung), die zu erheblichen arbeitsweltlichen Reorganisationen führten. Diese Veränderungen zwangen Supervision zu einer abermaligen Erweiterung des Selbstverständnisses. Der semi-therapeutische Anspruch kann nun ohne Berücksichtigung des organisatorischen Umfelds nicht aufrechterhalten werden; er wird um den Anspruch einer systembezogenen Betrachtungsweise erweitert und Supervision wird zur „reflektierten Organisationsentwicklung" (Siller 2010, 16). Diese nochmalige Erweiterung des Gegenstandsbereichs verstärkt die Frage nach der eigenständigen Fachlichkeit von Supervision als Beruf und führt zu einer andauernden Diskussion um Professionalität mit der Erarbeitung von Qualitätsstandards für Ausbildung und Tätigkeit. Zugleich wird seitens der Organisationen der Beitrag von Supervision zu einer qualitativ hochwertigen Arbeit zunehmend gesehen und Supervision organisationsstrukturell implementiert.

Alle diese Entwicklungsphasen haben in Supervision ihre Spuren hinterlassen und prägen ihren gegenwärtigen Status: es gibt den gesellschaftlich-emanzipatorischen Anspruch, es gibt die semi-therapeutische Orientierung und den systemischen Organisationsbezug und es gibt das Moment der Arbeitskontrolle, je nach Supervisionskonzept in unterschiedlichen Anteilen und durchaus auch in einem Spannungsverhältnis zueinander.

12.4 Supervisionsformate – Arbeitsweise und Beziehungsdynamik

Supervision erfolgt als Reflexionsangebot entweder für eine einzelne Beraterin oder für ein Beratungsteam oder eine Gruppe von Beraterinnen. In der Einzel-Supervision geht es primär um Fragen des beraterischen Handelns der Beraterin in der Arbeit mit ihren Klienten, darüber hinaus können aber auch Probleme der innerbetrieblichen Zusammenarbeit angesprochen werden. Der dyadische Charakter dieses Formats ermöglicht es der Beraterin in besonderer Weise, sich gegenüber der Supervisorin zu öffnen, sodass es möglich wird, ihre Verführbarkeiten, ihre Ängste, Blockaden, ihre Lieblingsgefühle, ihre persönlichen Arbeitsansprüche und biografischen Zusammenhänge zu thematisieren.

In der Team-Supervision – gegenwärtig die am meisten nachgefragte Form der Supervision (Pühl 2014, 391) – können ebenfalls Beratungsfälle einzelner Beraterinnen besprochen werden. Aber auch Fragen der Team-Zusammenarbeit oder Fragen der Position des Teams im Organisationszusammenhang können zum Thema gemacht werden. Auch dieses Form hat seine Besonderheiten: Kommunikation in der Team-Supervision ist Kommunikation unter Beobachtung. Dies prägt in erheblichem Maße die Art und Weise (Menge und Inhalt) der Beteiligung des einzelnen Team-Mitglieds – es kann zu Rückzug führen oder zu großen Auftritten, es kann von Rivalität geprägt sein oder von Selbstdarstellung. Es liegt in der Prozess-Verantwortung (Kap. 12.5) der Supervisorin, Gesprächsverhältnisse herzustellen, die es allen Beteiligten ermöglichen, ihre Gesichtspunkte angemessen einzubringen. In der Team-Supervision zeigt sich der Supervisorin, wie das Team miteinander umgeht, d. h. die Gruppendynamik des Teams; wer reagiert wie auf wen, wer spricht zu Beginn, wer hat das letzte Wort, wer spielt welche Rolle, wer prescht vor, wer zieht sich zurück, welche Beziehungsmuster zeigen sich, welche Rolle ist der Supervisorin zugedacht etc. Außerdem zeigt sich die Team-Mentalität, d. h. das – häufig nicht bewusste – Selbstverständnis eines Teams: versteht es sich als „Sanatorium", in dem die Teammitglieder äußerst behutsam miteinander umgehen und keine Konflikte ansprechen, oder als „Festung", d. h. als ein Team, das sich von außen bedroht erlebt und aus diesem geteilten Bedrohungsgefühl Team-Zusammenhalt erzeugt, oder als „Theater", in dem ein Teammitglied im Mittelpunkt steht und von seinen Kollegen bewundert wird oder in dem ständig „Krach" und „Tumult" herrscht (die Einteilung folgt einem Vorschlag von Glasl 2013).

Insbesondere in Team-Supervision muss die Supervisorin gelegentlich unrealistischen Vorstellungen begegnen: In Team-Supervision gibt es eine Neigung des Teams, in Fällen von Konflikten mit der Leitungsebene die Supervisorin als Bündnispartnerin gegen die Leitung zu gewinnen und sie entsprechend zu vereinnahmen. Natürlich muss die Supervisorin einer solchen Verführung widerstehen – auch sie ist vor Übertragungsphänomenen nicht gefeit. Außerdem kann es sein, dass – gerade in „verordneter Supervision" – das Team Kontrollverdacht hegt („von oben" oder gegenseitig) und der Supervisorin Misstrauen entgegenschlägt.

Die Gruppen-Supervision ist Supervision mit Menschen mit gleicher beruflicher Tätigkeit, aber ohne Team-Bezug untereinander. Der Vorteil dieses Formats besteht im Erfahrungsaustausch ohne „Betriebsblindheit" und in der Betriebsferne der anderen Beteiligten; dies erlaubt das Ansprechen persönlich bewegender Themen. Anregungen von Kolleginnen aus anderen Organisationskontexten beinhalten ein hohes Anregungspotential.

Über diese Formate hinaus gibt es noch die kollegiale Beratung bzw. Intervision, in der sich Kolleginnen ohne Beteiligung einer Supervisorin zum kollegialen Erfahrungsaustausch und zur gemeinsamen Reflexion treffen. Im Falle supervisionserfahrener Beraterinnen kann ein solcher Erfahrungsaustausch semi-supervisorische Qualitäten aufweisen, im anderen Fall hat der Austausch eher die Qualität von wechselseitiger Klage oder „Nachverbrennung" (Goffman 1982, 212 ff.) – eine Kommunikationsform, die durchaus auch Entlastungswirkung haben kann.

12.5 Anforderungen an eine Supervisorin und Auswahl

Pfab / Pfab (2019) formulieren die Anforderungen an eine Supervisorin in vier Basis-Kompetenzen, die eine Supervisorin beherrschen sollte:

- **Prozesskompetenz:** Die Supervisorin gestaltet den Supervisionsprozess als eine produktive Arbeitsbeziehung, in der es der Beraterin möglich wird, ihre Anliegen offen und vertrauensvoll darzustellen.
- **Klärungskompetenz:** Die Supervisorin ist in der Lage, der Beraterin zu einem vertieften Verständnis ihrer beruflichen Situation gegenüber ihren Klienten wie auch der Institution gegenüber zu verhelfen, undurchsichtige Situationen transparent zu machen und gedankliche Verstrickungen aufzulösen.
- **Interventionskompetenz:** Die Supervisorin kann der Beraterin Impulse zur Veränderung festgefahrener Auffassungen geben, ihre Perspektive auf Klienten erweitern und sie zu Verhaltensveränderungen in schwierigen Situationen ermutigen.
- **Stabilisierungskompetenz:** Die Supervisorin ist in der Lage, die Beraterin emotional anzunehmen und aufzufangen, Belastungsaspekte mit der Beraterin aufzuarbeiten, Ressourcen zu erkennen und zur emotionalen Stabilisierung zu aktivieren.

Da die Bezeichnung „Supervisorin" im Unterschied zu z. B. „Psychologische Psychotherapeutin" nicht gesetzlich geschützt ist, muss man bei der Auswahl einer Supervisorin zu anderen Kriterien greifen. Die wichtigsten sind:

- Mitgliedschaft der Supervisorin in einem Berufsverband (der bedeutendste ist die „Deutsche Gesellschaft für Supervision und Coaching e. V." (DGSv))
- Ausbildung der Supervisorin in einem berufsverbandlich zertifizierten Ausbildungsprogramm
- große Organisationen, z. B. die evangelische und katholische Kirche, verfügen über eigene „Pools", aus denen eine Auswahl erfolgt

Umstritten ist die Relevanz sogenannter „Feldkompetenz" als Auswahlkriterium, d.h. die Frage, ob die Supervisorin Erfahrungen und Kenntnisse in dem jeweiligen Berufsfeld haben sollte – dies, so wird argumentiert, würde ein Verständnis der vorgetragenen Probleme erleichtern und eine „gemeinsame Sprache" möglich machen. Es gibt aber auch die Auffassung, dass Feldkompetenz kein relevantes Kriterium ist – die Supervisorin soll zum Nachdenken anregen und muss daher die vorgetragenen Probleme nicht zwingend verstehen.

Die konkrete Anfrage einer Supervisorin erfolgt entweder durch das Beraterinnen-Team unter Einbeziehung der Leitungsebene (in Fällen supervisionserfahrener Teams) oder durch die Leitungsebene direkt. Ist eine Anfrage an eine Supervisorin erfolgt, kommt es zu einem Erstgespräch, in dem Supervisorin und Beraterin bzw. Team einander kennenlernen und einen Eindruck gewinnen, ob „man miteinander kann" und eine Arbeitsbeziehung zustandekommen kann. Die Entscheidung in einem Team für oder gegen eine bestimmte Supervisorin kann durchaus Gelegenheit für gruppendynamische Prozesse im Team sein.

12.6 Institutionelle Einbindung der Supervision

Aus Organisationsperspektive stellt Supervision heutzutage ein wichtiges Instrument der Qualitätsentwicklung dar. In vielen Bereichen der Sozialarbeit ist sie mittlerweile obligatorischer Teil der Tätigkeit.

Die Einbindung von Supervision in die Organisation zeigt sich prägend am sogenannten „Dreiecks-Kontrakt", der vertraglichen Vereinbarung für einen Supervisionsprozess, die eine Supervisorin mit der Leitungsebene einerseits und dem Beratungsteam andererseits abschließt. In diesem Dreiecks-Kontrakt werden die Ziele des Supervisionsprozesses und die Rahmenbedingungen seiner Durchführung festgelegt (Anzahl der Sitzungen, Dauer der Sitzungen, Einbeziehung der Leitungsebene in den Prozess, Honorar). Supervision bewegt sich mit ihrer Arbeit in einem Spannungsfeld zwischen Leitungsebene und deren Erwartungen und Ansprüchen an die Supervision und dem Beraterinnen-Team (oder der einzelnen Beraterin) und deren Erwartungen und Ansprüchen. Heikel ist insbesondere die Konstellation „verordneter" Supervision, bei der die Supervision einem Team oder einer Beraterin „aufgedrückt" wird. Besonderer Aufmerksamkeit bedarf die Frage der Einbeziehung der Leitungsebene in den Supervisionsprozess. Dies beinhaltet die Frage der Anwesenheit von Leitungspersonal in den Sitzungen und die Frage der Rückmeldung der Leitung über die Themen der Supervision. Aufgrund der Bestimmung von Supervision als offenem Reflexionsraum ist das Moment der Verschwiegenheit eine entscheidende Rahmenbedingung für gelingende supervisorische Prozesse. Der Umfang der Diskretion wird innerhalb der Branche unterschiedlich definiert. Pühl unterscheidet zwischen Verschwiegenheit in persönlichen Dingen und „Rückkopplung wesentlicher institutioneller Daten“ an Leitungsverantwortliche (Pühl 2014, 394). In jedem Fall aber muss der Umfang im Dreiecks-Kontrakt definiert werden.

12.7 Ablauf einer Supervisionssitzung

Supervision versteht sich als Kommunikationsformat eines offenen Gesprächsraums, bei dem auf standardisierte Abläufe weitgehend verzichtet wird. Gleichwohl lassen sich auf der Makro-Ebene Phasen der Supervisionssitzung charakterisieren, die obligatorisch sind:

- Einstieg (Ankommen, Aufwärm-Phase, in Kontakt kommen)
- Frage nach Resten (Anknüpfen an vorherige Sitzung, ggf. Abmachungen aufgreifen, Frage nach relevanten Vorgängen in der Zwischenzeit)
- Themenfindung für aktuelle Sitzung mit Zielklärung (Was soll erreicht werden?)
- Themenbearbeitung mit je nach Thema spezifischen Vorgehensweisen
- Auswertung (Was wurde erreicht?, Wie können Erkenntnisse umgesetzt werden?, Was ist offen geblieben?)
- Verabschiedung

12.8 Was Sie sonst noch tun können...

Über die Inanspruchnahme von Supervision hinaus gibt es weitere Möglichkeiten zur Professionalisierung bzw. professionellen Stabilisierung und emotionalen Entlastung. Eine Möglichkeit zur Stabilisierung ist die Auseinandersetzung mit Grundlagentheorien des beraterischen Handelns, eine andere die Teilnahme an Weiterbildungskursen, um eine sicherere Haltung für die Beratungstätigkeit zu entwickeln. Zur emotionalen Entlastung steht eine ganze Bandbreite von Optionen zur Verfügung, angefangen von Körperarbeit (Yoga, Entspannungstechniken) über den Einsatz von Ritualen (Pfab 2018) bis hin zu Aktivitäten der Stärkung der Resilienz.

Literatur

Albani, C., Blaser, G., Geyer, M., Kächele, H. (1999): Die „Control Mastery“-Theorie. In: Forum der Psychoanalyse 15, 224–236

Argyle, M. (1989): Körpersprache und Kommunikation. 5. Aufl. Junfermann, Paderborn

Auckenthaler, A. (2008): Die therapeutische Beziehung in der Gesprächspsychotherapie. In: Hermer, M., Röhrle, B. (Hrsg.): Handbuch der therapeutischen Beziehung. Band 2. dgvt-Verlag, Tübingen, 1195–1211

Auernheimer, G. (Hrsg.) (2001): Migration als Herausforderung für pädagogische Institutionen. Westdeutscher, Opladen

Bamberger, G. (2014): Beratung unter lösungsorientierter Perspektive. In: Nestmann, F., Engel, F., Sickendieck, U. (Hrsg.): Das Handbuch der Beratung. Band 1. dgvt-Verlag, Tübingen, 737–748

Baum, K., Deeg, C. (2018): Sich verständlich ausdrücken – Trainingsprogramm. Reinhardt, München

Becker-Lenz, R. (2009) (Hrsg.): Professionalität in der sozialen Arbeit. VS, Wiesbaden

Becker-Lenz, R. (2005): Das Arbeitsbündnis als Fundament professionellen Handelns. In: Pfadenhauer, M. (Hrsg.): Professionelles Handeln. VS, Wiesbaden, 87–104

Belardi, N., Akgün, L., Gregor, B., Pütz, T., Neef, R., Sonnen, F. (2011): Beratung: eine sozialpädagogische Einführung. Juventa, Weinheim

Benjamin, J. (2004): Die Fesseln der Liebe. Stroemfeld, Frankfurt/M.

Berg, I.K. (1992): Familien-Zusammenhalt(en): ein kurztherapeutisches und lösungsorientiertes Arbeitsbuch. Verlag Modernes Lernen, Dortmund

Berne, E. (1970): Spiele der Erwachsenen. Rowohlt, Reinbek

Berninger-Schäfer, E. (2018): Online-Coaching. Springer, Wiesbaden

Bernter, G., Johnsson, L. (1997): Psychosoziale Arbeit. Beltz, Weinheim

Bettighofer, S. (2016): Übertragung und Gegenübertragung im therapeutischen Prozess. 5. Aufl. Kohlhammer, Stuttgart

Böhle, F., Glaser, J. (Hrsg.) (2006): Arbeit in der Interaktion – Interaktion als Arbeit. VS, Wiesbaden

Böhle, F., Glaser, J., Büssing, A. (2006): Interaktion als Arbeit – Ziele und Konzept des Forschungsverbundes. In: Böhle, F., Glaser, J. (Hrsg.): Arbeit in der Interaktion – Interaktion als Arbeit. VS, Wiesbaden, 25–41

Bowlby, J. (2001): Das Glück und die Trauer. Herstellung und Lösung affektiver Bindungen. Klett-Cotta, Stuttgart

Bowlby, J. (1975): Bindung. Eine Analyse der Mutter-Kind-Beziehung. Fischer, Frankfurt/M.

Bredt, C., Knierim, A. (2018): Face-to-Face wird überbewertet – Telefoncoaching aus Klienten- und Beraterperspektive. In: Organisationsentwicklung Supervision Coaching 25, 349–354

Bretherton, I. (2016): Zur Konzeption innerer Arbeitsmodelle in der Bindungstheorie. In: Gloger-Tippelt, G. (Hrsg.): Bindung im Erwachsenenalter. 3. Aufl. Hogrefe, Göttingen, 65–92

Breyer, T. (Hrsg.) (2013): Grenzen der Empathie. Philosophische, psychologische und anthropologische Perspektiven. Wilhelm Fink, München

Bromme, R., Jucks, R., Rambow, R. (2004): Experten-Laien-Kommunikation im Wissensmanagement. In: Reinmann, G., Mandl, H. (Hrsg.): Psychologie des Wissensmanagements. Hogrefe, Göttingen, 176–188

Brunner, A. (2009): Theoretische Grundlagen der Online-Beratung. In: Kühne, S., Hintenberger, G. (Hrsg.): Handbuch Online-Beratung. Vandenhoeck & Ruprecht, Göttingen, 27–45

Brunner, A. (2006): Methoden des digitalen Lesens und Schreibens in der Online-Beratung. In: e-beratungsjournal.net 2(2)

Bühler, K. (1982): Sprachtheorie. Fischer, Stuttgart

Campe, R. (1986): Pronto! Telefonate und Telefonstimmen. In: Kittler, F., Schneider, M., Weber, S. (Hrsg.): Diskursanalysen 1: Medien. Westdeutscher, Opladen, 68–91

Cialdini, R. (2002): Die Psychologie des Überzeugens. 2. Aufl. Huber, Bern

Combe, A., Helsper, W. (Hrsg.) (1996): Pädagogische Professionalität. Suhrkamp, Frankfurt/M.

Cremer-Schäfer, H. (1990): Die sanften Kontrolleure: Konkurrenten oder Kartellpartner strafender Kontrolle? In: Feltes, T., Sievering, U. (Hrsg.): Hilfe durch Kontrolle? Haag und Herchen, Frankfurt/M., 35–54

Dobslaw, G. (2019): Zur Bedeutung des sozialen Raums im organisationalen Coaching. In: Pfab, A. (Hrsg.): Inspiriertes Coaching. Vandenhoeck & Ruprecht, Göttingen, 135–154

Döring, N. (2003): Sozialpsychologie des Internet. 2. Aufl. Hogrefe, Göttingen

Döring, N., Eichenberg, C. (2013): Sozialpsychologie der Online-Beratung. In: Nestmann, F., Engel, F., Sickendiek, U. (Hrsg.): Das Handbuch der Beratung. Band 3 Neue Beratungswelten. dgvt-Verlag, Tübingen, 1587–1600

Dreyfus, H., Taylor, C. (2016): Die Wiedergewinnung des Realismus. Suhrkamp, Frankfurt/M.

Dullstein, M. (2013): Einfühlung und Empathie. In: Breyer, T. (Hrsg.): Grenzen der Empathie. Philosophische, psychologische und anthropologische Perspektiven. Wilhelm Fink, München, 93–107

Dunkel, W. (2011): Arbeit in sozialen Dienstleistungsorganisationen: die Interaktion mit dem Klienten. In: Evers, A., Heinze, R., Olk, T. (Hrsg.): Handbuch Soziale Dienste. VS, Wiesbaden, 187–205

Dunkel, W., Rieder, K. (2004): Interaktionsarbeit zwischen Konflikt und Kooperation. In: Dunkel, W., Voß, G. (Hrsg.): Dienstleistung als Interaktion. Hampp, München, Mehring, 211–226

Dunkel, W., Voß, G. (Hrsg.) (2004): Dienstleistung als Interaktion. Hampp, München, Mehring

Eckensberger, L. (2007): Werte und Moral. In: Straub, J., Weidemann, A., Weidemann, D. (Hrsg.): Handbuch Interkulturelle Kommunikation und Kompetenz. Metzler, Stuttgart, 505–515

Eichenberg, C., Kühne, S. (2014): Einführung Onlineberatung und -therapie. Reinhardt, München

Erickson, F. (1988): Ethnographic description. In: Ammon, U. (Hrsg.): Sociolinguistics/Soziolinguistik. deGruyter, Berlin, 1081–1095

Erickson, F., Shultz, J. (1982): The counselor as gatekeeper. Academic Press, New York

Evangelou, B., Hild, E. (2015): Vom Erleben und Arbeiten zwischen den Zeilen. Professionelle Beratungsbeziehungen im Kontext der bke-Onlineberatung. In: Krieger, A., Winter, H., Müller, U., Ochs, M., Broicher, W. (Hrsg.): Geht die Psychotherapie ins Netz?. Psychosozial, Giessen, 51–68

Flichy, P. (1997): Tele. Geschichte der modernen Kommunikation. Campus, Frankfurt/M.

Fosshage, J. (1999): Zuhör- und Erlebnisperspektiven im Hinblick auf die fördernde Responsivität. In: Bartosch, E., Hinterhofer, H., Pellegrini, E. (Hrsg.): Aspekte einer neuen Psychoanalyse. Verlag Neue Psychoanalyse, Wien, 53–68

Frank, J. (1997): Die Heiler. Wirkungsweisen psychotherapeutischer Beeinflussung. 4. Aufl. Klett-Cotta, Stuttgart

Fuchs, T. (2017): Das Gehirn – ein Beziehungsorgan. 5. Aufl. Kohlhammer, Stuttgart
Füssel, M. (2012): Die Experten, die Verkehrten? Gelehrtensatire als Expertenkritik in der Frühen Neuzeit. In: Reich, B., Rexroth, F., Roick, M. (Hrsg.): Wissen, maßgeschneidert. Oldenbourg, München, 269–288
Gaitanides, S. (2014): Interkulturelle Kompetenzen in der Beratung. In: Nestmann, F., Engel, F., Sickendieck, U. (Hrsg.): Das Handbuch der Beratung. Band 1. dgvt-Verlag, Tübingen, 313–325
Gaitanides, S. (2001): Zugangsbarrieren von Migrant(innen) zu den sozialen Diensten und Strategien interkultureller Öffnung. In: Auernheimer, G. (Hrsg.): Migration als Herausforderung für pädagogische Institutionen. Westdeutscher, Opladen, 181–194
Gallagher, S. (2005): How the body shapes the mind. Clarendon, Oxford
Garfinkel, H. (1973): Das Alltagswissen über soziale und innerhalb sozialer Strukturen. In: Arbeitsgruppe Bielefelder Soziologen (Hrsg.): Alltagswissen, Interaktion und gesellschaftliche Wirklichkeit. Bd 1. Rowohlt, Reinbek, 189–262
Gibson, J. (1982): Wahrnehmung und Umwelt: der ökologische Ansatz in der visuellen Wahrnehmung. Urban & Schwarzenberg, München
Glaser, B., Strauss, A. (1974): Interaktion mit Sterbenden. Vandenhoeck & Ruprecht, Göttingen
Glasl, F. (2013): Konfliktmanagement. 11. Aufl. Haupt, Bern
Goffman, E. (1982): Das Individuum im öffentlichen Austausch. Suhrkamp, Frankfurt/M.
Goffman, E. (1973): Interaktion: Spaß am Spiel, Rollendistanz. Piper, München
Greif, S. (2015): Evaluation von Coaching: Eine schwer zu bewertende Dienstleistung. In: Schreyögg, A., Schmidt-Lellek, C. (Hrsg.): Die Professionalisierung von Coaching. Springer, Wiesbaden, 47–69
Grimmer, B. (2006): Psychotherapeutisches Handeln zwischen Zumuten und Mut machen. Kohlhammer, Stuttgart
Gross, P. (1983): Die Verheißungen der Dienstleistungsgesellschaft. Westdeutscher, Opladen
Gumperz, J. (1982): Discourse Strategies. Oxford University Press, Oxford
Hagehülsmann, H., Hagehülsmann, U. (2007): Der Mensch im Spannungsfeld seiner Organisation. Junfermann, Paderborn
Hall, E. (1990): The silent language. Doubleday, New York
Harrach, E.-M. v., Loer, T., Schmidtke, O. (2000): Verwaltung des Sozialen. Formen der subjektiven Bewältigung eines Strukturkonflikts. UVK, Konstanz
Helsper, W., Tippelt, R. (Hrsg.) (2011): Pädagogische Professionalität. In: Zeitschrift für Pädagogik 57. Beiheft
Hermer, M., Röhrle, B. (Hrsg.) (2008): Handbuch der therapeutischen Beziehung. Band 2. dgvt-Verlag, Tübingen
Hilgers, M. (1996): Scham. Geschichte eines Affekts. Vandenhoeck & Ruprecht, Göttingen
Hitzler, S., Messmer, H. (2008): Gespräch als Forschungsgegenstand in der sozialen Arbeit. In: Zeitschrift für Pädagogik 54, 244–260
Hochschild, A. (1990): Das gekaufte Herz. Campus, Frankfurt/M.
Hoffman, E. (2015): Interkulturelle Gesprächsführung. VS, Wiesbaden
Hofstede, G. (1993): Interkulturelle Kommunikation: Kulturen – Organisationen – Management. Gabler, Wiesbaden
Izard, E. E. (1981): Die Emotionen des Menschen. Beltz, Weinheim
Joas, H. (1992): Die Kreativität des Handelns. Suhrkamp, Frankfurt/M.
Jost, A. (2009): Rhythmen der Kommunikation. Vandenhoeck & Ruprecht, Göttingen
Kahneman, D. (2012): Schnelles Denken, langsames Denken. Siedler, München
Karl, U., Müller, H., Wolff, S. (2011): Gekonnte Strenge im Sozialstaat. Praktiken der (Nicht-)Sanktionierung Unter 25-Jähriger in Job-Centern. In: Zeitschfrift für Rechtssoziologie 32, 2–30

Kessl, F., Otto, H.U. (2011): Soziale Arbeit und soziale Dienste. In: Evers, A., Heinze, R., Olk, T. (Hrsg.): Handbuch Soziale Dienste. VS, Wiesbaden, 389–403

Klemm, M., Pfab, W. (2020): „Communicative realism" and the crisis of globalization narratives. In: Trans\Wissen (Hrsg.): Wissen in der Transnationalisierung. Zu Ubiquität und Krise der Übersetzung. Transkript, Bielefeld

Knapp, A. (2002): Interkulturelle Kompetenz. Eine sprachwissenschaftliche Perspektive. In: Auernheimer, G. (Hrsg.): Interkulturelle Kompetenz und pädagogische Professionalität. Westdeutscher, Opladen, 63–78

Körner, W., Irden, G., Bauer, U. (Hrsg.) (2013): Psycho-soziale Beratung von Migranten. Kohlhammer, Stuttgart

Korsten, W. (2006): Telefonseelsorge und Telefontechnik. In: Weber, T. (Hrsg.): Handbuch Telefonseelsorge. 2. Aufl. Vandenhoeck & Ruprecht, Göttingen, 155–161

Krämer, S. (1998a): Sprache – Stimme – Schrift: Sieben Thesen über Performativität als Medialität. In: Fischer-Lichte, E., Kolesch, D. (Hrsg.): Kulturen des Performativen. Akademie, Berlin, 33–57

Krämer, S. (1998b): Stimme – Schrift – Computer. Über Medien der Kommunikation. In: Huber, J., Heller, M. (Hrsg.): Inszenierung und Geltungsdrang. Stroemfeld, Basel, 241-256

Kühne, S., Hintenberger, G. (2013): Professionalisierung der Online-Beratung. In: Nestmann, F., Engel, F., Sickendiek, U. (Hrsg.): Das Handbuch der Beratung. Band 3 Neue Beratungswelten. dgvt-Verlag, Tübingen, 1571–1586

Kühne, S., Hintenberger, G. (Hrsg.) (2009): Handbuch Online-beratung. Vandenhoeck & Ruprecht, Göttingen

Küpper, W., Ortmann, G. (Hrsg.) (1992): Mikropolitik. 2. Aufl. Westdeutscher, Opladen

Langer, A. (2004): Professionsökonomik, Verträge und Vertrauen. Zur Mikrofundierung professioneller Dienstleistungen durch die Agenturtheorie am Beispiel der Sozialen Arbeit. In: Zeitschrift für Wirtschafts- und Unternehmensethik 5, 284–304

Langfeldt, H.P., Nothdurft, W. (2015): Psychologie. Grundlagen und Perspektiven für die soziale Arbeit. 5. Aufl. Reinhardt, München

Lichtenberg, J. (2007): Kunst und Technik psychoanalytischer Therapien. Brandes & Apsel, Frankfurt/M.

Luhmann, N. (1998): Die Gesellschaft der Gesellschaft. Suhrkamp, Frankfurt/M.

McLeod, J. (2004): Counselling – eine Einführung in Beratung. dgvt-Verlag, Tübingen

Mehlhorn, G., Trouvain, J. (2007): Sensibilisierung von Lernenden für fremdsprachliche Prosodie. In: Zeitschrift für interkulturellen Fremdsprachenunterricht 12, 11–25

Mitchell, S. (2003): Bindung und Beziehung. Auf dem Weg zu einer relationalen Psychoanalyse. Psychosozial, Gießen

Mulsow, M. (2012): Expertenkulturen, Wissenskulturen und die Risiken der Kommunikation. In: Reich, B., Rexroth, F., Roick, M. (Hrsg.): Wissen, maßgeschneidert. Oldenbourg, München, 249–268

Nadai, E., Sommerfeld, P. (2005): Professionelles Handeln in Organisationen – Inszenierungen der sozialen Arbeit. In: Pfadenhauer, M. (Hrsg.): Professionelles Handeln. VS, Wiesbaden, 181–205

Nancy, J.L. (2014): Zum Gehör. Diaphanes, Berlin

Nestmann, F. (2014a): Beratungsmethoden und Beratungsbeziehung. In: Nestmann, F., Engel, F., Sickendieck, U. (Hrsg.): Das Handbuch der Beratung. Band 2. dgvt-Verlag, Tübingen, 783–796

Nestmann, F. (2014b): Ressourcenorientierte Beratung. In: Nestmann, F., Engel, F., Sickendieck, U. (Hrsg.): Das Handbuch der Beratung. Band 2. dgvt-Verlag, Tübingen, 725–735

Neuberger, O. (1995): Mikropolitik. Enke, Stuttgart

Neuberger, O. (1992): Spiele in Organisationen, Organisationen als Spiele. In: Küpper, W., Ortmann, G. (Hrsg.): Mikropolitik. Westdeutscher, Opladen, 53–86

Nothdurft, W. (1997): Konfliktstoff. Gesprächsanalyse der Konfliktbearbeitung in Schlichtungsgesprächen. deGruyter, Berlin

Nothdurft, W. (1996): Schlüsselwörter. Zur rhetorischen Herstellung von Wirklichkeit. In: Kallmeyer, W. (Hrsg.): Gesprächsrhetorik. Narr, Tübingen, 351–418

Nothdurft, W. (1994a): Kompetenz und Vertrauen in Beratungsgesprächen. In: Nothdurft, W., Reitemeier, U., Schröder, P.: Beratungsgespräche. Analyse asymmetrischer Dialoge. Narr, Tübingen, 183–228

Nothdurft, W. (1994b): Herstellung der Beratungssituation. In: Nothdurft, W., Reitemeier, U., Schröder, P.: Beratungsgespräche. Analyse asymmetrischer Dialoge. Narr, Tübingen, 19–87

Nothdurft, W. (1984): „äh folgendes problem äh“. Die interaktive Ausarbeitung „des Problems“ in Beratungsgesprächen. Narr, Tübingen

Nothdurft, W., Schwitalla, J. (1995): Gemeinsam musizieren. Plädoyer für ein neues Leitbild für die Betrachtung mündlicher Kommunikation. In: Deutschunterricht 47, 30–42

Nußbeck, S. (2006): Einführung in die Beratungspsychologie. 3. Aufl. Reinhardt, München

Oberhoff, B. (2006): Übertragung und Gegenübertragung in der Supervision. Daedalus, Münster

Oevermann, U. (2009): Die Problematik der Strukturlogik des Arbeitsbündnisses und der Dynamik von Übertragung und Gegenübertragung in einer professionalisierten Praxis von Sozialarbeit. In: Becker-Lenz, R. (Hrsg.): Professionalität in der sozialen Arbeit. 2. Aufl. VS, Wiesbaden, 113–142

Oevermann, U. (1996): Theoretische Skizze einer revidierten Theorie professionalisierten Handelns. In: Combe, A., Helsper, W. (Hrsg.): Pädagogische Professionalität. Suhrkamp, Frankfurt/M., 70–182

Oksaar, E. (1979): Zur Kommunikation zwischen Arzt und Patient. In: Ezawa, K., Reusch, K.H. (Hrsg.): Sprache und Sprechen. Niemeyer, Tübingen, 13–21

Pavkovic, G. (2014): Beratung für Migranten. In: Nestmann, F., Engel, F., Sickendieck, U. (Hrsg.): Das Handbuch der Beratung. Band 1. dgvt-Verlag, Tübingen, 305–311

Peters, H. (1973): Die mißlungene Professionalisierung der Sozialarbeit. In: Otto, H.U., Utermann, K. (Hrsg.): Sozialarbeit als Beruf – Auf dem Weg zur Professionalisierung? Juventa, München, 99–123

Pfab, A. (2019): „…muss man im Kontext sehen!“ – Professionalität im Umgang mit Kontextvielfalt im Coaching. In: Pfab, A. (Hrsg.): Inspiriertes Coaching. Vandenhoeck & Ruprecht, Göttingen, 155–183

Pfab, A. (2018): Übergangsrituale im Coaching: Bedeutung und Einsatzmöglichkeiten. In: Organisationsberatung Supervision Coaching 25, 487–500

Pfab, A., Pfab, W. (2019): Professionelles Coaching und Supervision in Zeiten der Transformation. In: Pfab, A. (Hrsg.): Inspiriertes Coaching. Vandenhoeck & Ruprecht, Göttingen, 17–52

Pfab, A., Döppner, C. (2019): Interkulturelle Perspektiven im Coaching – Gedanken zu einem überaus komplexen und vielseitigen Thema. In: Pfab, A. (Hrsg.): Inspiriertes Coaching. Vandenhoeck & Ruprecht, Göttingen, 239–252

Pfab, A., Pfab, W. (2018): Coaching. In: Habscheid, S., Müller, A., Thörle, B., Wilton, A. (Hrsg.): Handbuch Sprache in Organisationen. deGruyter, Berlin, 424–443

Pfab, W. (2019): Improvisation im Coaching. In: Pfab, A. (Hrsg.): Inspiriertes Coaching. Vandenhoeck & Ruprecht, Göttingen, 53–78

Pfadenhauer, M. (Hrsg.) (2005): Professionelles Handeln. Westdeutscher, Wiesbaden

Piaget, J. (1976): Die Äquilibration der kognitiven Strukturen. Klett, Stuttgart

Ploil, E. (2009): Psychosoziale Online-Beratung. Reinhardt, München

Polanyi, M. (1985): Implizites Wissen. Suhrkamp, Frankfurt/M.

Porilla, A., tenThije, J. (2007): Ämter und Behörden. In: Straub, J., Weidemann, A., Weidemann, D. (Hrsg.): Handbuch Interkulturelle Kommunikation und Kompetenz. Metzler, Stuttgart, 687–699

Pühl, H. (2014): Teamsupervision. In: Nestmann, F., Engel, F., Sickendieck, U. (Hrsg.): Das Handbuch der Beratung. Band 1. dgvt-Verlag, Tübingen, 391–406

Rafaeli, A., Sutton, R. (1987): Immer schön lächeln… Gefühlsäußerungen als Bestandteil der Arbeitsrolle. In: Impuls 1/87, 8–17

Rexroth, F. (2012): Systemvertrauen und Expertenskepsis. In: Reich, B., Rexroth, F., Roick, M. (Hrsg.): Wissen, maßgeschneidert. Oldenbourg, München, 12–44

Riehle, E. (Hrsg.) (2001): Interkulturelle Kompetenz in der Verwaltung? Westdeutscher, Wiesbaden

Riehle, E., Seifert, M. (2001): Stolpersteine interkultureller Verwaltungskommunikation. In: Riehle, E. (Hrsg.): Interkulturelle Kompetenz in der Verwaltung? Westdeutscher, Wiesbaden, 11–35

Rosa, H. (2016): Resonanz. Berlin, Suhrkamp

Rosenberg, A. (1991): Die Angst des Beraters vor seinem Klienten – Psychsoziale Aspekte der Arbeit mit HIV-Infizierten und AIDS-Erkrankten im Rahmen der Drogenhilfe. In: Scheiblich, W. (Hrsg.): Abschied, Tod und Trauer in der sozialtherapeutischen Arbeit. Lambertus, Freiburg, 95–109

Rothe, I. (2019): „Virtuelles“ Coaching und andere – Ein Aufräumversuch. In: Pfab, A.(Hrsg.): Inspiriertes Coaching. Vandenhoeck & Ruprecht, Göttingen, 185–206

Safran, J., Muran, J., Proskurov, B. (2008): Alliance, negotiation, and rupture resolution. In: Levy, R., Ablon, J. (Hrsg.): Handbook of evidence-based psychodynamic psychotherapy. Humana Press, New York, 201–225

Sartre, J.P. (2006): Das Sein und das Nichts. Versuch einer phänomenologischen Ontologie. 12. Aufl. Rowohlt, Reinbek

Schäfter, C. (2010): Die Beratungsbeziehung in der sozialen Arbeit. VS, Wiesbaden

Schlicht, T. (2013): Mittendrin statt nur dabei: wie funktioniert soziale Kognition? In: Breyer, T. (Hrsg.): Grenzen der Empathie. Philosophische, psychologische und anthropologische Perspektiven. Wilhelm Fink, München, 45–91

Schmitz, H. (2018): Wozu philosophieren? Alber, Freiburg

Schönhammer, R. (1990): Schweigen am Telefon. In: OBST 42, 77–87

Schröder, P. (1994): Perspektivendivergenzen in Beratungsgesprächen. In: Nothdurft, W., Reitemeier, U., Schröder, P.: Beratungsgespräche. Analyse asymmetrischer Dialoge. Narr, Tübingen, 89–182

Schrödter, W. (2014): Beratungsforschung. In: Nestmann, F., Engel, F., Sickendieck, U. (Hrsg.): Das Handbuch der Beratung. Band 2. dgvt-Verlag, Tübingen, 809–823

Schwitalla, J. (2008): Intercultural differences: speaking personally in a bureaucratic context. In: Klein, G., Caruana, S. (Hrsg.): Intercultural communication in bureaucratic and institutional contexts. Guerra, Perugia, 165–181

Schwitalla, J. (1998): Die vom Körper gelöste Stimme. In: Holly, W., Biere, U. (Hrsg.): Medien im Wandel. Westdeutscher, Wiesbaden, 13–34

Schwitalla, J. (1997): Gesprochenes Deutsch. Erich Schmidt, Berlin

Seidlitz, H., Theiss, D. (2007): Ressourcenorientierte Telefonberatung. Borgmann, Dortmund

Siller, G. (2010): Eckpfeiler der Supervision und Perspektiven für die Supervisionsforschung. In: Supervision 2, 14–21

Sprondel, W.M. (1979): „Experte“ und „Laie“: Zur Entwicklung von Typenbegriffen in der Wissenssoziologie. In: Sprondel, W.M., Grathoff, R. (Hrsg.): Alfred Schütz und die Idee des Alltags in den Sozialwissenschaften. Enke, Stuttgart, 140–154

Stern, D. (Boston Change Process Study Group) (2010): Veränderungsprozesse. Brandes & Apsel, Frankfurt/M.

Stern, D. (2004): Der Gegenwartsmoment. Brandes & Apsel, Frankfurt/M.

Stierlin, H. (2008): Die therapeutische Beziehung in der systemischen Therapie. In: Hermer, M., Röhrle, B. (Hrsg.): Handbuch der therapeutischen Beziehung. Band 2. dgvt-Verlag, Tübingen, 1213–1220

Stierlin, H. (2001): Psychoanalyse – Familientherapie – systemische Therapie. Klett-Cotta, Stuttgart

Stone, D., Patton, B., Heen, S. (1999): Difficult Conversations. Penguin, New York

Straub, J., Weidemann, A., Weidemann, D. (Hrsg.) (2007): Handbuch Interkulturelle Kommunikation und Kompetenz. Metzler, Stuttgart

Straus, E. (1935): Vom Sinn der Sinne. Springer, Berlin

Strauss, A., Fagerhaugh, S., Suczeck, B., Winter, C. (1980): Gefühlsarbeit. Ein Beitrag zur Arbeits- und Berufssoziologie. In: Kölner Zeitschrift für Soziologie und Sozialpsychologie 32 (4), 629–651

Taylor, Ch. (1994): Quellen des Selbst. Suhrkamp, Frankfurt/M.

Thiersch, H. (2014a): Lebensweltorientierte Soziale Beratung. In: Nestmann, F., Engel, F., Sickendieck, U. (Hrsg.): Das Handbuch der Beratung. Band 2. dgvt-Verlag, Tübingen, 699–709

Thiersch, H. (2014b): Sozialarbeit/Sozialpädagogik und Beratung. In: Nestmann, F., Engel, F., Sickendieck, U. (Hrsg.): Das Handbuch der Beratung. Band 1. dgvt-Verlag, Tübingen, 115–124

Thole, W., Polutta, A. (2011): Professionalität und Kompetenz von MitarbeiterInnen in sozialpädagogischen Handlungsfeldern. In: Helsper, W., Tippelt, R. (Hrsg.): Pädagogische Professionalität. In: Zeitschrift für Pädagogik 57. Beiheft, 104–121

Thomsen, M. (2008): Professionalität in der Schuldnerberatung. Westdeutscher, Wiesbaden

Tobler, V. (2001): Stolpersteine der interkulturellen Behördenkommunikation. In: Riehle, E. (Hrsg.): Interkulturelle Kompetenz in der Verwaltung? Westdeutscher, Wiesbaden, 49–82

Tomasello, M. (2002): Die kulturelle Entwicklung des menschlichen Denkens. Suhrkamp, Frankfurt/M.

Tscheulin, D. (1992): Wirkfaktoren psychotherapeutischer Intervention. Hogrefe, Göttingen

Vohle, F. (2004): Analogietraining. In: Reinmann, G., Mandl, H. (Hrsg.): Pschologie des Wissensmanagements. Hogrefe, Göttingen, 341–350

Wedekind, E. (1988): Beziehungsarbeit. Zur Sozialpychologie pädagogischer und therapeutischer Institutionen. 2. Auflage. Brandes & Apsel, Frankfurt/M.

Wehner, J. (1997): Medien als Kommunikationspartner. In: Gräf, L., Krajewski, M. (Hrsg.): Soziologie des Internet. Campus, Frankfurt/M., 125–149

Willi, J. (1988): Die Zweierbeziehung. Rowohlt, Reinbek

Zimmermann, E. (2000): Kulturelle Mißverständnisse in der Medizin. Huber, Bern

Zumthor, P. (1990): Einführung in die mündliche Dichtung. Akademie, Berlin

Sachregister